Italiaanse streken

Bas Mesters

Italiaanse streken

Een Romeinse wandeling
door een land op drift

2015 Prometheus • Bert Bakker Amsterdam

Voor Hein

… op zijn schouders mag ik rondkijken.

Eerste druk april 2015
Tweede druk juni 2015
Derde druk juni 2015
Vierde druk augustus 2015

Deze publicatie is tot stand gekomen met steun van
het Fonds Bijzondere Journalistieke Projecten (www.fondsbjp.nl).

© 2015 Bas Mesters
Omslagontwerp Janine Jansen
Foto omslag Rekha Garton, Getty Images
Foto auteur Peter van Beek
Zetwerk Mat-Zet bv, Soest
www.prometheusbertbakker.nl
www.basmesters.nl
twitter.com/basmesters
ISBN 978 90 351 4002 8

Inhoud

DERDE AKTE: DE TOEKOMST

1 Start Nederlands Instituut te Rome
2 Villa Borghese – 7.00 uur
3 Il Pincio – 8.00 uur
4 Piazza del Popolo – 8.00 uur
5 Piazza San Lorenzo – 9.00 uur
6 Palazzo Barberini – 10.00 uur
7 Piazza Santi Apostoli – 11.00 uur
8 Palazzo Grazioli – 12.00 uur
9 Piazza Margana – 13.00 uur
10 Het Capitool – 14.00 uur
11 Largo Argentina – 15.00 uur

12 Tiber – 15.00 uur
13 Tibereiland – 16.00 uur
14 Lungotevere – 17.00 uur
15 Paleis van justitie – 18.00 uur
16 Piazza San Pietro – 19.00 uur
17 Piazza della Cancelleria – 20.00 uur
18 Via Vittorio Veneto – 21.00 uur
19 Piazza San Giovanni – 22.00 uur
20 Palazzo Chigi – 23.00 uur
21 Termini – 0.00 uur

Inleiding

– Eppur si muove!
Toen God Italië creëerde, schrok Hij. Zo mooi vond Hij zijn schepping. Hij besloot er Italianen te laten wonen, ter compensatie. Deze grap werd mij verteld door een Italiaan. Hij verwoordt daarin de hoofdzaken van het Italiaanse leven: schoonheid, amoraliteit en realiteitszin. Dit boek gaat over de Italiaanse streken: over sluwheid van maffiosi en corrupte politici, maar ook over de moed van rechters, journalisten en burgers. Over het falen van de overheid, de genialiteit van het individu en ook de kunst van het genieten. Over prachtnatuur, schitterende cultuur en goddelijke gastronomie in Piemonte, op Sicilië en in Veneto. Kortom, over alles wat Italië nu eens tot een voorbeeld maakte en dan weer tot een schrikbeeld.

'Ongelooflijk!' was tijdens mijn verblijf in Rome het meest gebruikte woord bij ons thuis. Of het nu ging om de zelfrelativering van Italianen, hun pronkzucht, of hun angst voor elkaar. Om de vele badkamers die een woning kan herbergen, de hoge hekken rond de huizen om al het moois te beschermen, of het heerlijke eten. Eerst was die uitroep van ongeloof vervuld van verbazing, toen van verontwaardiging, maar naarmate we langer in Italië woonden herleefde ook weer de waardering: voor de ongelooflijke overlevingskracht van de Italianen, voor de inventiviteit waarmee ze in dit waanzinnig bureaucratische en complexe land weten te laveren, en voor de manier waarop ze kunnen samen Zijn: *stare insieme*.

Tijdens mijn correspondentschap voor NRC *Handelsblad* en de

NOS deed ik verslag van de tien machtigste jaren van Silvio Berlusconi en van zijn langzame neergang. Ik genoot onderweg van de pracht van het land, maar zag tegelijkertijd hoe Italië verstrikt was geraakt in de diepste morele en economische crisis sinds de Tweede Wereldoorlog. Een morele black-out, toegeschreven aan het berlusconisme maar met veel diepere oorzaken, die zijn sporen heeft nagelaten.

In dit boek ga ik op zoek naar de oorzaken van deze morele crisis, en naar de gevolgen ervan. En, omdat ik geloof in een journalistiek die ook mogelijke oplossingen onderzoekt, naar de pioniers en bouwers die er wel degelijk zijn in Italië. Ik doe dat wandelend door Rome: van paleis naar plein, van kerk naar bar. Elk uur stop ik op een plek om van daaruit een deel van het Italiaanse verhaal te vertellen. Ik heb voor de wandeling gekozen omdat in Italië locaties en plekken zo verbonden zijn met personen, organisaties en gebeurtenissen. De regering wordt aangeduid met Palazzo Chigi, de president met Il Quirinale, de tv-studio's van de Rai met Viale Mazzini. Corso Italia staat voor de vakbonden. Wie Via D'Amelio hoort, weet dat het over de moord op antimaffiarechter Paolo Borsellino gaat. En het Vaticaan wordt door Romeinen Oltretevere (aan de andere kant van de Tiber) genoemd.

Plaatsen hebben in Italië meer nog dan in Nederland betekenis. Overal vertelt men vol trots de lokale verhalen en serveert men de lokale schotels met de mededeling dat wijn, tomaten, olie of worst nergens lekkerder zijn. Mensen voelen zich in Italië nog echt verbonden met hun geboortegrond. Ze putten troost en inspiratie uit de schoonheid van hun streek. Daarom is in Italië de wandeling langs diverse plekken en door de verschillende streken, en het gesprek met de bewoners, een mooie manier om de veelzijdigheid en complexiteit van het land te schilderen.

Op 14 november 2012 liep ik weer eens door Rome. Het was een bijzondere dag. Het idee voor dit boek speelde al door mijn hoofd, maar ik wist nog niet hoe ik het zou aanpakken. Het was een jaar na de val van Silvio Berlusconi. In de lucht cirkelden helikopters. Pelotons ME'ers maakten zich klaar voor een confrontatie met studenten en leraren, tijdens de zoveelste stakingsactie in deze crisisperiode. De

Tiber had in vijftig jaar niet zo hoog gestaan en bedreigde de navel van de stad: Isola Tiberina.

Die dag besloot ik dóór te lopen en elk uur te noteren wat ik zag en dacht. Elke plek waar ik stopte zou het uitgangspunt worden voor een hoofdstuk. In gedachte zou ik me vervolgens al schrijvend verder laten voeren door het land: naar de Italiaanse streken waar ik de afgelopen tien jaar was geweest. Maar ook naar de turbulente gebeurtenissen die na mijn wandeling nog zouden plaatsvinden in 2013 en 2014. Want achteraf bekeken bleek die wandeldag een soort scharnierdag; een cesuur tussen mijn correspondentschap dat liep van 2002 tot 2012, en de periode die sindsdien volgde. Tussen 2002 en 2012 kenmerkte Italië zich door moreel verval en economische stagnatie, door stilstand. De twee jaar na mijn vertrek naar Nederland kwamen de Italiaanse streken in een stroomversnelling, ontstond er ondanks de crisis zelfs enige hoop op verbetering. Er gebeurde zoveel dat ik dit gekke, maar prachtige land maar niet kon loslaten. Steeds weer vloog ik erheen om de ongelooflijke gebeurtenissen van dichtbij te volgen. Was de revolutie waar zo veel Italianen op wachtten dan eindelijk begonnen?

Al die ervaringen tijdens en in de ruim twee jaar na mijn correspondentschap daalden neer in deze Romeinse wandeling van een dag. Het boek biedt dus geen strakke chronologische beschrijving van de gebeurtenissen in Italië in de laatste twintig jaar, en verwacht ook geen wandelgids voor Rome. De huizen en pleinen van deze eeuwige stad zijn al ontelbare keren meer dan voortreffelijk beschreven.

Voor mij is de wandeling door Rome het startpunt van een tocht door een land op drift. Een verhaal over telkens terugkerende en bijna onmisbare noodtoestanden, over de dood en over de vele redders des vaderlands die zich hier altijd weer presenteren. Een boek vol ontmoetingen en ervaringen. Een zoektocht naar de oorzaken van collectief falen in een land vol individuele genialiteit en moed. Een speurtocht naar de Italiaanse ziel, naar het anders zijn van dit land in al zijn beperkingen en in zijn kracht.

In de eerste akte, De toedracht, beschrijft *Italiaanse streken* de context waarin Berlusconi aan de macht kwam. Hier worden de Italianen geschetst. De tweede akte, De toestand, is een analyse van wat Berlusconi, maar niet alleen hij, heeft veroorzaakt. Hier wordt Italië geschilderd zoals het nu functioneert. In de derde akte, De toekomst, sta ik stil bij tegenstromen die het land proberen te genezen en die voorlopig zijn geculmineerd in het premierschap van Matteo Renzi. Hier staan hervormers en politici centraal.

Het zelfreinigend vermogen van de Italianen zal mede bepalend zijn voor de overlevingskansen van de eurozone en de Europese Unie. Faalt Italië, dan klapt met de Italiaanse economie de eurozone in elkaar, zo luidt een veelgehoorde waarschuwing. Juist daarom is Italië – hoewel geen machtig land – zeer geschikt om de vinger aan de pols te houden van het oude continent. Niet alleen omdat het met Griekenland de bakermat van de Europese cultuur vormt, maar ook omdat Italië in extremis laat zien wat de afgelopen twee decennia in heel Europa de boventoon voerde: een ver doorgevoerde vorm van consumentisme, marketing, individualisme. Er was steeds meer alleen oog voor de mens als omzet genererende consument en zo efficiënt mogelijke functionerende producent, en minder voor de mens als burger die om bescherming vraagt. Nu stuit dit ideaal op zijn grenzen. In Italië voelt men dat als bijna nergens anders in Europa en zoekt men naar een uitweg.

De Italiaanse streken zijn door de eeuwen heen een spiegel van onze westerse cultuur geweest en waren dat de laatste decennia met Berlusconi ook. Met regelmaat was het Italiaanse schiereiland de vorige eeuw zelfs een laboratorium, een proeftuin voor wat later elders in Europa gebeurde. Juist daarom is het zo'n interessant land. En daarom ga ik in deze wandeling op zoek naar de essentie van dit land, dat aan de ene kant zo vreemd en gek voor ons is, en aan de andere kant zo aantrekt en dat ons in deze tijden van snelle veranderingen mogelijk meer kan leren dan we zouden verwachten.

Want ook Nederland maakte kennis met zijn eigen Italiaanse streken, al luidde de bezweringsformule lange tijd: 'Bij ons gebeurt dat niet.' Net als in Italië is ons politieke systeem met zes regeringen in twaalf jaar instabieler gebleken dan we dachten, en groeiden en verschrompelden partijen van de ene op de andere verkiezing. Ook wij hebben onze corruptieaffaires: bij de politie, in het leger. We hadden de bouwfraude, de Ahold-affaire, ontsporende woningbouwcorporaties. We ontdekten frauderende wetenschappers en dokters, multinationals die steekpenningen betalen, niet-functionerende toezichthouders. Ook de drugseconomie blijkt gigantisch, waardoor er een reëel risico van criminele infiltratie in de bovenwereld bestaat. Zelfs bij ons worden al met regelmaat Italiaanse maffiosi opgepakt. We dachten een gidsland te zijn, moreel verheven. We dachten te maken te hebben met een Hollands polderlandschap, transparant. Maar het bleek een wat minder doorzichtige gelei, al zijn de Hollandse streken natuurlijk (nog) geen Italiaanse.

In dit boek worden de achtergronden van die Italiaanse streken in Italië geschetst. Steeds ook zal de vraag terugkeren hoe in dit mooiste land van Europa zo veel smerigs kon gebeuren: waarom de esthetiek in *il Belpaese* (het mooie land Italië) het zo vaak wint van de ethiek. En hoe het kan dat in dit land waar zoveel niet klopt alles toch altijd doorgaat. Hoe moeten we de Italiaanse paradox van pessimisme over de toekomst en monter en lichtvoetig leven in het eigen heden begrijpen? En natuurlijk zoek ik antwoord op de meest gestelde vraag: hoe konden de Italianen Berlusconi zo lang steunen? En wat leert dat ons?

'*Eppur si muove!*' – 'En toch beweegt ze!' – zou Galileo Galilei gezegd hebben, toen zijn stellingname dat de aarde om de zon draait door paus Urbanus VIII werd veroordeeld. Hetzelfde geldt voor de Italiaanse streken: ze bewegen, ze verwonderen en prikkelen, ook al lijken ze onveranderlijk stil te staan. Ze draaien om hun centrum, de eeuwige stad Rome. En ze smaken altijd naar meer. Zelfs nu de Italianen getroffen door de crisis massaal het hoofd buigen, als korenhalmen in de wind. En wachten, buigen, langer wachten, in de hoop dat de storm snel gaat liggen.

De geschiedenis leert dat Italianen zich altijd weer oprichten. Dat doen ze al eeuwen met grote vindingrijkheid. En daarbij reiken ze ons zo veel schoonheid, wijsheid en elegantie aan dat het maar met één woord kan worden omschreven: ongelooflijk.

EERSTE AKTE:

DE TOEDRACHT

7.00 uur

Villa Borghese – Fare bella figura

In stadspark Villa Borghese treed ik in de voetsporen van illustere Romereizigers. Ze voeren me in gedachte naar Milaan, naar de heropening van operatempel La Scala. De Italiaanse oermoeder Sophia Loren maakt duidelijk waar het om draait in Italië. Ik probeer het te begrijpen.

Villa Borghese

Gekras van ijzer op ijzer wekt de eeuwige stad. Achtervolgd door een vlucht krijsende meeuwen komt een lege tram de bocht om. Dan wordt het weer stil, even nog. In afwachting van de stadssymfonie die zal aanzwellen als de Romeinen de straten en pleinen weer bezetten. Niets is mooier, bedenk ik als ik stadspark Villa Borghese in wandel, dan een openbare plek even helemaal voor jezelf te hebben. De dampende dauw, de zon, de pijnbomen. En dan de eerste bewegingen. Een vroege jogger. Een oma die haar hondje uitlaat. Een zwerver die achter de bosschages vandaan komt, op zoek naar eten. Ik zie hem verdwijnen tussen in het gelid staande bustes van Europese cultuurdragers: Gogol, Poesjkin, en al die andere kunstenaars die ooit Rome bezochten tijdens hun grand tour naar Italië. Allemaal grote geesten uit het verleden die hier op zoek gingen naar hun culturele wortels, en die zich verbaasden over de Italianen die ze onderweg tegenkwamen.

Dit stille zeventiende-eeuwse stadspark vol historie is bij uitstek geschikt om de Romeinse dag te beginnen. Juist omdat je er wandelt in de voetsporen van Goethe, Stendhal, Couperus en al die andere Romegangers. Zij vertelden ons in vorige eeuwen over Italië en de Italianen. Over de schoonheid van het landschap, de gastvrijheid, maar ook over de smerigheid, de haatdragendheid en de ongrijpbaarheid van de inwoners. Over de tragiek van de Italiaanse geschiedenis, en het vastgeketend zijn aan dit verleden. Over de eeuwige hang naar een beschermheer en het gebrek aan eergevoel bij Italianen. Ik las veel van dit soort negatieve oordelen in Antonio Gambino's *Inventario Italiano* (1998), een prachtig boek over de gewoonten en de mentaliteit van de Italianen, mede gebaseerd op oordelen van buitenlandse schrijvers.

Een van hen, de Franse romanticus Stendhal, schreef in 1817, toen hij misschien ook wel net door Villa Borghese had gewandeld: 'Er zijn bustes, marmer, ramen met tralies die uitzicht bieden op tuinen met bomen vol sinaasappels. Al deze grandeur bedekt met spinnenwebben en stof, stort de geest in verdriet.' Zijn observatie over de Romeinse obers had gisteren geschreven kunnen zijn: 'Het is me in café Ruspoli nooit gelukt, ofschoon ik goed betaalde, om mijn tafel alvorens te worden bediend schoongeveegd te krijgen. De obers serveren alsof ze je een dienst bewijzen, ze zien zichzelf als de meest ongelukkige mensen ter wereld, omdat ze verplicht zijn om zich te bewegen.' En hij vervolgde: 'Je kunt alles van een Romeinse arbeider gedaan krijgen, behalve werk.'

Noord-Italianen zouden deze observatie nu nog meteen onderschrijven. Al was Charles Dickens ook niet onder de indruk van hun werklust. Over Genua schreef hij: 'Ik heb nooit eerder een idee gehad van wat echte luiheid was.'

Bijna allemaal kwamen ze naar Rome, de buitenlandse upper class, de schrijvers die zich er aan de klassieke ruïnes vergaapten. Iedereen moest er geweest zijn. De grand tour was en is eigenlijk nog steeds verplichte kost voor wie de Europese wortels wil begrijpen. De Romereizigers bewonderden de stad, maar er kwam ook altijd weer een moment waarop ze er genoeg van hadden en vertrokken. 'Alles hier,' verzuchtte Stendhal, 'is decadentie, alles is herinnering, alles is dood. Het actieve leven is in Londen en Parijs. Op dagen dat ik behoefte heb aan sympathie, verkies ik Rome: maar dit verblijf dreigt de geest te verzwakken, haar een verdovingskogel te geven. Nooit een inspanning, nooit energie, niets gaat snel.'

Helemaal bont maakte Goethe het in zijn *Italienische Reise,* dat hij tussen 1786 en 1788 schreef. Hij roemde Italië als zijn Arcadië, waaraan hij zich cultureel laafde, maar flapt er dan ineens uit: 'Ik kan niks anders van dit volk zeggen dan dat het mensen zijn die nog in de natuurstaat leven, mensen die, te midden van de pracht en van de plechtigheid van de religie en de kunst, nog geen haar verschillen van hoe men eruit zou zien als men in de grotten en de bossen zou leven.'

Wat de Romegangers toen al opviel, en mij de afgelopen jaren ook, was het ongelooflijk grote onderlinge wantrouwen bij Italianen. Stendhal noemde wantrouwen zelfs 'de onveranderlijke basis van het karakter van de Italianen'. De Franse filosoof Montaigne had het in de zestiende eeuw al over de Italiaanse neiging tot achterdocht. En Goethe was totaal overdonderd door de manier waarop Italianen ruzie wisten te maken: 'Het is ongelooflijk hoe niemand hier met een ander kan opschieten, de provinciale en stadse rivaliteiten lopen heel hoog op, alsook wederzijdse intolerantie. De verschillende maatschappelijke lagen doen niet anders dan ruziemaken, en dat alles met een passie zo groot dat men kan zeggen dat ze, van de ochtend tot de avond, reciteren in een komedie en zichzelf te kijk zetten.'

Al deze mijmeringen uit het verleden neem ik mee op mijn wandeling vandaag, om te zien of het heden in Italië wel zo nieuw is. En ook ter verklaring en verzachting van alles wat ik vandaag ga tegenkomen. De Italiaanse journalist Antonio Gambino, die de uitspraken verzamelde, concludeerde over Italianen dat ze 'fundamenteel veranderlijk en tegenstrijdig' zijn. Dat ze inderdaad iets hebben van een harlekijn: 'dienaar van twee bazen tegelijk', gekleed gaand in allerlei kleuren lapjes die de tegenstrijdige kanten van hun karakter verbeelden. Gambino roemde het enthousiasme van Italianen, maar concludeerde ook dat het gaat om schijnbare levensvreugde die een subtiel gebrek aan vertrouwen in zichzelf en in de wereld maskeert. De politieke interesse van Italianen gaat volgens hem niet verder dan een obsessieve neiging 'om het werk van welke regering ook te kunnen afkeuren'.

Bij dit alles worden Italianen volgens Gambino geleid door een *mentalità materna*, de mentaliteit van de moeder, of moederlijke mentaliteit. Niet maatschappelijke deugden als eerlijkheid, gelijkheid, betrouwbaarheid, efficiëntie en eer, maar familiale deugden als affectie, gunst, vergeving en bloedverwantschap vormen de uitgangspunten in de omgang. Ook als een Italiaan van doen heeft met een overheidsfunctionaris, benadert en beoordeelt hij deze op basis van de maatstaven die binnen een familie gelden. Precies dat verklaart waarom er in een rij bijna verontschuldigend wordt voorgedrongen. De boodschap van degene die de regel overtreedt is dezelfde als die van het kind dat zijn moeder onnozel aankijkt als het een snoepje heeft gepikt: 'Sta het me toe, omdat je me liefhebt.'

Al deze observaties vergezellen me dus op mijn wandeling vandaag. Klaar voor de start van een dag Rome waarin mijn Italiaanse jaren als correspondent moeten samenkomen. De afgelopen jaren koos ik elke dag het verhaal van de dag. Nu vertel ik het verhaal van het afgelopen decennium en de twee jaar na deze wandeling in één dag. Mijn ontmoeting met Rome en Italië. In een dag die een bijzondere dag wil worden: *una giornata particolare*.

La Scala

Wandelend in Villa Borghese denk ik terug aan dat ene magische moment: ik samen met de hoofdpersoon uit de film *Una giornata particolare*. Mijn drie minuten met Sophia Loren, moeder van alle Italianen. De actrice die in de film van Ettore Scola de ploeterende huisvrouw vertolkte en die in het werkelijke leven de diva der filmdiva's speelt. De inmiddels tachtigjarige oma die nog steeds mannenharten op hol jaagt. De vrouw ook die onlangs over zichzelf zei: 'Als ik door de ogen van mijn kinderen naar mijzelf kijk, zie ik een prachtige vrouw.' En die over de jurk zei: 'De jurk moet zijn als prikkeldraad: zijn doel dienen zonder het uitzicht te belemmeren.' Als Italië een moederlijke mentaliteit heeft, zoals Gambino stelt, dan is het niet meer dan passend dat ik terugdenk aan mijn korte samenzijn met de oermoeder van de Italianen – tenminste, als we Maria niet meerekenen.

Onze ontmoeting, de aanloop ernaartoe, de hele entourage waarin die plaatsvond stonden model voor alles waarin Italië uitblinkt: schoonheid, geruzie, zachtmoedigheid, hypocrisie, kleinburgerlijkheid en theatraliteit. Ook vanwege dat decor gaat mijn eerste gedachtereis naar haar: naar Sophia, het icoon, de verleidster, het merk. Ze bracht velen het hoofd op hol. Ze inspireerde ontwerpers, ook die van Fiat: 'Toen we begonnen aan de Fiat Bravo dachten we aan Sophia Loren, haar katachtige ogen, haar welgevormde achterkant,' vertelde een ontwerper me in 2005. En dus kreeg de Fiat Bravo een gewelfde heuppartij.

Ook de Olympische Winterspelen van 2006 in Turijn waren schatplichtig aan haar. Ze konden pas beginnen toen La Loren als beschermvrouwe voor de openingsceremonie was gearriveerd. Toen wist iedere Italiaan dat het ondanks de vele vertragingen bij de bouw van stadions en skipistes allemaal goed zou komen. La Loren zou met haar gratie alle onvolkomenheden verdoezelen, als een satijnen laken dat over de werkelijkheid werd gedrapeerd. Tijdens de viering van het 150-jarig bestaan van de staat Italië in 2011 was Sophia de peetmoeder van de feestelijkheden op tv. Subtiel gelift, haar gezicht verscholen achter haar grote bril, haar decolleté op orde, blies ze vanaf een vergulde troon de in crisis gedompelde Italianen geruststellende woorden toe: 'Wij Italianen hebben het geluk gehad om te zijn geboren in dit land, dat wordt beschouwd als het mooiste van de wereld.'

Al klaagt iedereen in il Belpaese al jaren over corruptie, stagnerende groei, verstikkende bureaucratie en onacceptabele belastingdruk, zolang moeder Sophia zichzelf overeind zal houden, zal er ruimte blijven voor de Italiaanse droom. Zolang Sophia leeft, kan de mythe van la dolce vita – waar niet-Italianen zo jaloers op zijn – voortkabbelen, zo wilden Italianen elkaar die dag doen geloven. Er rustte en rust dus een zware last op haar niet meer zo jonge schouders.

Niet dat Sophia helemaal zonder zonden is, maar daar gaat het in

Italië niet om. Ook zij had een geheime rekening bij de bank van het Vaticaan. Ook zij werd verdacht van belastingontduiking, zoals zovelen in Italië (in het land wordt jaarlijks 270 miljard euro verduisterd). Sophia moest er in 1982 zelfs zeventien dagen de gevangenis voor in. Maar Sophia is Sophia; daar waar zij is, winnen gratie en schoonheid het van de verdorvenheid. Logica, oorzaak en gevolg, schuld, boete en straf zijn kille, niet-familiale noties en dus minder waar. Het gaat om schoonheid. '*Il bello è vero*' (het schone is waar), legde een Italiaanse journalist me uit. En Sophia zei daarover: 'Ware schoonheid is, behalve een uiting van het innerlijk, een geschenk voor onze naasten. Haar cultiveren is een vorm van respect jegens onze dierbaren.' Ze sloot ermee aan op een breed gedragen idee dat esthetiek minstens zo belangrijk en misschien wel krachtiger is dan ethiek. Dat bleek ook tijdens mijn ontmoeting met La Loren, die plaatsvond op 6 december 2004, aan de vooravond van het feest van de Heilige Ambrosius, de schutspatroon van de stad Milaan. Elk jaar wordt op deze avond het seizoen in operamekka La Scala geopend. Maar deze keer was het niet zomaar een première. La Scala werd na jaren van restauratie opnieuw in gebruik genomen. Alle hoofdrolspelers van het Italiaanse maatschappelijke toneel gaven acte de présence. Voor even verstomde het gekrakeel dat hier nooit ontbreekt. Iedereen dofte zich op. Iedereen was *bella* of *bello*, niemand *cattivo* of *brutto*: slecht.

Al uren voor aanvang was de straat afgesloten voor verkeer en stonden dranghekken opgesteld. Ze scheidden de duizenden nieuwsgierigen van de limousines die voorreden om het hooggehakte bont bij de rode loper af te zetten. Veel jonge dansmeisjes presenteerden zich met diep uitgesneden decolletés aan de arm van oude politici, jaren voordat Ruby Rubacuori (de Marokkaanse die Silvio Berlusconi zou verleiden tijdens de zogenaamde bunga bunga-feesten) een cruciale rol zou opeisen in de loop van de Italiaanse politiek.

Kamerleden, ministers, buitenlandse regeringsleiders, zakenlieden, bankiers stapten uit hun Mercedessen. Minister-president Berlusconi zocht deze avond in La Scala wat afleiding, in afwachting van een uitspraak van Justitie enkele dagen later in weer een corruptiezaak tegen hem. Hij vertoonde zich – hoogst ongebruikelijk – met twee van zijn dochters en zijn vrouw Veronica, die toen al liever niet samen met hem werd gezien en die acht jaar later, na haar scheiding, dagelijks 100.000 euro uit Silvio's portemonnee kreeg toegewezen. (Dat bedrag zou uiteindelijk door de rechter worden gehalveerd.) Berlusconi meldde de journalisten bij binnenkomst in La Scala tussen neus en lippen dat hij uit eigen zak vijf miljoen euro had bijgedragen aan de restauratie van het operatheater.

Vlak achter hem liep een belangrijke openbaar aanklager. Een man die vermoedde dat Berlusconi's startkapitaal uit maffiakringen afkomstig was, maar die dat nooit wist te bewijzen en menig onderzoek tegen Berlusconi zag stranden. Vandaag leek hij er niet mee te zitten dat zijn onderwerp van onderzoek goede sier maakte in de kunsttempel. Ook Berlusconi's industriële en politieke rivaal Carlo De Benedetti was van de partij. Hij was en is eigenaar van de krant *la Repubblica*, het dagblad dat geen kans onbenut laat om Berlusconi aan te vallen. De Benedetti was net een rechtszaak tegen Berlusconi gestart die hem zeven jaar later bijna een half miljard euro schadevergoeding zou opleveren. Schadevergoeding, omdat Berlusconi een rechter had omgekocht waardoor De Benedetti de grootste uitgeverij van het land aan Berlusconi verloor. Deze avond was het irrelevant. De Benedetti was helemaal klaar voor een heerlijke avond glitter en glamour onder de bescherming van oermoeder Sophia Loren.

Eén voor één trokken ze over de rode loper. Ze hadden allemaal ruzie met elkaar, maar – en dat is cruciaal – in Italië is dat nooit een reden om niet samen van schoonheid te genieten en de schone schijn van pais en vree te vieren. Deze avond deed iedereen mee aan de nationale volkssport: *fare bella figura* (je van je beste kant laten zien). Uiteindelijk, zo wist iedereen, is wie je lijkt te zijn, de schoonheid en aantrekkelijkheid van dat gecreëerde beeld, belangrijker dan wie je bent.

Zelfs het gejoel vanachter de dranghekken voor het operatheater hoorde bij dit ritueel. Op het plein tegenover La Scala demonstreerden onderbetaalde verplegers en met ontslag bedreigde werknemers van autofabrikant Alfa Romeo tegen de exorbitante luxe die voor hun ogen werd geëtaleerd. 'Dieven, dieven!' schreeuwden ze. 'Een toegangskaartje voor vanavond is twee keer zo duur als mijn maandsalaris van duizend euro!' riep een demonstrant. Een tandarts in goeden doen hield even in om te reageren. Hij excuseerde zich voor zijn aanwezigheid met de opmerking dat hij natuurlijk in zijn hart bij die arme mensen was, maar dat La Scala een symbool was voor Milaan, zoals het Colosseum dat was voor Rome. En symbolen moesten worden gerespecteerd.

Zoals zo vaak in Italië ontsteeg deze botsing tussen arm en rijk niet het niveau van ritueel theater. Een geregisseerde en gecontroleerde confrontatie, nodig om stoom af te blazen, maar zeker geen poging tot revolutie van onderop. 'La prima' van La Scala zou niet compleet zijn geweest zonder deze demonstranten voor de deur. Hun protestklanken maakten deel uit van het spektakel. Of, zoals Stendhal tweehonderd jaar geleden al schreef: 'Ze schreeuwen continu tegen de tirannie, maar als het erop aankomt die omver te werpen worden ze overmand door een bijna bijgelovig respect.'

Zo was het, zo is het, en zal het waarschijnlijk altijd blijven, ook nu het land volop in crisis is. Iedereen speelt in deze hoogmis voor de Italiaanse opera zijn rol, men passeert misschien een dranghek, maar niemand overschrijdt echt een grens. De arme roept dat hij arm is en dat het schandalig is dat de rijke zo rijk is. De rijke ontkent het niet en beiden gaan na dit toneelspel over tot de orde van de dag. In de wetenschap dat dit land weinig opheeft met verandering en hecht aan traditie en aan de familie als basis van alle omgangsvormen.

Gattopardisme wordt dit naar zekerheid strevende conservatisme ook wel genoemd. Deze term is ontleend aan de roman *Il gattopardo* (*De tijgerkat*, 1958) van Giuseppe Tomasi di Lampedusa, met de beroemde constatering: 'Als we willen dat alles blijft zoals het is, moet alles veranderen.' Tot voor kort twijfelde niemand aan de eeuwigheidswaarde van deze vaststelling, maar de crisis, de val van Berlusconi, de opkomst van komiek Beppe Grillo (over wie later meer) en het aantreden van premier Matteo Renzi in februari 2014, boden mogelijk een nieuw perspectief. Ook als journalist raakte ik erdoor bevangen. Zou er dan toch iets kunnen veranderen? Zou premier Renzi de sleutel in handen hebben?

Na het theatrale voorspel met demonstranten en superrijken voor de deur van La Scala was de echte theatervoorstelling er voor iedereen. De rijken keken binnen in de opnieuw vergulde grote zaal. De minderbedeelden trokken naar winkelgalerij Vittorio Emanuele, waar tv-schermen het concert live vertoonden. Italiaans realisme ten top. Hard, maar nooit wreed. En iedere onrust gepacificeerd door de kunst, of zoals wederom Stendhal schreef over de Milanezen: 'Bij gebrek aan een mogelijkheid om echt te weten wat er gebeurt, lopen alle politieke discussies uit op een ontploffing van woede. Dan zwijgt men een moment en begint men te praten over de balletten van Vigano. *La vestale* en *Otello* zijn in Milaan, ook in de laagste klassen, meer besproken dan in Parijs…'

Toen de president en Sophia Loren hadden plaatsgenomen klonken de eerste tonen van de opera *Europa*, gecomponeerd door Antonio Salieri (bekend als jaloerse rivaal van Mozart in de film *Amadeus*). Voor het eerst in 226 jaar werd het stuk weer ten gehore gebracht in Milaan. De sopranen excelleerden in aria's met een gigantische moeilijkheidsgraad. Het ballet emotioneerde inderdaad ook de politieagent bij de ingang, die stiekem een traantje wegpinkte. De regisseur gebruikte alle mogelijkheden van het podium en liet zelfs het gehele koor tot tweeënhalve meter hoogte optillen. Milaan deed waar het goed in is: effectbejag, schittering, passie.

'*Wonderful!*' riep Berlusconi na afloop uit tegen zijn buitenlandse gasten. Jaren van ruzie over La Scala, over het feit dat een 'barbaarse' Zwitser en niet een Italiaan de leiding had over de restauratie, konden worden vergeten. De opgetogen directeur omarmde de architect: *tutto benissimo*. 'Dit is de metafoor voor een Italië dat functioneert en dingen presteert waar we trots op mogen zijn,' zei de vicepremier. Ik kon het niet hartgrondiger met hem eens zijn. Dit was Italië zoals het zichzelf wilde zien. De opluchting was groot. Iedereen blij. Jurken schitterden in de foyer.

En toen was zíj daar… aan de arm van modeontwerper Giorgio Armani… het publiek week uiteen. Ze was gehuld in een door hem gemaakte glittercreatie. Om haar hals schitterde een collier van Damiani. Ze schreed als een koningin de zaal uit en de foyer in. Het was alsof ze van een filmdoek zo mijn leven in liep. En ik werd geveld door de pracht en praal van de moeder der Italianen. Door de creatie van een illusie, een spektakel op benen, door la dolce vita in eigen persoon, al was ze dan al op leeftijd.

Sophia en Giorgio

Het wereldberoemde gelegenheidsduo kwam recht op me af. Ik zag er niet uit, in mijn typische radioreporterplunje, met rugzak om, koptelefoon op en microfoon in de hand. Hollandse boersheid tegenover het summum van Italiaanse elegantie. Maar dit was mijn kans, realiseerde ik me. Nu kon ik La Loren zelf spreken. Maar wat zou ik haar vragen? Hoe interview je een icoon, kun je wel met haar praten? Is ze wel echt? Hoe zou ze de nieuwe Scala en de opera die ze zojuist had gezien hebben gevonden? Typische journalistenvragen. Haar antwoord was al even oppervlakkig: 'De akoestiek is prachtig en de zaal schitterend,' zei ze geloof ik. Ik vergat de rest van haar woorden nog voor ze die had uitgesproken. Zo overdonderd was ik door het feit dat ik tegenover de diva stond die op dezelfde dag was geboren als mijn vader: 20 september 1934. De verleidingskracht, de schittering van de schone schijn werden mij als eenvoudige Brabantse jongen te veel. Sprakeloos was ik, en ik schrok van mezelf. Ik bracht de microfoon naar mijn mond om zoals altijd de woorden van de geïnterviewde te vertalen, maar had geen idee…

Zo klinkt Sophia Loren, bedacht ik in een flits. Met die woorden parafraseerde ik wat de diva zojuist zei. En het was goed. Een mythe moest een mythe blijven en mocht niet worden ontmanteld door platitudes. In Italië wordt weliswaar veel gepraat, men houdt van woorden, maar vertrouwt ze niet. Het is het beeld, de verschijning, het imago dat al eeuwenlang dominant is in de katholieke wereld: la figura, la bella figura.

Calvinisten, Nederlanders voorop, denken – hoewel steeds minder – dat het om woorden gaat. Maar Italianen weten dat niets zo makkelijk te verdraaien is. En dat woorden heus geen zekerheden bieden. De beeltenis van Maria, de glimlach van Sophia, *la mamma* (!) – die ver-

kondigen de waarheid, zo gelooft een Italiaan. Daar kan geen Staten-
vertaling, politiek pamflet of coalitieakkoord tegenop. Misschien
worden er daarom in Italië zo weinig kranten gelezen. Het land werd
opgevoed door de fresco's in de kerken, de film, door het beeld. En
Silvio Berlusconi, de eigenaar van drie commerciële tv-stations, een
grossier in beelden, kon mede dankzij deze familiale beeldcultuur de
macht grijpen, maar hem ontmoeten we later nog uitgebreid.

La Loren schreed verder. Armani begeleidde haar. Nog even en
deze iconen voor de Italiaanse vrouw en man, deze *diva* en *divo* zullen
ook wel in bronzen beelden worden gefixeerd in het Romeinse park
Villa Borghese.

8.00 uur

Piazza del Popolo – Zachtheid van het harde bestaan

Vanaf de Pincio, het stadsbalkon, kijk ik uit op Rome. Beneden ligt de Piazza del Popolo. De Romeinen stromen de stad in, vervuld van wantrouwen. Hun leven is een schaakspel. Hun onzekerheid stimuleert ze de werkelijkheid te verfraaien. Met schoonheid en met sluwheid.

Aan de rand van Villa Borghese schittert Casina Valadier in de ochtendzon van deze 14de november 2012. Het is een authentiek koffiehuis, vernoemd naar architect Giuseppe Valadier: een paleisje met een gouden ligging dat in tijden van crisis vaak in de vergetelheid raakte, maar er nu nog puik bij staat. Voor de elegante pleisterplaats loopt de Via del Belvedere. Geen straat in de wereld heeft meer recht op deze naam dan dit smalle weggetje van de Piazza di Spagna naar de Pincio. Ik adem er de frisse lucht, en weer die vleug van ochtenddauw en pijnboomhars. Tussen pijnbomen, palmen en magnolia's doemt het unieke silhouet van de eeuwige stad op. Klokken luiden. Niet minutenlang en wanhopig, zoals in het seculiere Amsterdam, Delft of Den Bosch. Maar kort, beschaafd, zelfbewust. Telkens weer uit een andere kerk, waarvan de koepels tussen de bomen zichtbaar zijn. De kerken schragen de stad, dragen de toeristeneconomie en leveren de traditie over. Rome zonder kerken en zonder die ene koepel, *il cupolone* van de Sint-Pieter in de verte, zou ondenkbaar zijn. De invloed van de kerk is verstikkend in de ogen van veel Romeinen, maar zonder zouden ze ook niet kunnen.

Vandaag brengt elke stap me in contact met de imposante geschiedenis van deze stad. Misschien liepen de pausen wel op dit pad, of Julius Caesar. Wie weet was Romulus hier op een ochtend, of Karel de Grote. Zeer zeker de filmsterren Marcello Mastroianni en Gina Lollobrigida. En tegelijkertijd is dit de grond waar ontelbare foute keuzes werden gemaakt, immorele beslissingen zijn genomen en desastreuze bevelen werden uitgevaardigd. Uitkijkend over de stad vanaf de Via del Belvedere moet ik denken aan de uitspraak van een negentig jaar oude Italiaanse ex-hoofdredacteur: 'Steden die je van bovenaf bekijkt, zijn als liefdes waarop je na jaren terugkijkt. Ze hebben van een afstand bezien minder gebreken.'

Abbastanza

Op het stadsterras de Pincio is op dit tijdstip nog niemand. Beneden stroomt het plein langzaam vol. De ochtend nodigt uit om Rome en Italië te bezoeken, op zoek naar de Italianen beneden, naar hun streken. Prachtige streken waarover zoveel is geschreven. Streken ook waarvan soms schande is gesproken, waar dikwijls om werd gelachen, en die noorderlingen zelden helemaal begrijpen. De vraag die ik mezelf vaak heb gesteld in Italië is waarin Nederlanders nu precies van de Italianen verschillen. Zouden Nederlanders wonend in Rome ook gemakkelijker geneigd zijn om het niet zo nauw te nemen met de regels? Zouden ze er socialer en warmer worden tegenover elkaar?

Ik vroeg het aan de schoonmakers Sandra en Fernando van het Nederlands Instituut in Rome, waar dit boek deels tot stand kwam. Zij zien al vijfendertig jaar Nederlandse studenten en onderzoekers komen en gaan. Ze zijn waarschijnlijk de grootste experts als het gaat om de verschillen tussen Nederlanders en Italianen. Ons gesprek kwam op gang toen Fernando mij vroeg: 'Hoe gaat het met je?' Natuurlijk was het antwoord: 'Goed.' Op de beleefde wedervraag hoe het met hen ging antwoordden de twee allebei meteen in het Nederlands: 'Prima!' 'Hoezo prima? Italianen zeggen nooit dat het prima met ze gaat,' was mijn repliek. Italianen zeggen altijd *abbastanza*, redelijk. 'Waarom zeggen jullie twee nu ineens dat het prima met jullie gaat?'

Volgens de twee schoonmakers hebben de Nederlanders te veel haast om eerlijk te antwoorden dat het 'wel redelijk', of 'eigenlijk niet goed' met ze gaat. Ze willen zich afschermen, zijn niet geïnteresseerd in een ochtendgesprekje. En daarom antwoorden Fernando en Sandra altijd 'prima, heel goed' als Nederlanders hun vragen hoe het met hen gaat.

Sandra en Fernando vinden zo'n antwoord niet eerlijk. Het kan niet zo zijn dat het altijd prima met je gaat. Ze voelen 'prima' als een afwijzing en 'abbastanza' als een uitnodiging tot dialoog. En dat is waar Italianen op uit zijn: dialoog en contact. In de dialoog kan de fantasie aangezwengeld worden. In de dialoog verbind je je met de ander. In de dialoog kun je plezier maken.

Maar nog belangrijker, door 'abbastanza' te zeggen ben je ook eerlijk en realistisch, want natuurlijk gaat het nooit helemaal goed met je, zo stellen ze. Italianen zien dat onder ogen, ze durven dat toe te geven, ze zijn realisten, meer dan welk Europees volk ook. Ze hebben in de loop van de geschiedenis ondervonden dat het leven meestal niet loopt zoals je zou willen. Juist de onderkenning van deze realiteit heeft ze altijd gestimuleerd om te proberen er iets mooiers van te maken. Door middel van de kunst, in een gesprek, met mooie kleding, of via het omzeilen van de wet…

Recht

Rome is de bakermat van het Romeinse recht, maar lijkt soms ook de bron van alle mazen in de wet. Neem alleen al de enorme marmeren kolos in de verte aan de Lungotevere, de boulevard langs de Tiber. In dat ruimteschip van marmer dat neerdaalde tussen 1888 en 1910 huist de Hoge Raad. Het imposante neoclassicistische gebouw was bedoeld als tegenhanger van het Vaticaan. Het symboliseerde de macht van de staat tegenover de kerk. Het werd gebouwd als paradijs van seculiere normen en waarden, niet gelegitimeerd door een hogere macht.

Maar vanaf de dag dat Rome de hoofdstad werd van het Italiaanse koninkrijk in 1871 waren corruptie en verkwisting een probleem. En zelfs de bouw van dit protserige paleis van justitie ontsnapte hier niet aan. In de volksmond heette het algauw *palazzaccio* (smerig paleis) vanwege de steekpenningen die gemoeid waren met het optrekken van dit symbool van het recht en van de seculiere nationale staat.

Ondanks die corruptie – of misschien ook wel dankzij – zetelt tegenwoordig in Rome de grootste rechtbank van Europa. In de stad werken meer advocaten dan in heel Frankrijk. Dat komt doordat Romeinen en Italianen een diepgeworteld gevoel hebben dat ze als individu en als familie zonder steun van deze juridische bodyguards geen kans hebben om hun recht te halen ten overstaan van de staat en ten opzichte van medeburgers.

Recht is iets wat Italianen nooit vanzelf toeviel. Niet onder de absolutistische pausen in de zestiende en zeventiende eeuw. Noch gedurende de vele eeuwen dat het Italisch schiereiland werd bezet door buitenlandse mogendheden: de Feniciërs, later de Carthagers, Grieken, Arabieren, Noormannen, de Fransen, de Spanjaarden, de Habsburgers, de Duitsers. De Amerikanen die hen bevrijdden drukten tijdens de Koude Oorlog nog lange tijd militair en politiek hun stempel op de Italiaanse politiek, daarbij geholpen door christendemocraten, de maffia en de kerk. Van al deze overheersers leerden de Italianen dat ze het niet van de overheid moeten hebben. De staat is hier altijd beschouwd als een bezetter die je maar beter te slim af kunt zijn. Uiteindelijk, zo weet iedere Italiaan, kun je alleen vertrouwen op je eigen familie, je eigen clan, je eigen politieke factie of je eigen maffiabaas. Dit is de redenering die aan de basis ligt van de moederlijke mentaliteit waarover Gambino sprak.

Rechten dien je te veroveren, want de staat garandeert ze niet. De staat, zo geloven veel Italianen, verleent slechts gunsten – tenminste wanneer de uitvoerend ambtenaar een kennis van je is, of een familielid, of je om welke reden dan ook goedgezind blijkt te zijn. In de strijd om het vaak ver te zoeken recht vormen de advocaten de juridische infanteristen die vooruit worden gestuurd. En wie de dikste portemonnee heeft kan de beste raadslieden betalen. Samen met deze advocaten weten de handige Italianen de mazen in de wet, nog voordat de wetten een feit zijn, al te vinden: *Fatta la legge, trovato l'inganno* (de wet gemaakt, het bedrog gevonden), luidt het credo van de *furbi*, de sluwe handige ritselaars, en zo dacht de Romeinse of Napolitaanse adel er altijd al over.

In deze context is sinds 1870 geprobeerd om een eenheidsstaat te smeden van die eeuwenlang door vreemde mogendheden overheerste lappendeken van Italiaanse koninkrijkjes, prins- en hertogdommen. Een streven waarin men nooit helemaal is geslaagd. *'Pur troppo s'è fatta l'Italia, ma non si fanno gl'Italiani'* (Helaas heeft men Italië gemaakt, maar men maakt geen Italianen), zo beklaagde schrijver en politicus Massimo D'Azeglio zich al vlak na de eenwording van Italië. Deze observatie is tot op de dag van vandaag actueel. Grote regionale verschillen, egocentrisme en op de eigen clan gericht individualisme blokkeerden echte gemeenschapszin.

Toekomstdromen

Ineens zwaait naast me een bezwete jogger om te stretchen zijn been op de balustrade van de Pincio. Hij is in zichzelf gekeerd, heeft oortjes in, ziet mij niet staan en ademt Rome in. Even een shot schoonheid alvorens aan het werk te gaan. De jogger kijkt naar beneden, naar het stadsleven dat op gang komt op de Piazza del Popolo. Het plein lokt.

Als ik vervolgens achter hem aan afdaal via de trappen van de Salita del Pincio komen steeds meer Romeinen de stadspoort binnen. Misschien waren zij een halfuur geleden ook nog aan het joggen. Maar nu zijn het mannen met aktetassen die zich in het leven van alledag storten. Ook de jogger zal, als hij is uitgerend, invoegen tussen de advocaten, ambtenaren, straatverkopers, zigeuners en serveersters die het centrum binnentrekken. Allemaal zijn ze klaar voor het werkende leven dat hun dagelijks wacht: een schaakspel waarin je ontspannen, geslaagd en genietend dient over te komen, maar tegelijk constant alert moet zijn om je belangen veilig te stellen.

Dit geldt ook voor vriend Massimo, die als IT-manager elke dag weer de strijd aangaat. Vandaag zal hij met zijn team verder werken aan softwaretoepassingen voor de provinciale brandweer, in de wetenschap dat de kans klein is dat zijn bedrijf op korte termijn betaald zal worden. En vriend Luigi zal de stad weer binnenrijden in zijn

Toyota Urban Cruiser. Veertigduizend kilometer per jaar legt hij kriskras door Rome af, op weg naar de bouwplaatsen waarin hij voor het uitbreken van de crisis investeerde. Nu zit hij met appartementen in zijn maag die hij misschien slechts tegen kostprijs kwijt kan. Hij worstelt met klanten die hem niet willen betalen. Zijn zomerhuisje op Sardinië staat noodgedwongen in de verkoop. Hij heeft het geld nodig om aan zijn verplichtingen te voldoen. En intussen draait zijn vrouw als logopediste overuren om de familie financieel voor erger te behoeden.

'*Ale ti amo e ti sposerò*' (Alessandra, ik hou van je en ik zal met je trouwen) staat halverwege mijn afdaling naar de Piazza del Popolo op de muur van investeringsmaatschappij Roma Capitale. Honderdduizenden jonge Italianen zeggen dagelijks hetzelfde tegen hun geliefden. Veel verloofden willen trouwen, maar stellen hun bruiloft uit omdat het geld voor een feest ontbreekt. Dit is niet iets van de laatste tijd. De meeste jongeren wonen op hun vijfendertigste nog bij vader en moeder. Geld voor een eigen woning en een eigen leven met kinderen is er vaak niet. Door de crisis is deze situatie alleen maar verder verergerd.

Ik ervoer dit het meest direct in het contact met onze oppas Eleonora. Ze kwam in 2002 bij ons toen ze twintig was, studente biologie. Ze studeerde tien jaar later nog steeds, als postdoc. Inkomsten heeft ze naast het oppassen nauwelijks gehad. Haar vriend, die informatica studeerde, kreeg een aanbod om naar Teheran te gaan voor een Italiaans softwarebedrijf. Een enorme stap, maar ze hadden geen keus en ze deden het. Net als tienduizenden andere jonge Italianen zochten ze hun geluk en toekomst in het buitenland. Hij kreeg een baan als programmeur en zij deed een hoofddoek om en kon bij hetzelfde bedrijf administratief werk verrichten. Ze betrokken met een aantal andere jonge Italiaanse 'gastarbeiders' een etage boven hun kantoor te Teheran. Na een jaar zouden ze terugkeren en genoeg geld hebben om met hulp van de bank een appartementje te kopen in een buitenwijk van Rome. Maar zover kwam het niet. Na vijf maanden liep de samenwerking tussen het Italiaanse en het Iraanse bedrijf vast. De werknemers vreesden te worden gegijzeld omdat er betalingsproblemen waren.

Als dieven in de nacht moesten Eleonora en haar vriend Teheran uit vluchten. Naar hun geld konden ze fluiten.

Ze zijn inmiddels uit elkaar. Eleonora heeft een nieuwe vlam. Nieuw werk vinden was moeilijker. Ze begon zoals zo veel afgestudeerden een paar uurtjes per week achter de telefoon in een callcenter. Nu werkt ze als biologe in een studio waar ze kale mannen moet overhalen een haargroeitherapie te nemen. Maar het is crisis. De nieuwe coupe die de kalende Berlusconi zich wel kon veroorloven kunnen veel mannen niet betalen. Eleonora wordt per binnengelokte klant betaald en heeft het dus niet breed. Ze woont met haar vriend op een paar vierkante meter in een buitenwijk van Rome. Van kinderen krijgen kan geen sprake zijn. De kans dat de crisis ze terugjaagt naar la mamma blijft aanwezig. Haar broer is al met zijn geliefde en kind bij zijn moeder ingetrokken.

De metro bij de Piazza Flaminio aan de andere kant van de Piazza del Popolo spuwt steeds meer Italianen met mooie toekomstdromen de stad in. De Romeinen van nu zijn op weg. Ik zie beneden op het plein Chinezen, Afrikanen, bebaarde jongeren, starend op of bellend met hun mobieltje. Een kleurrijke blondine op een fiets. Zwierige jurken boven naaldhakken die behendig de verraderlijk diepe voegen tussen de *San Petrini* (Romeinse kinderkopjes) ontwijken. De zeventiende-eeuwse adelaars en draken op de daken van de Porta del Popolo kijken zwijgzaam toe. '*Keep on rocking in the free world*' schalt van onder de helm van een scooterrijder vandaan, die de bocht neemt in de Viale Gabriele D'Annunzio; de straat vernoemd naar de romantische Italiaanse poëet die flirtte met het fascisme en tot schrik van Mussolini een eigen heilstaat wilde stichten in vergelijkbare tijden van crisis.

Verder de trap afdalend naar het plein kom ik langs de permanente tentoonstelling over het grootste genie dat Italië voortbracht: Leonardo da Vinci. Buiten en binnen kunnen toeristen de replica's van zijn denkwerk aanschouwen: de palenbrug, het kanon, de helikopter. Ik ben pas net begonnen met mijn wandeling, maar elke stap is betekenisvol in Rome. Elke schrede brengt geschiedenis en nieuwe verhalen.

Boven in de lucht cirkelt een echte helikopter. Waarschijnlijk zit er een vertegenwoordiger van de macht in die niet te laat mag komen op zijn afspraak. Een groep scholieren trekt de stad uit. Ze maken zich op voor iets groots, zo lijkt het.

9.00 uur

Piazza San Lorenzo in Lucina –
De bar en de krant

Ik betreed de stad bij de Porta del Popolo, de entree voor iedereen uit het noorden. Hoffelijkheid, zo ontdek ik, neemt toe in een samenleving die in crisis is: uit lijfsbehoud. Ik lees in de krant wat deze giornata particolare me zal brengen en hoe het land er al sinds jaren voor staat.

De bar

Al eeuwenlang komen de Noord-Europeanen en de Italianen uit de noordelijke steden via de Porta del Popolo de Piazza del Popolo op om vervolgens de stad in te gaan. Zo ook Christina, koningin van 'Zweden, Goten en Vandalen', op 23 december 1655. Ze had zich bekeerd tot het katholicisme. Toen paus Alexander VII hoorde van haar komst wilde hij indruk maken op de vrouw die de troon in haar protestantse vaderland had verlaten om haar religie te kunnen uitoefenen. Alexander wist dat ze door de Porta Flaminia zou binnenkomen, zoals de Porta del Popolo toen nog heette. Hij liet de binnenkant van die poort versieren en bestelde in allerijl twee kerken: Santa Maria dei Miracoli en Santa Maria in Montesanto. Dit werden de tweelingkerken – zoek de verschillen, want ze zijn niet identiek – die aan het begin staan van de *tridente* (de drietand), de drie wegen die de bezoeker het centrum in leiden: de Via del Babuino, de Via di Ripetta en de Via del Corso.

De Via del Corso is de flaneer- en winkelstraat van Rome. Vandaag is het er opvallend, bijna onheilspellend rustig. Winkeletalages zijn afgesloten met ijzeren rolluiken. Er is geen sprake van een feestelijke entree. Men verwacht onlusten. Op de Piazza San Lorenzo in Lucina wat verderop rechts is het tijd voor het dagelijks ritueel: cappuccino met een *cornetto* (een croissant) en de kranten. Dit keer bij de bar op de hoek. Een ochtend in zo'n Romeinse bar loopt algauw uit op een snelcursus Italiaanse hoffelijkheid. Wie er ook binnenloopt voor zijn dagelijkse ontbijt, de barman ontvangt de gast met een vleiend 'goedemorgen, *professore*', of 'lekker weertje, *dottoressa*', 'lang geleden, *ingegnere*'. Zelfs al kent hij de mensen al jaren bij naam, hij blijft ze met hun titel aanspreken. 'Professore' voor iedereen die lesgeeft, of het nu op een basisschool is of aan de universiteit. 'Dottore' voor artsen, maar ook voor degenen die een hbo- of universitaire opleiding hebben gevolgd. 'Ingegnere' voor de handige medemens. En *maestra* of *maestro* voor juffen van de kleuterschool, maar ook voor musici – van dirigent tot triangelspelers. 'Goedemorgen, boekhouder' klinkt in het Italiaans heel voornaam: '*Buongiorno, ragioniere.*' En zelfs de landmeter wordt hier nog immer met zijn titel aangesproken: '*Cappuccino, geometro?*'

Op inwoners uit een land waar de koning gekscherend Alex of Prins Pils genoemd wordt, komt het wellicht vreemd over. Maar in Italië gelooft men dat beleefdheid iets oplevert. Men onderwerpt zich om iets te krijgen, men accepteert standsverschil in de hoop beschermd te worden. Men veinst liever ondergeschiktheid met het vooruitzicht op winst, dan gelijkheid die zich niet uitbetaalt. De keus om zich in de ontmoeting te onderwerpen blijft vrij, en die vrijheid garandeert de Italiaan zijn waardigheid, ook als hij zich onderdanig opstelt.

Deze behoefte aan beleefdheid en decorum verklaart ten dele de ontzetting bij de hogere klassen over het optreden van premier Matteo Renzi, die begin 2014 aantrad. Hij sprak in oneliners, met de handen in de zakken. Zijn hele optreden suggereerde minachting voor de klassenmaatschappij. Hij hield pleidooien voor moderniteit en transparantie, maar het bleef de vraag of hij door de Italiaanse klassenmaatschappij zou heen breken. Niet alleen in bars maar ook op de illegaal uitgebate parkeerterreinen in veel Zuid-Italiaanse steden gelden de regels van decorum. Het 'dottore' weerklinkt er veelvuldig. Wie nooit een titel wist te verwerven, krijgt er gul een toebemeten. Zelfs onbekenden zijn voor de parkeerjongens vaak meteen 'dottore' of 'professore'. Want, zo luidt hun logica: vleien is fooien vangen.

Deze overdreven hoffelijkheid speelt op alle niveaus. Toen ik ooit de Italiaanse Modekamer belde voor een interview met de voorzitter van de instelling die de grote modebeurzen in Milaan en Florence organiseert, zei de secretaresse me dat 'de ridder' in Londen zat. De ridder? Ja, de ridder – *cavaliere del lavoro*. Het is een speciale titel voor werkgevers die het in de ogen van hun omgeving hebben gemaakt. Zij worden geridderd zoals dat in Nederland gebeurt. Bij gebrek aan een koning doet de president dat in Italië. Het grote verschil met Nederland is dat de gelauwerde gelukkigen na deze ceremonie steevast als 'ridder' worden aangesproken.

De beroemdste van alle Italiaanse ridders is oud-premier Silvio Berlusconi, die het Italiaanse politieke toneel twintig jaar heeft gedomineerd. Als je het in Italië over Il Cavaliere hebt, weet iedereen dat het over hem gaat, al is hij deze titel kwijtgeraakt omdat hij is veroordeeld vanwege belastingontduiking. Ook de oude adellijke titels zijn nog volop in zwang. Het wemelt rond Rome van de *principi* (vorsten), *conti* (graven) en *duchesse* (hertoginnen) die prat gaan op hun afkomst. Vooral de zwarte adel is een apart slag. Dat zijn de families die in het verleden de pausen leverden en die nog altijd aanzien genieten. Later zullen we zo'n telg uit een adellijke familie ontmoeten.

Titels bestaan in Rome dus om te kunnen vleien. En de Italianen beperken zich daarbij niet tot de professionele of adellijke titulatuur. Huisvrouwen die zich eens wat minnetjes voelen, hoeven maar naar de markt te gaan om een uur later weer volgepompt met zelfvertrouwen huiswaarts te keren. De *ciao bella*'s (dag schoonheid), *cara*'s (liefje) en *tesoro*'s (schatje) die hun tussen groente en fruit om de oren vliegen doen wonderen, zo ervoer mijn vrouw. Ik ondervond, als ik dezelfde ronde deed, dat je als man tot je vijftigste wordt aangesproken met *ragazzo* (jongen). En onaangenaam was dat niet. Het werkt, al dat vleien en slijmen. Je accepteert dat de verkoper meer wortels dan gevraagd op de weegschaal legt, want je wordt bedonderd in een prettige sfeer. Precies zoals ook Berlusconi dit het liefst deed. Wat gezegd wordt hoeft niet te kloppen – als het maar mooi klinkt en het gezellig blijft.

Toen een beroemd socioloog enkele jaren geleden opriep tot afschaffing van al die titulatuur, was Rome te klein. 'Niemand heeft de moed om er een einde aan te maken,' beklaagde de socioloog zich. 'Soms denk ik wel eens dat men er in deze economisch moeilijke tijden juist weer meer waarde aan gaat hechten.' De Italianen hebben zelfs het doodgewone 'meneer' weten op te waarderen tot een eretitel. De voetbaltrainer in de zo egalitaire voetbalwereld wordt al jaren met veel ontzag aangesproken als *il mister*.

Hoe meer onzekerheid, des te meer behoefte om te vleien? Daar lijkt het soms wel op. Naarmate de staat minder zekerheid biedt, lijkt de sociale omgang tussen mensen hoffelijker. Een goedlopende verzorgingsstaat, zoals Nederland, veroorzaakt misschien wel sociale luiheid. De gevolgen van botheid zijn er minder groot. Scheiding, het verlies van een baan of ruzie in de familie kan tot isolement leiden, maar in Nederland is er in zulke gevallen nog altijd de staat die je deels uit de problemen helpt. In Italië kun je daar niet zo zeker van zijn. Wie zijn nuttige relaties verknalt staat er alleen voor en is kwetsbaar. Wie de fout maakt om per ongeluk een machtig man te beledigen, kan daar tot in lengte van jaren de nadelige consequenties van ondervinden. Dat Italianen hoffelijker en vergevingsgezinder zijn is dus logisch. Ze weten dat ze elkaar nodig hebben om economisch en maatschappelijk te slagen. Wellicht dat dit de positieve kant van de aanstaande participatiemaatschappij in Nederland is. Als we minder van de staat mogen verwachten, zijn we meer op elkaar aangewezen en zullen we elkaar mogelijk wat minder bot benaderen.

De krant

Op het terras met een cappuccino is het tijd voor de krant. Altijd, waar ik ook was tijdens mijn correspondentschap, begon mijn dag met de lokale en nationale kranten. En eigenlijk brachten ze immer variaties op dezelfde hoofdthema's. Hier volgt een korte scan van de kranten van vandaag. En dit overzicht staat eigenlijk model voor de krant van alle dagen, waarin steeds weer dezelfde hieronder beschreven onderwerpen terugkeren.

Maar voor ik begin te lezen is het belangrijk te weten dat één krant lezen geen zin heeft in Italië, tenminste als je echt zicht wilt krijgen op wat er speelt. In Italië bestaan geen neutrale kranten. Alle grote titels zijn in handen van industriëlen. *La Repubblica* is van Carlo De Benedetti, de al eerder genoemde zakenrivaal van Berlusconi, die lidmaatschapskaart nummer 1 van de Democratische Partij heeft, en volgens velen een belangrijke souffleur van de regering-Renzi is. *Il Giornale* is van Berlusconi's broer Paolo en dus ook van Silvio zelf. *La Stampa* in Turijn is van de familie Agnelli van Fiat. *L'Avvenire* is de krant van de bisschoppenconferentie. De zakenkrant *Il Sole 24 Ore* is in handen van de werkgeversorganisatie Confindustria. *L'Unità* hoorde bij de Democratische Partij. *Il Messaggero*, de krant van Rome, is van de familie Caltagirone, projectontwikkelaars die de bouw in de hoofdstad controleren. En de *Corriere della Sera*, de NRC van Italië, is in handen van een conglomeraat van grote bedrijven. Maar geen van hen controleert deze krant totaal, al probeert iedereen permanent zijn invloed op dit meest gezaghebbende dagblad uit te breiden.

Alleen de in 2008 opgerichte *Il Fatto Quotidiano* wordt niet gecontroleerd door de heersende klasse, maar is eigendom van een groep journalisten en hun lezers. De krant is uit protest tegen de partijdigheid van veel media opgericht door sterjournalist Marco Travaglio, de luis in de pels van Silvio Berlusconi. Hij trok zelfs met een theatershow door het land, en brengt zijn onderzoeksresultaten met zo veel eruditie en humor dat zijn aanklacht tegen Berlusconi soms leek te verworden tot l'art pour l'art.

Terug naar de kranten van vandaag. De voorpagina van *la Repubblica*, een van de grootste kranten, kopt deze dag dat de staatsschuld op 14 november 2012 voor het eerst boven de 2000 miljard euro is gestegen. In twee jaar kwam er meer dan 200 miljard euro aan schuld bij. Tot het najaar van 2014 zou er nog eens ruim 200 miljard aan worden toegevoegd. Na premier Romano Prodi in 2006 is geen politicus er meer in geslaagd de staatsschuld flink terug te dringen. Zelfs premier Mario Monti, die Italië in de tweede helft van 2012 redde van de totale financiële ineenstorting, is dat niet gelukt. Berlusconi beloofde het diverse keren, maar zijn economisch wonder bleef een droom. En premier Enrico Letta was in 2013 hoofdzakelijk bezig met passen op de winkel. Hij heeft nauwelijks grote hervormingen kunnen doorvoeren.

Ik blader verder. Op pagina 4 staat een handzaam overzicht van de ontwikkeling van de staatsschuld vanaf 1970. Die was toen 40,5 procent van het bruto nationaal product. In 1980 was dit opgelopen tot 58 procent. De echte greep in de staatskas volgde daarna. De pensioenen werden uitgebreid, de werkloosheidsuitkeringen royaler – dit alles in een poging van de socialisten om zich de populaire communistische partij van het lijf te houden. De cadeautjes voor de burgers werden uitgedeeld zonder dat dit werd gecompenseerd met meer belastingheffing. En zo was de staatschuld in 1990 ineens 95 procent van het nationaal inkomen. En vier jaar later, tijdens de eerste korte regering-Berlusconi (1994) 121,8 procent. De schuld daalde zoals gezegd onder de kabinetten-Prodi, maar dus slechts tijdelijk.

Italië, zo willen politici de buitenwereld doen geloven, is sinds 2012 door premier Mario Monti gestabiliseerd. Renzi benadrukte in 2014 dat het land zelfs een begrotingsoverschot zou hebben, als de te betalen rente over de staatsschuld niet wordt meegerekend. Maar de staatsschuld is gigantisch en ook in 2015 groeiende, en toont aan dat het land financieel allerminst in veilige haven is. Voor nu is er hard bezuinigd ten tijde van oud-premier Mario Monti. De Italiaanse families wisten die klappen op te vangen, doordat ze in vergelijking met mensen in andere landen veel gespaard hadden. De particuliere schuld was klein, de staatsschuld groot. Maar de rente hoeft maar even te stijgen of alle alarmbellen zullen weer gaan rinkelen. Meer bezuinigingen kunnen en willen de gezinnen niet meer opvangen met hun spaarcenten. De staatsschuld zal dan dus doorstijgen, en het risico dat Italië de rente op die schuld niet meer kan betalen, zou de eurozone opnieuw kunnen doen wankelen.

Roerend in mijn cappuccino, kijkend naar de in pastelkleuren ge-stuukte gevels van het plein, kan ik moeilijk begrijpen hoe de cijfers zo dramatisch kunnen zijn en de koffie en het ontbijt hier zo heerlijk. Op papier is het land op de rand van een faillissement. In werkelijk-heid blijft het een heerlijke plek. Zelfs degenen met tegenslag blijven de troostende schoonheid van Italië waarderen, zo zullen we later zien. Ook nu winkels in winkelcentra sluiten en winkelstraten in klei-nere dorpen en steden steeds meer afgeplakte etalages vertonen.

Ik blader weer verder. In de kranten van vandaag presenteert zich zo'n andere wonderlijke constante in Italië: de verwevenheid van kerk en politiek. In hetzelfde openingsbericht over de staatsschuld meldt *la Repubblica* dat de regering lijkt te zijn gezwicht voor de druk van de kerk om de onroerendgoedbelasting voor kerkelijke gebou-wen niet gelijk te schakelen met die voor seculiere panden. Dit on-danks druk van Europa, dat vindt dat de kerk onredelijk wordt be-voordeeld omdat haar hotels, scholen en ziekenhuizen geen belasting hoeven te betalen. Italiaanse politici willen de gelovigen niet te zeer tegen de haren in strijken. De kerk korten kan immers stemmen kos-ten. De schattingen lopen uiteen, maar de kerk zou jaarlijks ruim 4,5 miljard euro van de Italiaanse staat ontvangen aan steun, subsidies, belastingontheffingen (zie: Curzio Maltese, *La Questua,* 2008).

De kerk is rijk en machtig in Italië. Niemand weet precies hoeveel zij bezit, maar journalist Curzio Maltese heeft een (door het Vaticaan bestreden) poging gewaagd dit in kaart te brengen. Alleen al in Italië zou de kerk bijna 50.000 kerkelijke gebouwen bezitten: 36.000 ge-bedshuizen, 12.000 oratoriums, 1000 kloosters, 504 seminaries en 116 bisschopspaleizen. De kerk zou, zo citeert Maltese een ander onder-zoek, een kwart van alle huizen in Rome bezitten, panden die ook worden verhuurd, in gebruik zijn als hotels, restaurants. Vrijwel in alle mooie Italiaanse plaatsen biedt de kerk onderdak en eten aan be-zoekers, en dat zien andere horecaondernemers als oneerlijke con-currentie. Zij vinden dat de commerciële activiteiten van de kerk ook moeten worden belast, wat nog steeds niet volledig het geval is.

Maar de invloed van de kerk gaat verder. Als zorgzaam instituut is zij van oudsher zeer actief in onderwijs en gezondheidszorg. In Italië zijn er volgens Maltese in totaal bijna 5000 kerkelijke gezondheids- en verplegingscentra. En dan de scholen die de kerk bezit: zij stuurt bijna 9000 onderwijs- en culturele instellingen aan, onderverdeeld in 6228 kleuterscholen, 1280 basisscholen, 1136 middelbare scholen, 5 grote universiteiten. En 2300 musea en bibliotheken.

Italië is bij wet een seculiere republiek. De enorme kerkelijke invloed is historisch bepaald. In 1870 completeerde Italië zijn eenwordingsstrijd (il Risorgimento) met een overwinning op de Kerkelijke Staat en de paus. Die unificatie van Italië werd sindsdien echter ernstig bemoeilijkt door de voortdurende tegenwerking van het Vaticaan, allereerst in de persoon van paus Pius ix. De Heilige Stoel zou de staat Italië bijna zestig jaar lang niet erkennen. Pius sloot zich na zijn nederlaag in 1870 op in het Vaticaan, het nog geen halve vierkante kilometer grote wereldrijkje dat hem restte. Als voormalig heerser over de Kerkelijke Staat, die zich uitstrekte van Aversa in het zuiden tot Bologna in het noorden van het land, kon hij zijn verlies niet verkroppen. Het pauselijk verzet tegen de eenwording zou de geschiedenis ingaan als de Romeinse Kwestie en werd pas zestig jaar later opgelost. Pas in 1929 gooide paus Pius xi het op een akkoordje met Benito Mussolini, de fascistische dictator die Italië inmiddels met instemming van de meeste Italianen in zijn greep had. In het Verdrag van Lateranen spraken kerk en staat af wat wie toekwam en hoeveel de kerk jaarlijks zou ontvangen van de staat. Het maakte het voor de kerk mogelijk om tot in de haarvaten van de Italiaanse samenleving genesteld te blijven, precies op die plekken waar de mens het meest hulpbehoevend, kwetsbaar en vatbaar voor beïnvloeding is: in de zorg, deels in het onderwijs en in de opvang van de armen.

Dit akkoord heeft nog altijd grote impact op het huidige Italië en is medeverantwoordelijk voor de chaotische wijze waarop het land wordt bestuurd. Wie hulpbehoevend is in Italië moet ook nu nog heel vaak terugvallen op de kerk. Mede hierdoor – en door de centrale rol die de familie speelt – is de verzorgingsstaat nooit door geëvolueerd zoals in Noord-Europa. En het Vaticaan kan door het akkoord met de staat de politieke agenda in Rome nog immer meebepalen, zelfs toen het vanwege seksueel misbruik-, geld-, en corruptieschandalen onder vuur lag.

Ik hoef maar even door te bladeren in de kranten van vandaag of ik stuit op een andere constante in het Italiaanse nieuws: corruptie- schandalen. Of het nu om de penningmeester van Berlusconi's partij gaat, die miljoenen achteroverdrukte om feesten te geven, auto's, jachten en villa's aan te schaffen. Of om de politicus van oppositie- partij Italia dei Valori (Italië van de Waarden) die partijgeld nodig had om zijn gokverslaving te financieren. Elke dag is er wel weer een ander voorbeeld. Klassiek is ook de manier waarop de politici probe- ren zo'n sjoemelaar de hand boven het hoofd te houden. Principes over transparantie en eerlijkheid wijken vaak voor partij- en clanbe- lang. Gestimuleerd door een onderstroom van protest beloofde pre- mier Matteo Renzi sinds zijn aantreden in 2014 dit te veranderen.

Natuurlijk presenteren de krantenkolommen vandaag ook weer een lugubere moordzaak. Deze keer de ontdekking van de lichamen van twee vrouwen die acht jaar geleden in het Camorra-nest Castel Volturno bij Napels om het leven zijn gebracht. Uiteraard werden de daders niet opgespoord. Een beetje voortvluchtige maffioos houdt het in Italië algauw twintig jaar vol, alvorens de politie tot arrestatie overgaat. Maar we hebben genoeg in de krant gelezen, genoeg *cronaca nera* (zwartgallige berichten), zoals dat hier heet. Slecht nieuws be- doeld om de Italianen het idee te geven dat het henzelf nog zo slecht niet vergaat als de mensen in het nieuws.

Ik moet verder. De dag in. Maar niet zonder te hebben gelezen dat twee golven Rome vandaag bedreigen. De rivier de Tiber zal haar hoogste punt in vijftig jaar bereiken. Iedereen houdt zijn hart vast. Delen van het ziekenhuis op het eiland van de Tiber zijn uit voorzorg geëvacueerd, zo meldt de krant. De andere golf is die van de jongeren, onderwijzers en arbeiders die we al tegenkwamen. Protesten en de- monstraties zullen vandaag, zoals zo vaak, de stad overspoelen. De politie vreest voor onlusten. Vandaar dus die helikopters in de lucht.

10.00 uur

Palazzo Barberini – Zwarte adel

Ik kom uit voor het Palazzo Barberini, volgens velen het mooiste stadspaleis van Rome. Daar, in een bijgebouw, ontvangt Urbano Barberini. Hij is de achterachterachterneef van paus Urbanus VIII, de kerkvorst die Rome een metamorfose liet ondergaan. Kennismaking met een nazaat van een oer-Berlusconi. Weer gaat esthetiek boven ethiek.

De absolute upper class van weleer staat in Rome bekend als de zwarte adel (*la nobiltà nera*), met namen als Colonna, Chigi, Aldobrandini, Borghese, Lancellotti. Allemaal families die dankzij hun relaties met het pontificaat veel macht en geld verwierven. Ik heb tijdens mijn correspondentschap altijd een speciale fascinatie gehad voor dit fenomeen en dan met name voor de Barberini's, bloedverwanten van Maffeo Barberini, de latere paus Urbanus VIII (1623 tot 1644), de kerkvorst die het aanzicht van Rome misschien wel als geen ander veranderde. Op dit uur sta ik stil bij hun paleis, en hun macht toen en nu.

De bouwdrift van Maffeo was ongekend. Toparchitecten uit de baroktijd, zoals Maderno, Bernini en Borromini, verzorgden de pr van de familie door op elke straathoek monumenten te realiseren én door het familiepaleis Palazzo Barberini te bouwen. Maffeo Barberini zou verder naam maken als de paus die het nepotisme, het bevoordelen van familieleden dat nog altijd zo wijdverspreid is in Italië, tot een kunst wist te verheffen. Hij was ook de kerkvorst die de Romeinen het spreekwoord *Quod non fecerunt barbari, fecerunt Barberini* aan de hand deed – 'Wat de barbaren niet deden, deden de Barberini'. Zo liet hij 250.000 kilo brons van het plafond van het voorportaal van de Romeinse tempel het Pantheon slopen om er het baldakijn boven het hoofdaltaar in de Sint-Pieter van te laten maken.

Enkele nazaten van deze Barberini's waren zes jaar lang onze huurbaas in Grottaferrata, een stadje vijf kilometer ten zuiden van de gemeentegrens van Rome. Het betrof een oude stal die was omgebouwd tot een klein huisje, prachtig gelegen op de resten van een oude Romeinse villa. Het terrein was tweeduizend jaar eerder geëgaliseerd door werklieden in dienst van Romeinse senatoren. De oude catacomben liepen onder ons huis door. Dit was al honderd jaar het boerderijcomplex van de Barberini's, die er nu nog wonen en genieten van het prachtige uitzicht op Rome: de koepel van de Sint-Pieter, waar hun macht werd gevestigd, de uitlopers van de Apennijnen, en in de verte het stadje Palestrina, waar de familie ook nog steeds veel bezittingen heeft. Op de voorgrond glooide het landschap op Toscaanse wijze, compleet met cipressen en olijf- en wijngaarden. En dit alles in het gebied rond de berg de Tuscolo, waar vrijwel alle pausen en kardinalen die er in de zeventiende eeuw toe deden hun barokke buitenpaleizen bouwden.

De vraag die me in het contact met de Barberini's fascineerde was: hoe is het om afstammeling te zijn van zo'n 'pauselijke familie', van de 'zwarte adel', van een familie die een paus leverde, de pausen steunde, van het pontificaat profiteerde en tot in de twintigste eeuw altijd in het zwart gekleed ging? Hoe is het om te kunnen rentenieren dankzij een oudoudoudoom die eeuwen eerder paus wist te worden en besloot dat zijn familie daar flink van moest kunnen meegenieten? En wat is nu nog de invloed van deze zwarte adel, die enorme bezitting had en heeft? Maffeo Barberini slaagde er als Urbanus VIII in om zijn familie gedurende zijn twintig jaar durend pontificaat twaalf keer de jaaromzet van de Kerkelijke Staat toe te schuiven: 30 miljoen dukaten! Hoe kijkt een Barberini daar nu tegenaan?

Urbano junior

De jongste van onze Barberini-verhuurders, een zachtaardige vrouw met vier kleine kinderen, woonde met haar man en huishoudster in een appartement in het hartje van Rome aan de Tiber. Werken voor de kost hoefde Ilaria niet. Haar man deed als architect en fotograaf zo nu en dan een klusje, maar beheerde hoofdzakelijk de familiebezittingen. Zij was fulltimemoeder en had zich gespecialiseerd in yoga.

Toch was haar leven de afgelopen jaren niet echt relaxed. Ze heeft een familievete van zes jaren achter de rug die pas onlangs werd beslecht. De ruzie draaide om de verdeling van de erfenis. Wel vijf keer kwamen verschillende makelaars bij ons in Grottaferrata langs om namens de rivaliserende zussen en broer te bepalen wat de waarde van de villa's en landerijen was.

Elke familie heeft zo haar eigen problemen, en deze adellijke clan ruziede dus over welke villa, welk landgoed, welk appartement, welk kunststuk in Rome, Palestrina, Grottaferrata, de Marken, Florence voor wie zou zijn. Ze moesten het ook eens worden over de toekomst van een oude steengroeve die de familie had verhuurd aan een vuilnisbedrijf. Het gat was de afgelopen jaren volgestort met afval waarvan de herkomst onduidelijk was. Een business die maandelijks zeer veel huurinkomsten had opgeleverd, maar ook een riskant erfstuk, omdat eventuele milieuschade tot forse schadeclaims zou kunnen leiden. Kopzorgen dus. Nobele kopzorgen.

Deze Ilaria werd in haar jeugd altijd *la principessa* genoemd. Ook toen nog opende haar naam Barberini in Rome deuren die voor anderen gesloten bleven. Veel macht had de familie niet meer, zei ze, maar de naam was hoe dan ook een verzekering voor de toekomst. En het kapitaal dat de voorvaderen bij elkaar brachten zou ook de kinderen van Ilaria nog een redelijk zorgeloze toekomst garanderen, al kon het daarna allemaal wel eens op zijn, als er niet gewerkt zou worden.

Ilaria en haar zussen konden of wilden in de jaren dat we bij hen huurden maar weinig vertellen over de geschiedenis van hun familie, die zo bepalend is geweest voor hun lot en voor Rome. In zekere zin leken ze deze weg te drukken, juist omdat ze zichzelf wilden ontwikkelen, zonder de ballast van het verleden. Ilaria weigerde ook chic te trouwen, maar gaf haar man in de stromende regen het jawoord in de olijfboomgaard naast ons huurstalletje. De tantes spraken er schande van. De jonge principessa wekte nooit de indruk ervan te genieten dat ze een Barberini was. Ze aanvaardde het, maar probeerde haar eigen leven te leven. Voor verdere vragen over de Barberini's verwees Ilaria me naar haar neef Urbano Barberini, naamgenoot van paus Urbanus VIII en broer van de huidige stamvader van de familie, Benedetto Barberini.

Om bij Urbano te komen moet ik vanaf de Via del Corso, waar ik vlakbij de ochtendkrant las, linksaf de Via delle Muratte in, richting de Trevifontein. Dan naar het Quirinaal, het paleis van de president dat ooit de wereldlijke zetel van de paus was toen hij nog de absolute macht had in de Kerkelijke Staat. Vervolgens gaat het naar de Via Quattro Fontane, waar ik linksaf sla. Aan het einde rechts word je als bezoeker overrompeld door een prachtige gevel, ontworpen door Carlo Maderno en uitgevoerd door de twee toptalenten en aartsrivalen uit zijn atelier: Gian Lorenzo Bernini en Francesco Borromini, die allebei een duizelingwekkende trappenpartij in het gebouw voor hun rekening namen. Hier staat volgens velen – en volgens mij – het mooiste paleis van Rome. Niet een *palazzo*, een stadpaleis, maar een *reggia* (buitenhuis) midden in de stad. Niet alles is er meer. De tuinen zijn gedecimeerd, de hoofdingang aan de Piazza Barberini is afgesloten. Maar het blijft indrukwekkend.

Toen paus Urbanus VIII zijn successen vierde, stampten de architecten dit gigantische bouwwerk in acht jaar uit de grond. 28.000 vierkante meter, vol antieke beeldhouwwerken, schilderingen van de toppers van die tijd: Caravaggio, El Greco, Filippo Lippi, Tintoretto, Titiaan, Rafaël, Holbein. En het pronkstuk: *De triomf van de goddelijke voorzienigheid*, een gigantisch plafondfresco van Pietro da Cortona. Het is een allegorie van de uitverkiezing en politieke keuzes van paus Urbanus VIII. Een sterk staaltje zeventiende-eeuwse propaganda en tegelijk een van de topstukken uit de zeventiende-eeuwse Romeinse barok.

In dit paleis resideerden ten tijde van Urbanus VIII twee kardinalen en een prefect van de stad, alle drie Barberini's, allemaal neefjes van de paus. Ze hadden cruciale posities in de Kerkelijk Staat gekregen. Francesco werd op zijn zesentwintigste tot kardinaal benoemd door zijn oom en was staatssecretaris (tweede man) in het Vaticaan. Antonio mocht zich op zijn twintigste al kardinaal noemen en werd onder meer camerlengo, kardinaal-schatbewaarder. Dankzij hun oom vergaarden ze gigantische rijkdommen. Allen beschikten ze ook over een eigen hofhouding, die niet onderdeed voor die van de belangrijkste Europese vorstenhuizen. Taddeus, de wereldlijk heerser van de familie en prefect van Rome, eiste dat iedereen in Rome stilstond als hij met zijn koets en gevolg van soms wel zestig of zeventig wagens passeerde. Ook ambassadeurs en diplomaten van andere landen moesten op deze wijze hun ondergeschiktheid tonen aan het neefje van de paus. Wie hem of een van zijn twee tot kardinaal verheven broers wilde bezoeken moest in het Palazzo Barberini eerst langs een imposante collectie beelden uit de Oudheid de trap op, schreef Anthony Majanlahti in *The Families Who Made Rome* (ed. 2006). Dan via de rijkelijk gedecoreerde bruidssuite, de eerste voorkamer en de kapel naar de tweede voorkamer, om uiteindelijk te arriveren in de ontvangstzaal. De rituelen en gebruiken die we kennen van het latere hof van de Franse Zonnekoning Lodewijk XIV behoorden hier ook al tot de orde van de dag. Was je belangrijk, dan kwam de kardinaal je enkele kamers tegemoet. Was je koning, dan ging hij zelfs tot halverwege richting de trap. Maar in alle andere gevallen wachtte hij op je tot jij alle zalen had doorkruist, alvorens hij zich liet zien in de ontvangstkamer.

Zo'n imposant onthaal wacht mij deze wandeldag door Rome niet. Sterker nog, het gaat via de voor koetsen aangelegde weg onder het paleis door en dan de tuin in, die wordt gerestaureerd. Achterin links, in de hoek, is het huis van Urbano junior. In zijn postzegeltuintje staat een Fiatje voor de deur. Hij doet zelf open. Een man van in de vijftig, vriendelijk, zacht sprekend, gaat voor naar een schemerige kamer vol met schilderijen. Omringd door bustes van voorvaderen neemt hij plaats en begint te vertellen. Over zijn voorouders, over zijn leven als achterachterneef van paus Urbanus Barberini VIII, over Italië en over de kerk.

Dat hij als Barberini is geboren relativeert hij, zoals adel dat meestal doet: 'Die afkomst moet je met de grootste eenvoud behandelen.' Het is af en toe lastig, vooral als je zoals hij Urbano Barberini heet, een naam die heel sterk aan de familie is gekoppeld. Mensen denken vaak dat hij de klassieke edelman is, 'maar ik doe normaal tegen iedereen'. Soms, zo vertelt hij, wordt hij aangesproken als *principe* (vorst). Vooral onder vrienden, gekscherend, tijdens de jacht bijvoorbeeld: 'Als ik weer eens in de weg sta.' Zijn afkomst en naam hebben nog altijd zeker ook voordelen: waar je ook komt, de mensen weten wie je bent. Dat schept verantwoordelijkheden. 'Maar eerlijk gezegd biedt het meer voor- dan nadelen. Waar ik ook ga, ik heb geen presentatie nodig. Als ik zeg dat ik Urbano Barberini ben dan weet men met wie men van doen heeft.'

De nobiltà nera ontmoet elkaar in de Circolo della Caccia, de jachtclub. Maar lang niet iedereen gaat daarheen. Toch kennen de Doria-Pamphili's, Aldobrandini's, Barberini's, Borghese, Colonna en Chighi's elkaar allemaal. Van jongs af aan ontmoeten ze elkaar zo nu en dan tijdens besloten bijeenkomsten. Maar ze vormen geen clan, benadrukt Urbano, die uitlegt dat het hard werken is als nakomeling van een kerkvorst. Ze moeten schilderijen laten schoonmaken en onderhouden, ze moeten de landgoederen intact houden en zorgen dat ze rendabel blijven. 'Dat zijn de problemen die ons soort families heeft. Velen van ons werken hard.' Hij heeft landerijen in de streek de Marken onder de stad Urbino, waar hij olijfolie produceert en appartementen verhuurt. 'Laatst heb ik een dorpje gekocht dat ik aan het ombouwen ben tot hotel. Nederlanders zijn dol op dit soort plekken. Ze zijn van harte welkom.'

Galilei

Urbano junior geeft een kleine rondleiding langs de schilderijen. Hij toont een wandkleed uit een serie van tien. De rest hangt in grote musea in New York, Londen en Rome. 'Dit is Galileo Galilei, vriend van

Urbanus VIII toen deze nog kardinaal Maffeo was. Maffeo was erg geïnteresseerd in wetenschap. Hij sprak graag met Galileo. Ook over diens theorieën, telescoopwaarnemingen en over diens overtuiging dat Copernicus gelijk had, namelijk dat niet de zon om de aarde, maar de aarde om de zon draaide, een heet hangijzer aan het begin van de wetenschappelijke revolutie in Europa.' Galilei van zijn kant droeg zijn boek *Il saggiatore* (De keurmeester, 1623) uit eerbetoon zelfs aan Barberini op. Hij plaatste het familiewapen van de Barberini's, een schild met drie bijen, boven aan de titelpagina.

In 1616 werd het Galilei verboden nog langer de leer van Copernicus te verkondigen, maar toen Maffeo Barberini paus Urbanus VIII werd, gaf deze hem toestemming om een boek te schrijven over zijn heliocentrische theorie, zolang hij maar beklemtoonde dat het om een hypothetische discussie ging. In 1632 kwam het voor die tijd revolutionaire *Dialogo sopra i due massimi sistemi del mondo, tolemaico e copernicano* (Dialoog over de twee voornaamste wereldsystemen) uit. De studie leidde echter tot zo veel debat, en suggereerde zo nadrukkelijk dat de copernicaanse theorie de enige logische was dat paus Urbanus toch een onderzoek liet instellen naar zijn vriend Galilei. In 1633 kreeg de wetenschapper op 69-jarige leeftijd levenslang. Later werd de straf omgezet in huisarrest. Men zegt, zo vertelde ik al, dat hij na het vernemen van het vonnis '*Eppur si muove!*' ('En toch beweegt zij!' – namelijk de aarde om de zon) zou hebben geroepen. Of hij dit echt gezegd heeft is onduidelijk, want het is niet door een tijdgenoot opgetekend. Maar het werd evengoed een lijfspreuk voor elke Italiaan die zich tegen het gezag afzet en zijn eigen ideeën trouw blijft.

De tweeslachtige omgang met Galilei door Urbanus VIII brengt me ertoe de Urbano Barberini die hier voor me zit naar zijn oordeel te vragen over het Vaticaan en de kerk. Heeft deze man die zijn weelde dankt aan een paus zelf nog vertrouwen in de kerk? Gelooft hij in God? Zijn antwoord is bondig: 'Ik heb nooit vertrouwen in de priesters gehad. Ik kan niet zeggen dat ik niet gelovig ben. Ik geloof, maar ik heb weinig fiducie in de bekwaamheid en de moraliteit van de mensen en van de kerk. De kerk is gemaakt door mensen en heeft dezelfde zwaktes die wij als mensen hebben.'

Urbanus senior

Paus Urbanus Barberini, zo erkent zijn achterachterachterneef, deed in het groot wat Silvio Berlusconi en zijn generatie van Italiaanse machthebbers in onze tijd hebben gedaan: heel goed voor zichzelf en de familie zorgen en weinig oog hebben voor het algemeen belang. Barberini's en Berlusconi's excessieve zorg voor de eigen familie en vriendenclan stoelt op een eeuwenoude Italiaanse traditie die niet zomaar is uit te roeien. De Franse Revolutie, de Verlichting, de eenwording van Italië en zeventig jaar van vrede sinds de Tweede Wereldoorlog hebben er niet veel aan veranderd.

Volgens Urbano Barberini junior zijn er maar twee principiële verschillen tussen wat Berlusconi en zijn trawanten de afgelopen twintig jaar veroorzaakten en bij elkaar schraapten en dat wat zijn voorvaderen bijeen roofden. 'Om te beginnen is Berlusconi's jatwerk kinderspel vergeleken bij wat mijn overoverovergrootoom bij elkaar stal.' Een ander verschil is dat Urbanus VIII en diens collega-leden van de zwarte adel als cultuurminnaars een schat aan monumenten realiseerden die tot op de dag van vandaag Rome sieren en uniek in de wereld maken. Berlusconi bezit weliswaar tientallen villa's, maar een cultuurmecenas is hij allerminst. Hij kwam niet veel verder dan het laten schilderen van replica's en hij liet op Sardinië een vulkaan nabouwen. Berlusconi is veel bekender vanwege zijn voorliefde voor de natuur en vooral voor het vrouwelijk schoon.

Urbano vertelt aan de hand van schilderijen en bustes verder over zijn voorvaderen en over de drie bijen, het familiewapen, waarmee heel Rome werd overspoeld, wat in de zeventiende eeuw leidde tot de cynische reactie van het volk dat de stad was ingenomen door een zwerm bijen. Een tijdgenoot van Urbanus VIII telde tienduizend afbeeldingen van bijen op monumenten. De enorme verspreiding van die bijen op nieuwe en oude kunstwerken laat zien hoe omvangrijk het stempel was dat de Barberini's op het uiterlijk van de stad drukten. De barok landde in Rome op de vleugels van de bijen van de Barberini's, schreef de eerdergenoemde Anthony Majanlahti.

Net zoals Berlusconi dat deed met tv en voetbal, zette Maffeo Barberini voordat hij paus werd kunst in als een propagandamiddel. Hij nam die werkwijze over van het Franse hof. Barberini begon met schilderijen verzamelen. Hij liet zich tot tweemaal toe portretteren door Caravaggio. Door in kunst te investeren wist Maffeo als kardinaal en later als paus Urbanus zijn relatief bescheiden afkomst te camoufleren. Met zijn religieuze en moraliserende gedichten verwierf hij ook aanzien. Maar daarmee was hij nog steeds niet van adel. Dat loste hij op door het landgoed Palestrina en de daarbij horende titel te kopen.

Juist over dat landgoed sprak Urbano Barberini junior deze ochtend nog met zijn broer Benedetto. Het marmerstucwerk in de kerk van het paleis komt los en moet gerepareerd, terwijl het een eigendom is dat niets oplevert. Er komt te weinig publiek om de restauratie en exploitatie te betalen. Het kost alleen maar geld, zo klaagt hij.

Maar dit probleem valt in het niet bij het grote familietrauma: het verlies van het Palazzo Barberini in 1949, het paleis waar hij nu achter woont maar dat hij liever nooit meer zou zien. 'De verkoop van ons paleis was en is voor mij tot op de dag van vandaag zeer pijnlijk,' zegt Urbano. Urbano's oudtante Henriette Barberini, een Amerikaanse die was getrouwd met Enrico, de oudste broer van zijn opa, besloot met haar man tot de verkoop. In 1949 was het immense paleis – net zo groot als het presidentieel paleis, het Quirinaal – moeilijk te onderhouden. 'Het waren zware tijden, de huren waren niet zo hoog, de inkomsten dus te laag.' Toen ze hun eerste en enige zoon Urbano – jawel, weer die naam – op tweeëntwintigjarige leeftijd hadden verloren, hebben ze het verkocht. 'Aan de staat, dat wel gelukkig.'

Urbano is even stil. '*Tutto!* Alles in één keer!' buldert hij dan. Ze kregen 800 miljoen lire. 'We hebben het laatst eens omgerekend, 150 miljoen euro zou het nu zijn. Niks, niks voor zo'n paleis... en de verkoop had niet eens gehoeven! Ze hadden kunnen volstaan met de verkoop van het museale deel. We hadden dan nog tachtig prachtige appartementen in het gebouw kunnen verhuren. Maar Henriette lag niet goed in de familie. Zij heeft met de verkoop waarschijnlijk ook wraak willen nemen op de familieleden.' Hij mijmert. Als ze het paleis nu nog hadden gehad, zouden ze er allemaal hebben kunnen werken. Ze hadden het ook kunnen verhuren voor evenementen, modeshows, films. Ze hadden het museum, dat nu in handen is van de staat, zelf kunnen opbouwen. De hele familie had nog generaties hiervan kunnen leven. Precies zoals de Doria Pamphili's en de Colonna's nu doen, door hun pronkpaleizen in hartje Rome steeds vaker open te stellen voor het publiek en door er musea of ontvangstruimtes voor feesten en recepties van te maken.

De grootste bibliotheek uit het zeventiende-eeuwse Rome verdween in 1930 uit de familie en kwam – inclusief de brieven van Galilei – terecht in die van het Vaticaan. Verder hadden de Barberini's met afstand de meeste bustes en standbeelden. Er is heel veel verkocht. 'Beelden uit de Oudheid, beelden van Bernini.' De schilderijen van veel oude meesters zijn deels wel nog in handen van de Barberini's.

Ze zijn, zo erkent Urbano, ontzettend rijk geweest. 'Het is een donker hoofdstuk uit de geschiedenis. Het was niet eerlijk. De zeventiende-eeuwse pausen met hun nepotisme waren enorme bandieten. Nogmaals, wat nu naar buiten komt over corruptie van Berlusconi en de zijnen is kinderspel bij wat mijn oudoudoudoom veroverde,' zegt hij met goed verholen trots.

Dat de Barberini's er dankzij deze rooftochten van de paus eeuwenlang warmpjes bij zaten was zonder meer prettig. Maar, zo beklemtoont de adellijke telg: het is inmiddels geen kant-en-klaar nestje. 'Ik moet er hard voor werken. Het is een zware verantwoordelijkheid om alles wat we bezitten te onderhouden. Al is het natuurlijk een voorrecht om aan het werk te zijn op en met je eigen bezit.'

Mooi en slecht

Van de Barberini's naar de Berlusconi's loopt een directe lijn door de Italiaanse geschiedenis. Een lijn die je wellicht ook al bij de Romeinse keizers zou kunnen laten beginnen. Constante is dat de Italiaanse samenleving tot op de dag van vandaag geleid wordt door clans die elkaar bevechten, patronen die op de eerste plaats goed zorgen voor de eigen verwanten en clientèle en dan pas – vaak ook ter meerdere eer en glorie van henzelf – aan het algemeen belang denken.

Over de Italianen die dit allemaal moeten ondergaan is Barberini's oordeel mild. Ze zijn 'menselijker' dan Noord-Europeanen. Zachtaardig, maar ook sluw en sympathiek, het zijn schurken en fantasten. Waarom ze zo zijn? Barberini verwoordt wat veel Italianen me eerder als verklaring voor hun volksaard gaven en waar zeker wat in zit. Ze zijn altijd overheerst, overrompeld, onderdrukt, aan hun lot overgelaten. Ze hebben zich altijd zelf moeten redden. Dat heeft Italianen geleerd dat ze individualistisch en pragmatisch moeten zijn: 'Ze moeten proberen te overleven met het weinige dat ze hebben.'

Voor we afscheid nemen confronteer ik Urbano met de paradox van goed en kwaad, en mooi en lelijk die mij de afgelopen tien jaar in Italië zo heeft gefascineerd. In Italië gebruikt men de woorden goed en slecht veel minder dan in Nederland, en mooi en lelijk juist veel vaker. Een goede daad wordt in Italië vaak mooi genoemd, een slechte daad lelijk. Door ook gedrag in esthetische termen te benoemen lijkt men de moraliteit ervan te willen relativeren. Esthetiek gaat voor ethiek. Men heeft aanvaard dat goed en slecht deel uitmaken van het leven. Dat iedereen tot beide in staat is en dat de omstandigheden bepalen waar je voor kiest.

Een slechte daad kan altijd weer met schoonheid worden afgekocht, of beter, toegedekt, of nog beter, naar de vergetelheid worden verbannen. Een rooftocht is natuurlijk niet goed, maar al acceptabeler als deze heeft geleid tot een mooi paleis, een prachtig beeld of zinnenstrelend schilderij waarvan iedereen tot in lengte van dagen kan genieten. Dat is wat de zwarte adel in Rome deed. En dat is wat de Romeinen brood en spelen voor het volk noemden. Urbano reageert nuchter op deze analyse: 'Zo heb ik er nog nooit tegenaan gekeken.'

Dan komen zijn kleine nichtjes binnen. Hun komst ontlokt hem de opmerking dat de natuur en God de Barberini's een steuntje in de rug moeten geven om het mannelijk nageslacht veilig te stellen: 'Ik en mijn broer, wij hebben alleen maar meisjes. De familie dreigt voor de derde keer uit te sterven.' Tot nu toe gaf de zittende paus of koning elke keer toestemming om de adellijke titel en de roemruchte naam Barberini bij dreigende uitsterving via de vrouwelijke lijn voort te zetten. Maar het is afwachten of dat deze keer, nu Italië een republiek is, nog zal lukken. Het alternatief, zegt Urbano bij het afscheid, is terugvallen op een achterneef. Maar die is half Japans en het is maar de vraag of hij de titel nog wil. Zoals altijd zal de tijd de oplossing bieden. De onzekerheid is ook voor een man van adel een constante. Een zekerheid waarmee zijn voorouders in ieder geval goed wisten om te gaan. En de Barberini's van nu ook, zo bleek een jaar na de wandeling en het bezoek aan Urbano. Aan de telefoon meldde hij me dat er een zoon was geboren: Francesco. Rome en de naam Barberini blijven ook in de toekomst met elkaar verbonden.

11.00 uur

Piazza Santi Apostoli –
Sterven met applaus

Ik loop terug naar het Piazza Santi Apostoli en stuit op een begrafenis. Een nieuw fenomeen is ontstaan: de stilte van de rouw is vervangen door applaus voor de overledene. De weerzinwekkende dood wordt steeds vaker weggeklapt. In het mondaine Cesenatico, het maffiose San Luca en het geschokte L'Aquila.

Als ik terugwandel naar het centrum lijkt tijd irrelevant in de eeuwige stad Rome. Neem de klokken die her en der hangen. De ene geeft deze ochtend kwart voor vier aan, de andere halfelf, weer een andere halftwaalf. Tijd lijkt in Rome een onbeduidende uitvinding, bedoeld om de mens te knechten en te controleren, iets waar Romeinen een hekel aan hebben. Tijd mag, als het aan de Romeinen ligt, geen vat op je leven krijgen. Misschien zijn daarom afspraken hier mogelijkheden, opties, en geen zekerheden. Tijd wordt hier pas een serieuze en tastbare onvermijdelijkheid als de dood zich manifesteert. En zelfs dan maar voor heel even.

Het is een zienswijze die een positieve en een negatieve kant heeft. Ze relativeert de dagelijkse probleempjes, maar kan ook het zicht op de toekomst belemmeren. Een veelgehoorde klacht van Italiaanse denkers is dat de Italianen hun oog voor het verleden en besef van toekomst kwijtraken. Ze zouden steeds meer alleen nog maar in het heden durven te leven, weliswaar terend op reserves uit het verleden, maar niet genietend van het zicht op de toekomst. En dat in een land dat overladen is met verleden en dat het futurisme uitvond, een kunststroming vol van geloof in de toekomst en in de techniek.

Langs de elkaar tegensprekende klokken die een noorderling in verwarring brengen maar Romeinen een gevoel van vrijheid en tijdloosheid geven, ben ik weer terug op de Via del Corso. Het zicht op het gigantische marmeren Altaar van het Vaderland, ook wel 'de typemachine' of 'het suikerbrood' genoemd, dat uittorent boven de Piazza Venezia, is surrealistisch. Net als het paleis van justitie is dit zo'n symbool van staatsmacht, neergedaald na de eenwording van Italië. Het werd gebouwd ter ere van de eerste koning van Italië Victor Emmanuel ii, maar was vooral bedoeld om de Italianen na jaren van overheersing een gevoel van zelfvertrouwen en almacht te geven.

Een beetje doelloos dwaal ik verder, het ene na het andere op reuring wachtende me-kordon passerend. Maar van demonstrerende studenten is nog geen teken te bekennen in de binnenstad. Protestmarsen bereiken doorgaans op zijn vroegst rond lunchtijd het centrum van Rome. Evenmin zichtbaar is de crisis hier in deze chique straten, tenzij je gevoelig bent voor symbolen. Neem het gebouw van Unicredit, de grootste bank van Italië. Het staat in de steigers. Ook de Fondazione Roma wordt gerenoveerd. De Europese Centrale Bank wil dat de Italiaanse banken geld lenen aan bedrijven, die dan weer kunnen investeren. Maar dat gebeurt nauwelijks. De banken beperken zich hier tot oppotten, reserves vergroten en het oplappen van de voorgevels van hun hoofdkantoren. Goedkope buitenlandse arbeiders mogen het werk doen, te horen aan de commando's die ze elkaar toeschreeuwen. Is dit de (goedkope) manier waarop de banken zich proberen te herpakken na de crisis, door hun façades op te knappen?

In Rome is dat een beproefde manier om tegenslagen te verbloemen en te verwerken. Iedereen op straat doet het. Je moet je buitenkant onderhouden en verfraaien om succesvol te lijken en daardoor in de markt te blijven. Fare bella figura is wat telt, zo zagen we bij Sophia Loren. Maar ook onze Italiaanse oma Wanda, die onlangs is begraven, dacht er haar hele leven zo over. Ze maakte het fascisme mee, de oorlog, werd al vroeg weduwe, maar tot op hoge leeftijd, lijdend aan reuma, kwam ze elke maandag lachend de kapel in waar haar en ons barokkoor oefende. Piekfijn gekleed, grijze haren in de krul: een prima donna met strak gestifte lippen. *Sempre avanti caro* ('altijd voorwaarts, liefje') was haar lijfspreuk. Tot de dood haar kwam halen stond ze met twee beentjes in het heden.

Om de hoek bij de Piazza Santi Apostoli geeft de dood ineens acte de présence in het heden. Achter het zoveelste ME-kordon staat een vijf meter lange zwarte lijkwagen van de firma Giovanonni. Het glimmende gevaarte is achterstevoren geparkeerd voor de ingang van de kerk van de Twaalf Heilige Apostelen. Het zonnetje schijnt. De brandschone ruiten weerspiegelen de gevels van de palazzi en ook de blauwe helmen van ME'ers. De achterklep van de wagen staat open en toont de met roze rozen en tule, bedekte kist, die wacht op sterke schouders. Ik besluit te blijven en de uitvaartmis bij te wonen. Gewoon, om als een Romein mijn doen en laten te laten bepalen door het heden. En om de dood te groeten.

Als de kist naar binnen is gedragen en de dienst al is begonnen, komen meer mensen de kerk binnendruppelen. Ondanks de aanwezigheid van nu zo'n honderd personen blijft de kolossale marmeren barokkerk leeg aandoen. Dat hier de relieken van maar liefst twee apostelen – Jacobus de Mindere en Filippus – zouden zijn begraven, en dat ook Michelangelo hier korte tijd lag, doet daar niets aan af. De geur van parfum vermengt zich met die van wierook. De kroonluchters boven het altaar worden ontstoken. Het gigantische orgel stoot opvallend vrolijke en levenslustige klanken uit, alsof het om een huwelijk gaat. Ook de decoratie lijkt het leed van de rouwenden te ontkennen. Boven hun hoofden verdringt de ene trompe-l'oeil de andere. Niets is wat het lijkt in de hier afgebeelde apotheose van de orde van de franciscanen, het indrukwekkende fresco van barokkunstenaar Giovanni Battista Gaulli. Ook hier probeert de schoonheid, *la bellezza*, de ongemakken van het leven te verjagen.

De begrafenissen in Italië brengen me telkens weer in verwarring. Het is meer dan afscheid nemen. Of het nu gaat om de dood na een depressie, na een aanslag, na een moord of door ouderdom: er gebeuren vreemde dingen voor een noorderling. Is er sprake van hypocrisie? Of illustreren de begrafenissen juist de diepe kracht die in dit land bestaat om altijd weer door te gaan? De sociale functie van be-grafenisceremoniën kan niet onderschat worden in Italië, zo heb ik de laatste tien jaar ervaren. Bijvoorbeeld in Cesenatico bij Rimini, waar men niet alleen rouwde om de dood van een wielerheld, maar ook om de tekortkomingen van een dorp, de wielerwereld en de hele samenleving.

De dood en l'Elefantino

Hij was ook mijn held. Hoe hij met zijn karakteristieke bandana op zijn hoofd, in de bolletjestrui Alpe d'Huez nam. Tegen zijn stijl kon-den de Nederlandse klimgeiten nooit op: Marco Pantani, de wielren-ner met de grote oren, l'Elefantino. Lang was het stil geweest, na zijn trieste ontmaskering als dopinggebruiker. En toen ineens...

Een ijzingwekkende schreeuw doorkliefde de kerk San Giacomo op een februaridag in 2004: 'Jullie hebben mijn zoon vermoord. Ga weg! Laat ons alleen met onze pijn!' Het was mamma Pantani, de moeder van de geknakte wielerheld. Wanhopig viel ze uit tegen de ca-meraploegen. De kist van haar zoon was enkele minuten eerder de kerk binnengedragen. De forensisch onderzoekers hadden de dag er-voor vastgesteld dat de wielerheld aan een mix van medicijnen en co-caïne zou zijn overleden.

Doodsklokken begeleidden de trieste rentree van de gevallen ren-ner, terug in zijn geboortedorp, na een dolend bestaan en een vlucht weg van alles. Ik wilde erbij zijn. Voor hem en om te zien hoe de Itali-anen omgingen met een sprookje dat in een hel was veranderd. Twee-duizend paar handen klapten. Het was voor het eerst dat ik dat mee-maakte. Applaus op een begrafenis. En ik zou het later nog vele malen horen. Ik vond het mooi maar ook vreemd. Denkend aan de trieste en verwarrende dood van de wielerheld werd ik net als de omstanders geconfronteerd met een probleem. We hadden allemaal iemand be-wonderd en zo aangemoedigd dat het uiteindelijk zijn dood was ge-worden. Iemand die met zijn stijl en schoonheid mij en veel Italianen in vervoering had gebracht. Maar die vals speelde en zichzelf te gron-de richtte voor zijn roem en om mij en het publiek te behagen. Ik voelde me bijna medeplichtig aan het bedrog, maar had ook medelijden. Net als zijn klim naar Alpe d'Huez werd zijn begrafenis een indrukwekkende, heroïsche en klemmende metafoor voor de applaussamenleving die Italië was geworden. Maar dan het spiegelbeeld ervan. Hier werd geklapt voor de tragedie, op Alpe d'Huez voor de overwinning. Misschien dat de omstanders dat ook zo voelden. Mogelijk dat ze daarom maar bleven klappen. Ik maakte het als gezegd voor het eerst mee, en het was vervreemdend.

Marco Pantani stierf op Valentijnsdag, eenzaam op de vijfde verdieping van hotel Le Rose in Rimini, dat net als Cesenatico deel uitmaakt van de honderd kilometer lange boulevard langs de Adriatische Zee. 's Zomers wordt de stad overspoeld door naar verstrooiing zoekende badgasten. 'Ze zijn hier niet zo gewend aan de tragische kant van het leven,' vertrouwde een fan van Pantani me toe die door hem van wielrennen was gaan houden. 'Langs deze stranden concentreren we ons op de mondaine kant van het leven.' Toen de klokken ophielden met luiden viel er een vreemde stilte. Een stilte waarin de mensen die Marco Pantani gedurende zijn carrière begeleidden zich schuldbewust hulden. De plaatselijke garagehouder sprak wel met me. Hij was voorzitter van de supportersvereniging Club Magico Pantani Cesenatico, de club die telkens als Marco naar de Giro d'Italia of naar de Tour de France ging, met een grote bus achter hem aan reisde. 'We zullen Marco eren na zijn dood, zoals we hem hebben gesteund en gelauwerd tijdens zijn triomfen. We zullen een stichting oprichten ter nagedachtenis aan hem.' Veel mensen op straat gaven Justitie de schuld van de dood van Pantani. 'Er is geen renner die zo is vervolgd,' zei Roberto, die in wielertenue op zijn fiets te midden van de rouwende en nieuwsgierige menigte stond. De aanwezigen haalden herinneringen op aan de 5de juni 1999. Toen werd Pantani, één dag voor hij de Giro zou gaan winnen, uit de koers gehaald omdat hij werd verdacht van het gebruik van doping. Met acht politieauto's hebben ze hem destijds gearresteerd, fulmineerde een vrouw wier zoontje met Pantani trainde: 'Acht auto's! Zelfs maffiabaas Toto Riina werd door minder politieagenten overmeesterd.'

Door de vervolgingen vanwege vermeend dopinggebruik, de beschimpingen en de onmogelijkheid om zich op zijn fiets te revancheren raakte Pantani in een diepe depressie. Hij ging verdovende middelen gebruiken en kreeg verkeerde vrienden. Uiteindelijk sloot hij zich voor iedereen af. Plannen om hem te helpen, zoals van een pastoor die met hem een wielerschool voor kinderen in Bolivia wilde opzetten, kwamen te laat.

Uit de wrange stilte bij de kerk sprak schaamte over hoe het dorp, de wielerwereld en de samenleving tekort waren geschoten. 'Het is een schande dat niemand hem heeft kunnen helpen. Zijn vrienden en zijn naasten waren er niet voor hem,' concludeerde een man van een jaar of zestig die op zijn racefiets het hek met dankbriefjes, spandoeken en bloemen voor het huis van zijn held bekeek.

La Repubblica concludeerde op de voorpagina dat het meest verontrustende aan de tragedie van Marco Pantani niet zijn dood was, maar de volstrekte eenzaamheid in zijn laatste jaren. 'Opgegroeid in de cultuur van het applaus zijn we niet meer in staat om te luisteren,' stelde de krant. 'Klappen voor triomfen en klappen als de doodskist passeert volstaat niet. De depressieve mens vraagt om meer, hij vraagt om gehoor.' De commentator sprak de wens uit dat iedereen de aandacht die Pantani niet had gekregen in de toekomst wel zou geven aan mensen met een depressie, 'als een eerste teken van een minder applaudisserende en meer reflecterende cultuur'. En in een lekenpreek op de opiniepagina waarschuwde de krant dat aandacht geven een risicovolle vorm van communicatie is, omdat het echte luisteren de 'onoprechtheid van de huidige cultuur' blootlegt. 'Het zwijgen van de depressieve mens ontmaskert de gekunsteldheid en de ongerijmdheden van het leven.'

In welke Nederlandse krant lees je zulke filosofische reflecties? In Italië grossiert men erin. De wijsheid ligt er op straat. Soms wordt deze opgeraapt, maar al even gauw komt er een bezemwagen langs die vrij baan maakt voor een nieuwe dag vol menselijk falen. Ook in hotel Le Rose, waar Pantani aan zijn dramatische einde kwam, zette men liever zo snel mogelijk weer het zonnige strandleven voort. Het hotel waar de wielerheld overleed was rond de dag van de begrafenis verboden terrein voor journalisten. 'We hopen dat we na de begrafe-

nis weer snel kunnen overgaan tot de orde van de dag,' zo verant-
woordde de portier deze keuze. Het hotel, zei hij, wil niet bekend worden als de plek waar Pantani zijn laatste pedaaltred maakte op weg
naar eeuwige rust. 'Zeker niet. Wij speculeren hier niet op de dood.
En wij hebben de kamers ook zonder Pantani altijd vol weten te krijgen.' Die houding is ook Italië: realisme ten top, over tot de orde van
de dag. Even allemaal ons zegje doen, en dan weer verder. Snel terug
naar het heden.

Precies zo ging het in maffiahol San Luca, tijdens de begrafenis in
augustus 2007 van de slachtoffers van een 'Ndrangheta-afrekening in
Duisburg, waarbij zes maffiosi omkwamen. De begrafenis bood
ruimte voor reflectie, maar die bleek boven alles functioneel. Iedereen wist dat het om iets anders draaide: wie zijn vijanden wilde kennen mocht niet ontbreken tijdens de uitvaartceremonie.

De dood en de maffia

Hoe bereid je je voor op een reis naar de thuishaven van de misschien
wel machtigste Italiaanse maffiaclan, die van San Luca in de punt van
de laars van Italië, in Calabrië? Je belt een collega en besluit met zijn
tweeën te gaan. Ik koos in dit soort gevallen vaak voor mijn collega
van *Le Monde*, met wie ik het goed kon vinden en met wie ik niet con-
curreerde.

We boekten een vlucht en een auto en gingen op weg naar San
Luca, de hoofdstad van de 'Ndrangheta, een criminele organisatie die
naar schatting 44 miljard dollar omzet, in twintig landen actief is met
drugshandel, afpersing, mensenhandel en vele investeringen in de
witte bovenwereld. Ook in Nederland zijn al diverse keren maffiosi
uit deze streek ingerekend. Criminelen op de vlucht die de Randstad
gebruiken om onder te duiken en te ontsnappen aan de greep van de
Italiaanse justitie. Mannen die volgens officier van justitie Nicola
Gratteri, die het onderzoek naar de moord in Duisburg leidde, in stilte als makelaar fungeren in de internationale drugshandel.

Al voor aankomst in San Luca bleek dat dit geen normale plek was.
In ons hotel sliepen alleen politieagenten. De boulevard bij het dorp

was nieuw aangelegd maar leeg, want duidelijk in handen van maffiose ondernemers. De verkeersborden waren niet beklad met graffiti, maar doorzeefd met kogels. Ook de vuilcontainers waren onder vuur genomen. Het vuilnis lag ernaast. Veel huizen stonden leeg of waren niet af. Mensen woonden er in armzalige woningen. Er waren zelfs vrouwen die hun drinkwater bij de pomp haalden. Verbazingwekkend dat er zo veel armoede was in het hoofdkwartier van deze puissant rijke criminelen. Ze investeren hun drugswinsten in Noord-Italië en in Europa, legde Nicola Gratteri me later uit, de officier van justitie. In San Luca zelf verbergen de clanleiders hun rijkdom. Ze willen zichzelf niet verraden. Zoals ook maffiosi in Corleone op Sicilië of rond Napels vaak onopvallende woningen hebben.

De huizen zagen er vanbuiten vervallen uit. Maar binnen zou de weelde geen grenzen kennen, aldus de politie. Bij arrestaties trof ze overdadig marmer aan, gouden kranen, zwembaden, whirlpools, en verschuifbare boekenkasten die geheime schuilplekken aan het zicht onttrokken. Twee clans maken hier de dienst uit: de Strangio-Nirta- en de Vottari-Pelle-Romeo-clan. Het lijkt overzichtelijk, maar dat is het allerminst. De politie en zelfs de San Lucezen weten niet altijd wie bij wie hoort. Er zijn Strangio's die zich door huwelijken tot de Vottari's rekenen. En er zijn veel mensen met precies dezelfde naam. Sebastiano Strangio is bijvoorbeeld populair. Om al die naamgenoten toch te onderscheiden spreekt men elkaar aan met bijnamen. 'De Dubbele Neus' bijvoorbeeld is de bijnaam van een dorpsgenoot die graag met een dubbelloopsgeweer schiet.

De zesvoudige moord die tot de begrafenis van deze dag leidde, schokte niet alleen San Luca, maar ook Duitsland en heel Europa. De slachtpartij vond plaats voor een pizzeria in Duisburg in de nacht van 14 op 15 augustus 2007 tijdens de belangrijkste Italiaanse feestdag, Maria-Hemelvaart, en toonde aan dat de 'Ndrangheta, de machtigste maffiaorganisatie van Italië, haar tentakels tot ver in Noord-Europa had uitgestrekt. Vanwege de impact van de moord en uit veiligheidsoverwegingen wilde de politie deze dag een besloten begrafenis voor Marco Marmo (25), Francesco Giorgi (16) en Sebastiano Strangio (39), drie van de zes Italiaanse slachtoffers van de moordaanslag. Justitie achtte de kans op bloedwraak te groot, na deze grootste maffia-afrekening sinds jaren. Toch werd onder druk van de rouwende families besloten tot een publieke begrafenisceremonie. Een compromisbegrafenis zonder processie, onder zware bewaking van agenten in kogelvrije vesten, en met de machinegeweren in de aanslag. Maar dit alles geschiedde – hoogst ongebruikelijk in Italië – in de schemer van de vallende avond. Dat was bedoeld als een extra straf voor het maffiose dorp.

Het nadrukkelijke verzoek vanuit San Luca om een openbare begrafenis diende volgens antimaffiarechter Alberto Cisterna een specifiek doel. Dit soort ceremoniën worden door de 'Ndrangheta gebruikt om het slagveld te overzien. De families willen zien wie de ceremonie bijwoont en dus een vriend is, en wie wegblijft en dus de vijand is. Begrafenissen zijn in deze streken een onmisbaar instrument in de voortdurende machtsstrijd, ze staan bol van voor de leek verborgen tekens en betekenissen.

De complete wereldpers richtte zich deze dag op het maffiahol San Luca. Nadat in de ochtend de drie andere slachtoffers van de maffiose afrekening in Duisburg elders ter aarde waren besteld, trok het journaille naar het 'Ndrangheta-nest tegen de Aspromonte, de zure bergen, een dichtbeboste streek waar de clans in de jaren zeventig en tachtig hun eerste grote kapitalen verdienden met het ontvoeren en verbergen van rijke Italianen, om er vervolgens veel losgeld voor te vragen.

De dag voor de begrafenis maakten we een verkenningsrondje door het dorp San Luca. Enkele bewoners bleken, ondanks de shock waarin het dorp verkeerde, bereid tot een praatje. Tot veel bruikbare informatie leidde dat echter niet. Niemand sprak over de 'Ndrangheta. Die bestond hier niet, was de boodschap. 'We zijn in de steek gelaten door de staat,' luidde de standaardklacht. Onwaar is dat niet. San Luca ligt in het hart van Calabrië in Zuid-Italië, dat al decennia aan zijn lot wordt overgelaten. Calabrië is het meest achtergestelde gebied. In San Luca toont de overheid zich alleen met arrestatieteams als er weer wat maffiosi moeten worden opgepakt. In elke familie is er wel iemand die in de gevangenis zit of is vermoord.

Een man die zijn naam niet wilde noemen vertelde: 'We worden geslachtofferd door de media. Er zijn hier ook veel eerlijke mensen en wie dat hier is telt meer dan wie dat elders is.' Hij had zeven jaar in Duitsland gewoond en werkte sinds zijn terugkeer als boswachter. Echt vrijuit leek hij niet te spreken. Op ons vreemdelingen werd voortdurend gelet. We voelden ons geschaduwd. Duidelijk was dat mensen met onnavolgbare tekens met elkaar communiceerden over ons. Hun Italiaans was al even onverstaanbaar, een Calabrees dialect waar zelfs een Italiaan maar weinig van begrijpt.

Vrijwel nooit lukte het ons om één op één met een bewoner te praten. Telkens kwam er iemand bij staan. Toen dat uiteindelijk wel even lukte met de bovengenoemde boswachter, fluisterde hij me toe: 'Meer dan ooit heb ik spijt van de dag dat ik uit Duitsland naar hier ben teruggekeerd.' Meer wilde hij niet kwijt.

Hij bleek niet de enige boswachter van San Luca. In het dorp met 4500 zielen staan maar liefst 500 inwoners geregistreerd als boswachter, een beroep dat in heel Calabrië geldt als parkeerplaats voor werklozen. Ook maffiosi zouden vaak zijn ingeschreven als boswachter. Niet vanwege het geld, maar omdat het een dekmantel is voor hun werkelijke activiteiten. In heel Italië zijn zelfs drie keer zo veel boswachters als in Canada, dat toch ook tamelijk bosrijk is. De maffiaclans bepalen vaak wie dit soort overheidsbaantjes krijgt, omdat de lokale politici de instructies van de 'Ndrangheta maar zelden in de wind slaan. Er bestaan zo hele legers aan verborgen werklozen in vooral Zuid-Italië, mensen die een baan als straatveger, stadswacht, tassendrager krijgen in ruil voor bijvoorbeeld het werven van stemmen voor de politici.

Afgestudeerden zijn er juist weer heel weinig in San Luca. Er wonen slechts tweehonderd academici, een veel lager percentage dan het landelijk gemiddelde. De hogeropgeleiden verdwijnen voor werk naar Noord-Italië of het buitenland, zoals in heel Zuid-Italië de trend is. Heel soms blijven ze. Zoals de student architectuur die ik in Palermo ontmoette. Hij maakte zich geen zorgen over zijn toekomst. Die was geregeld, zei hij trots. Hij mocht als hij was afgestudeerd de baan van zijn vader overnemen, als vuilnisman, die dan met pensioen zou gaan.

Toen de avond eindelijk viel in San Luca, begonnen de klokken te luiden voor de drievoudige begrafenis. Een klamme stilte daalde neer over het dorp. De smalle weg naar de kerk voerde langs een haag van in zichzelf gekeerde mannen die de tijdelijke vreemdelingen in het dorp aangaapten. Ook op de trap voor de mooi geel gestuukte kerk zaten mannen. Ze wachtten af. Wij ook. Mocht het misgaan, zo was duidelijk, dan was er geen vluchtroute. Overal stonden mensen die ons nauwlettend in de gaten hielden.

Gedreun van een politiehelikopter kondigde de komst van de stoet auto's aan. Agenten werden nerveus. Net als bij Pantani werd ook hier voor de kisten geapplaudisseerd, maar het kwam heel aarzelend op gang. Alleen de vader en moeder van de zestienjarige Francesco Giorgi huilden, de rest keek strak voor zich uit, alsof moord de normaalste zaak van de wereld was. De ouders waren in het wit gekleed, omdat hun zoon volgens hen onschuldig was. Hij zou op het verkeerde moment op de verkeerde plek zijn geweest. De moeder van Francesco Giorgi, Teresa Strangio, die ook haar broer al verloor, deed iets ongehoords. Ze riep in plaats van tot wraak op tot vergeving, niet echt de gewoonte in deze streek. Zeker niet onder vrouwen, die door politie en onderzoeksrechters vaak worden gezien als de drijvende kracht achter de voortdurende bloedwraak, opgesloten als ze zitten in hun lot: vaak nog uitgehuwelijkt aan andere families, als symbolische bezegeling van de onwrikbare eenheid van de 'Ndrangheta.

Schijnbaar radeloos ging Don Pino Strangio, familie van de vermoorde Sebastiano Strangio, voor in zijn preek. 'We zijn niet meer veilig op straat, niet meer veilig in onze huizen. We leven geen leven, we leven de dood.' Hij smeekte de mannen en vrouwen van San Luca om de bloedige vete tussen de Vottari-Pelle-Romeo-clan en de Strangio-Nirta-groep te staken. Sinds carnaval 1991 waren er meer dan twintig doden gevallen in beide families. De laatste zes stierven dus in Duisburg. De pastoor deed een klemmend beroep op de vrouwen: 'Kies voor vrede en vergeving, kies niet voor de weg van Kaïn en Abel.' De vrouwen zeiden het de pastoor na, de mannen zwegen. De vrouwen zongen wat de pastoor zong. De mannen zwegen. Toen de pastoor vroeg om elkaar de hand te schudden, gaf geen van de mannen daaraan gehoor. Vrede en vergeving bleken begrippen die afketsten op een dikke huid. Sindsdien bleef het moorden echter beperkt tot een enkel geval. Of het een wending betreft, valt te betwijfelen. De politie gelooft er niet in. De mensen hier hebben het geheugen van een olifant, het gaat hoogstens om uitgestelde wraak.

Wie nog niet twijfelde aan zijn geloof zou het hier snel gaan doen. Behalve de 'Ndranghetisti zelf. Religieuze symboliek is van groot belang in misdaadorganisatie 'Ndrangheta. Maar dan een religiositeit die ten dienste staat aan de onderwereld. Rond het naamfeest van de heilige Madonna van Polsi op 2 september treffen clanleiders uit de hele wereld elkaar in het Aspromontegebergte bij het heiligdom van Polsi achter San Luca. Het is alleen bereikbaar via een onverharde weg van dertien kilometer die door een rivier gaat op een punt waar het ondiep is. De heiligheid van de plek gaat terug tot 1144. De herder Italiano zocht hier een weggelopen stier. Toen hij het beest vond, bleek het een vreemd ijzeren kruis te hebben opgegraven. Daarop verscheen Maria met het kindje Jezus aan de herder: 'Ik wil dat hier een kerk wordt gebouwd om mijn genade te verspreiden onder alle gelovigen die hier komen om me te bezoeken,' zou ze gezegd hebben.

Het ijzeren kruis ligt nog altijd in het kerkje. Het wordt aanbeden door veel 'Ndranghetisti. Maar het spoor van bloed dat de maffiosi de laatste decennia trokken is naar ik aanneem niet echt wat de maagd Maria bedoeld zal hebben. Helemaal zuur voor de Madonna is dat ze desondanks persoonlijk is uitgegroeid tot beschermheilige van de 'Ndranghetisti. Veel clanleden dragen een foto van de Madonna van Polsi in hun portemonnee. Hun afrekeningen bewaren ze bij voorkeur voor de religieuze dagen. Het vorige slachtoffer in de vete tussen de families Strangio en Vottari-Pelle werd op eerste kerstdag vermoord. De aanslag van Duisburg vond plaats op Maria-Hemelvaart. Nergens in Italië staan de religie en de (gewelddadige) dood dichter bij elkaar dan in deze streek, waar de 'Ndrangheta heer en meester is. Een plek waar leiden en lijden samengaan.

De dood en de beving

'Net als je je afvraagt waar God is, komt hij weer tevoorschijn,' beloofde kardinaal Tarcisio Bertone op een zonnige dag in april 2009.
De toenmalige tweede man van de Heilige Stoel in Rome was op het
hoogtepunt van zijn macht. Hij wist nog niet dat hij enkele jaren later
als de grote intrigant van het Vaticaan zou worden ontmaskerd, en
door paus Franciscus met pensioen zou worden gestuurd. Bertone
was in L'Aquila. Voor hem stonden meer dan tweehonderd kisten.
Slachtoffers van de aardbeving.

Nooit greep een begrafenis in Italië me meer aan. Nooit was de
dood in mijn ogen zinlozer. Nooit was er meer hypocrisie, opportu-
nisme en machteloosheid te ontwaren bij de gezagsdragers. Deze begrafenis en vooral hetgeen erop volgde toonde meer dan wat ook het
failliet van het berlusconisme. Een systeem gericht op effectbejag, ten
faveure van de grote leider. Schone schijn, misbruikte camera's,
schijnreligiositeit en een vastgedraaide, corrupte bureaucratie leid-
den hier tot een groot echec. Een systeem dat Berlusconi aan de
macht hielp toonde hier op ultieme wijze zijn zwakte. Heel duidelijk
werd hoe de leider probeerde te profiteren van het leed van zijn burgers.

Dit is het laatste uitstapje naar een begrafenis vanuit mijn wandeling door Rome. Niet vrolijk misschien. Maar wel noodzakelijk alvorens we doorlopen naar het Palazzo Grazioli, de Romeinse villa van
Berlusconi, waar we verder praten over zijn onnavolgbare loopbaan.
Dit uitstapje is nodig om beter te begrijpen hoe het land functioneer-
de in het Berlusconi-tijdperk. En ook om aan te tonen dat dit met de
komst van zijn opvolgers niet zomaar valt op te lossen.

In de nacht van 5 op 6 april, om twee over halfvier, schrokken mijn
vrouw en ik wakker in ons huis in Grottaferrata, op honderd kilometer van L'Aquila. Wat was dat? Een aardbeving? We keken elkaar sla-
perig aan, draaiden ons op de andere zij en sliepen rustig door; onno-
zele Nederlanders die geen idee hadden dat aardbevingen werkelijk
plaatsvonden en dodelijk konden zijn. Onze Italiaanse buren stonden

toen al allemaal in hun pyjama buiten en durfden hun huis niet meer in, hoorden we achteraf.

Om halfzes ging de telefoon. De dienstdoende redacteur van de NOS belde ons wakker. De schok van twee uur eerder was dus echt een aardbeving geweest. Een beving, zo ontdekte ik enkele uren later in L'Aquila, die zestigduizend mensen dakloos had gemaakt en bijna driehonderd het leven had gekost. Een beving die een stad met 99 fonteinen had vernield. Een schok die in de uren en dagen na de ramp duidelijk maakte hoe liefdevol en behulpzaam Italianen zijn, en in de maanden en jaren erna hoe ongeorganiseerd en corrupt het land is.

Ik stapte direct in de auto naar het rampgebied. Ik besloot niet naar L'Aquila te gaan, maar eerst naar een klein dorpje in de buurt, Paganica. Ik belandde er in wat een filmdecor had kunnen zijn, maar het helaas niet was. Overal puin op straat, gevels opengebroken, slaapkamers toonden hun bedden. Brandweermannen sjorden aan stenen, bezorgde nonnen sloegen onophoudelijk kruisen, moeder-overste zat klem onder een balk en was niet meer te redden. De hele dag voelden we naschokken. Overal bouwden mensen tenten voor de nacht. Niemand durfde zijn huis nog in, áls dat er nog stond. Op tv zagen we hoe Berlusconi een oude vrouw die niets meer had een nieuwe jurk beloofde.

Die nacht maakte ik, dit keer bewust, een echte beving mee. Opnieuw in bed, in een hotel op – zo had ik ingeschat – veilige afstand van L'Aquila. Alles ging op en neer. Ik voelde me in dat hotel alsof ik opgesloten was in een betonnen lijkkist. Op een andere zij draaien en doorslapen, zoals ik de vorige nacht had gedaan, lukte niet meer, nu ik die dag had gezien wat een aardbeving teweeg kan brengen.

'Benedetto Mezzopane, Andrea Anguilare, Luigi Giugno, Franceso Giugno, Enzo Angeli' – een jongen somde tijdens de begrafenisceremonie een paar dagen later zo vijf namen van vrienden op die in de kisten lagen. De meesten van de 309 slachtoffers van de aardbeving in de Abruzzen werden hier herdacht; sommige families kozen voor begraven in privékring.

Een moeder drapeerde het voetbalshirt van haar eenentwintigjarige zoon Sebastiano over zijn kist en wierp zich kapot van verdriet op het gelakte houtwerk. Naast haar stonden vier rijen van vijftig kisten

op rode lopers. Overal familieleden die luidkeels rouwden en neer-
knielden. Een vrouw in een rolstoel werd naast haar overleden familielid gereden. Dit alles op de binnenplaats van de enorme kazerne
van de Guardia Finanza (de financiële politie) in Coppito, net buiten
L'Aquila. Een plek van orde en discipline in het rampgebied, waar de
autoriteiten de nabestaanden de rust konden bieden om te rouwen
bij hun naasten.

Een vrouw die haar handen al vijf minuten biddend kuste, vertelde
dat ze alles kwijt was: mama, papa, haar huis, het huis van haar ouders, haar winkel. 'Ik heb alleen nog maar mijn broer. Het is een
ramp,' zei ze tegen me. Het was een dag van nationale rouw. De duizenden mensen op het binnenplein treurden. Ministers en Berlusconi zaten op de voorste rij. Hulpdiensten en vrijwilligers in opvallende
oranje, gele, groene, rode outfits stonden aan de zijkanten. Gedragen
muziek, de vlag halfstok en zakdoeken bij de hand. De dienst begon.

Kardinaal Bertone vergeleek in zijn preek Maria en Maria Magda-
lena onder het kruis van Christus met de duizenden nabestaanden
van de slachtoffers hier voor de kisten. Hij herinnerde hen eraan dat
dagen als deze aantonen dat de solidariteit nog levend is. Er was zo
veel hulp geboden na de aardbeving. De lente zou weer aanbreken, zo
beloofde hij. Hij voelde 'een enorme wil' om te herbouwen. 'Er zullen
nieuwe steden ontstaan.'

Jaren later ligt het centrum van L'Aquila nog steeds in puin. Hetzelfde geldt voor de oude kernen van de dorpjes eromheen. De bewoners hebben de sleutels van hun onbewoonbaar verklaarde huizen
demonstratief aan de hekken van de afgezette straten in het centrum
van L'Aquila gehangen. De maffia blijkt volop geïnfiltreerd in de
schaarse herstelwerkzaamheden die maar niet willen vlotten.

Berlusconi haalde de internationale economische wereldtop G8
naar de rampstad om hulp te regelen – en vooral om zijn gekneusde
imago op te vijzelen na de eerste berichten over affaires met minderjarige meisjes. Maar uiteindelijk beperkte hij zich tot een show voor
de camera's en de bouw van modelwoningen in nieuwe buitenwijken, die tegen de wens van de L'Aquilanen in de heuvels en velden
zijn gebouwd. De L'Aquilanen wilden juist terug naar de binnenstad,

ze wilden dat het kloppend hart van hun gemeenschap weer zou worden gerestaureerd. Tot op de dag van vandaag is dat niet gebeurd. Het winkelcentrum in een buitenwijk dient als het nieuwe stadsplein: een Amerikaans aandoende *mall* in plaats van een stad met oude kerken, pleinen en fonteinen. Met dit kunstmatige commerciële stadscentrum moeten de bewoners het nu doen. Weinigen gaan erheen. Velen zijn somber en voelen zich geïsoleerd. Ze hebben nauwelijks nog de moed om er met de buitenwereld over te praten. Die beschouwt de aardbeving vijf jaar na dato als een afgesloten hoofdstuk, al is de wederopbouw vastgelopen.

'Het raakt ons diep,' vertelde dierenarts Pierluigi Imperiale me toen ik in 2014 informeerde naar het lot van de stad. De gemeenschap is volgens hem als los zand uiteengevallen, er is geen deugdelijk bestuur, geen transparantie en de democratie functioneert niet. Sommigen hebben wel een nieuw huis gekregen, anderen niet. Niemand begrijpt volgens welke richtlijnen die keuzes zijn gemaakt. Er is geen herstelplan voor de stad, niet eens voor wijken. Per huis wordt beslist wat ermee gebeurt. Een leger van tweeduizend landmeters, ingenieurs, ambtenaren en bedrijven bekeek de aanvragen. Wie de juiste contacten had slaagde erin om zijn huis weer opgebouwd te krijgen. De anderen moeten met scheve ogen toekijken.

Zelf leeft de dierenarts met drie personen in een appartement van vijfentwintig vierkante meter in een van de negentien nieuwe kernen buiten de stad die onderdak bieden aan 24.000 personen. Mensen wonen er dicht opeen gepakt. Het is er ieder voor zich. De eigenaren van de huizen in het vernielde centrum kwamen automatisch in zo'n buitenwijk terecht. Tenzij ze kans zagen om zelf hun huis te herstellen.

Het gemeenschapsgevoel is weg. Mensen komen niet meer samen op pleinen. Fabrieken zijn gesloten, bouwbedrijven failliet, de bevolking is met tien procent afgenomen. De mensen hebben geen werk, geen geld, en blijven dus thuis in plaats van elkaar te ontmoeten, vertelde dierenarts Imperiale me.

Alleen de hoofdstraat in de oude stad is heropend. Er zijn tien bars en geen winkels. De zijstraten zijn afgesloten, de huizen en wijken ook.

Wat er met de miljarden voor de wederopbouw is gebeurd is onduidelijk. De burgerbescherming, die eerst de leiding had, houdt er een geheime boekhouding op na. Ze gaf veel uit aan de negentien satellietdorpjes, maar niemand weet hoeveel en wie ervan profiteerden. Ook de gemeente, die de wederopbouw overnam, bood weinig openheid van zaken. Op een gegeven moment moesten aanvragen voor heropbouw aan vierduizend normen voldoen. Totaal ondoorzichtig. Niemand wist hoe zich aan die regels te houden. Bij bouwbesluiten waren de persoonlijke relaties uiteindelijk doorslaggevend. Imperiale sprak van een bureaucratische chaos en vertelde dat hetzelfde aan de orde was in Modena in Noord-Italië, waar twee jaar later een aardbeving plaatsvond.

Omdat het allemaal zo stroef en onduidelijk verliep, draaiden advocaten overuren. Maar ook zij klaagden, omdat ze niet werden betaald. De families die getroffen werden door de aardbeving hebben vaak geen werk en geen geld. En de regering heeft door de crisis inmiddels andere problemen. Aanvankelijk hoopte de maffia flink te profiteren van de aardbeving. Er zijn telefoontjes van maffiosi afgeluisterd die er verheugd op reageerden. Ze zitten met veel geld in de constructiebedrijven, maar omdat de bouwproductie en de omzetten zo laag zijn zouden zelfs zij bezig zijn L'Aquila weer te verlaten. Oftewel: het schiet allemaal voor geen meter op.

De aardbeving, de verplaatsing van mensen naar troosteloze satellietdorpjes, de ruzies over de wederopbouw, de traagheid en de fragmentatie van de bevolking hebben de personen gesloopt. 'Werken kost ons dubbel zo veel kracht en energie als voor de ramp: we hebben te veel kopzorgen,' vatte Imperiale samen. De dierenarts werkt zelf noodgedwongen in drie containers. Zijn eigen praktijk is ingestort. Hij is gescheiden, maar door de woningnood woont zijn ex samen met zijn moeder en zijn zoon, die na zijn studie filosofie weer thuis is komen wonen. Zijn andere zoon is zoals veel andere getalenteerde jongeren geëmigreerd.

Geen wonder dat hijzelf en vrijwel alle L'Aquilanen uiterst prikkelbaar zijn geworden. 'We reageren allemaal fel en gestrest op elkaar. Anderen begrijpen ons niet meer. Het is net of we in een getto leven.

We hebben ook nog maar één gespreksonderwerp: de aardbeving en de trage wederopbouw. Mensen van buiten vinden ons niet meer interessant. En wij zijn met niets anders bezig dan onze moeilijke positie. We zijn geïsoleerd, maar weten dat we vooruit moeten. Al was het maar voor onze kinderen. We voelen ons verantwoordelijk voor onze families; die houden ons op de been en voor hen gaan we door. Maar ik geloof niet meer in de collectiviteit.' De zoete, zalvende woorden en gebaren van de begrafenis vijf jaar eerder zijn voor hem vermorzeld door de werkelijkheid.

Op die begrafenis noemde de bisschop van L'Aquila de namen van alle slachtoffers, één voor één. Het publiek keek naar de bruine en witte kisten. Naar de minikistjes voor kinderen. De imam sprak voor de moslims onder de slachtoffers. Hij zei: 'Ik lees voor iedereen in naam van die ene God die de wereld heeft geschapen.' Hij riep op tot eenheid in de rouw en in de wederopbouw en zijn oproep werd ontvangen met applaus. Toen tilden de dragers de kisten één voor één op. Ze droegen ze naar de lijkwagens, meer dan tweehonderd, die klaarstonden om de overledenen weg te brengen. Begeleid door een treurzang van zware basstemmen voegden de families zich achter de kisten van hun naasten. Vlaggen halfstok. Zakdoeken drijfnat. *Agnus dei, qui tollis peccata mundi, dona nobis pacem…*

En weer klonk dat wonderlijke applaus. Niet voor de levenden die zouden falen in de wederopbouw, maar voor de doden, maar vooral om de tragedie weg te klappen. Hetzelfde applaus hoorde ik tot mijn schrik op 22 juli 2014 weer, toen ik terug in Nederland was en door een lange stoet van lijkwagens stil kwam te staan op de A27 bij Hilversum… Een applaus voor de doden. Een applaus van onmacht.

12.00 uur

Palazzo Grazioli – Silvio's spiegel

En dan bereik ik het Romeinse huurhuis van Silvio Berlusconi. De Ridder die wilde schitteren in de spotlights, de man die als een Barberini aan zijn imperium bouwde. Nu staat voor het Palazzo Grazioli nog maar één cameraman. Opkomst en het trage verval van een super-Italiaan.

In Rome stroomt de basiliek van de Santi Apostoli deze ochtend weer leeg. Wat rest van de begrafenisceremonie is een cocktail van parfum en wierook. Ik loop terug naar de winkelstraat Via del Corso en van daaruit naar de Piazza Venezia. Voor het Altaar van het Vaderland zoeft het verkeer. In de lucht cirkelen helikopters. Het kan niet lang meer duren of de scholieren en studenten rukken op naar het centrum van de stad. Zou hun verzet krachtiger zijn dan al die eerdere demonstraties tegen misstanden? Zou de onderstroom die al jaren borrelt in Italië deze dag eindelijk bovengronds komen? Vooralsnog is er geen student of demonstrant te zien. Ik zie wel een als gladiator verklede Romein die zich laat fotograferen door toeristen. En een zigeunervrouw heeft haar vaste plek op het trottoir weer ingenomen: plat liggend op haar buik smeekt ze om een aalmoes, pal onder het balkon waar voormalig dictator Benito Mussolini vroeger het volk ophitste met zijn droombeelden over een heilstaat.

Om de hoek woont die andere 'verlosser' die het land twintig jaar in zijn greep hield. Voor het huis van Silvio Berlusconi in de Via del

Plebiscito staan dranghekken, alsof hij nog altijd de premier is. Maar er is wel een opvallend verschil met de jaren waarin de zakenman-politicus op het hoogtepunt van zijn macht was. Er staat nog maar één auto van de carabinieri geparkeerd, met één agent in de wagen en één ernaast. De bushalte voor zijn huis is sinds zijn aftreden weer in gebruik genomen. En er staat slechts één cameraploeg voor het huis van Silvio Berlusconi. In de videocratie die Italië onder zijn leiding werd, is een veelzeggender teken van groeiende irrelevantie nauwelijks denkbaar.

De afgelopen uren leidde mijn Romeinse wandeling me door de coulissen van de Italiaanse volksaard. Ik heb geprobeerd daarbij het decor te schetsen waarin Berlusconi kon groeien en opereren. Op de stoep voor Silvio's huis kunnen we ons nu een uurtje met de grote leider zelf bezighouden. En een antwoord zoeken op de vraag hoe hij zo lang de dienst kon uitmaken.

Cameraman Carlo

Ik spreek het cameraploegje voor Berlusconi's huis aan. Het zijn Carlo Lombardi (29) en zijn hulp Daniela Cigno (27). Ze hebben alle tijd om met me te praten omdat er weinig gebeurt achter de luiken van het Palazzo Grazioli. De twee vertellen dat ze hun loopbaan tot dusver grotendeels op deze stoep doorbrachten, precies zoals vandaag: postend voor Berlusconi's huis, hopend op een mooi plaatje van Il Cavaliere. Stiekem dromend van opnamen van jonge vrouwen die 's avonds laat of 's ochtends vroeg met gierende vaart de binnenplaats verlaten – al dan niet begeleid door een politie-escorte. De twee cameralieden werken voor La7, de enige enigszins onafhankelijke nieuwszender van Italië, geleid door Enrico Mentana. Deze anchorman presenteerde eerder jarenlang het nieuws van Berlusconi's zender La5. Maar hij raakte gebrouilleerd met Berlusconi, toen deze zich te veel bemoeide met de uitzendingen.

Cameraman Carlo Lombardi vertelt me deze dag hoe het werkt, dat posten voor het pand van Berlusconi. 'Ik word geacht hier van elf tot zeven uur 's avonds te staan, tot een uur voor het grote achtuurjournaal.' Maar niet elke dag. Hij hoort pas een paar uur van tevoren of ze hem die dag kunnen gebruiken. Vanochtend werd hij uit het bed van zijn vriendin gebeld om als freelancer de dag van demonstraties vanaf deze stoep te verslaan. 'Gelukkig had ik de liefde al bedreven en had ik dus tijd,' zegt hij ondeugend, zoals alleen een Italiaan dat kan.

Carlo wordt zoals ongeveer driekwart van zijn collega's zwart betaald. Tachtig euro per dag voor hem, en vijftig voor zijn hulpje. Dat is de harde achterkant van de Italiaanse televisiewereld die Berlusconi zo veel rijkdom en macht bracht en die de oud-premier jarenlang gebruikte om de Italianen te verleiden met zijn beloftes van een betere wereld. Soms werkt Carlo elke dag, soms maar twee dagen in de maand. 'Ik ben *precario*.' 'Precario' (behoeftig) is het woord dat Italianen gebruiken voor werknemers die op nulurencontracten of zwart werken, en die geen zekerheid voor de toekomst hebben. Het is een snel groeiend leger van miljoenen zzp'ers, maar dan veel slechter betaald dan in Nederland. Als Lombardi niet wordt opgeroepen om Berlusconi te filmen, maakt hij roodkapje-cocktails in een bar in het centrum die pas om vier uur 's nachts sluit. Ook vannacht zal hij er een dienst draaien.

Zijn telefoontje gaat. Elders in de stad blijken de studenten de Ponte Garibaldi over de Tiber te hebben bezet. De ME voert charges uit en gebruikt traangas. De rust was dus maar tijdelijk. Lombardi steunt de studenten in hun strijd om beter onderwijs en een florissantere toekomst. 'Er is geen uitweg meer. Waar gaat het heen? We hebben een immens gat met die staatsschuld van meer dan 2000 miljard euro.' Hij vreest dat hij tot zijn vijfenzeventigste of nog langer moet werken, omdat hij geen pensioen opbouwt. Italianen zouden volgens hem samen tegen de misstanden kunnen strijden die de afgelopen twintig jaar zijn ontstaan. 'Maar ze denken allemaal aan zichzelf. Als we het zelf maar redden.' Uiteindelijk lopen demonstraties altijd weer op niets uit, zo voorspelt hij. En het cynische is dat hij als cameraman deel uitmaakt van het mediacircus dat deze demonstranten stelselmatig en vakkundig in een verkeerd daglicht stelt: als gewelddadige oproerkraaiers. Precies zoals de nieuwsbazen het willen.

De cameraman weet dat hij het onbetrouwbare mediacircus faciliteert met zijn werk. 'Dankzij mij en mijn camera kan elke politicus zich als een rockster op tv presenteren, veilig ingekaderd in zijn werkelijkheid van grote palazzi, omringd door bewakers en slippendragers.' Het is diep triest, zegt hij. Tegenwoordig sturen ze niet eens meer een journalist met de cameraploeg mee. 'En wij cameralieden worden niet geacht vragen te stellen. Ons werk is gewoon de microfoon openzetten en hem onder de mond van de politicus houden, totdat deze zijn verklaring heeft afgelegd. Geen kritische opstelling.'

De man die deze cultus van de politicus als onbenaderbare rockster, als idool, in Italië uitvond en perfectioneerde is Silvio Berlusconi. Hoe kon hij het zo ver schoppen?

Una storia mafiosa?

Op 29 september 1936 werd Silvio Berlusconi geboren als zoon van een Milanese bankemployé en een huisvrouw. Het was een middenklassegezin. Silvio was de oudste van drie kinderen. In 1943 vluchtte zijn vader naar Zwitserland om te voorkomen dat hij door de Duitsers als soldaat zou worden ingezet of erger. In die laatste zware oorlogsjaren werd hij opgevoed door zijn moeder, die al 's ochtends vroeg om vijf uur vertrok om te werken. Na de oorlog, toen zijn vader was teruggekeerd, ging Silvio naar een internaat van de salesianen in Milaan. Daar was hij volgens een klasgenoot en latere partijgenoot al het middelpunt van de klas door zijn extraverte vitaliteit. Hij onderscheidde zich door tegen betaling het huiswerk van zijn studiegenoten te maken. Na zijn middelbare school koos hij voor de studie rechten. Zijn rekbare moraal, zijn intelligentie, zijn tomeloze ambitie en zijn liefde voor glitter en glamour openbaarden zich al vroeg. Hij studeerde cum laude af met een bekroonde scriptie over advertentiecontracten, een specialisatie die hem later in zijn bedrijf Pubitalia – zoiets als de STER in Nederland – nog goed van pas zou komen. Na een korte carrière als zanger op een cruiseschip stortte hij zich met bravoure op de booming business van die tijd: de bouw. Hij bouwde en verkocht eerst een paar, daarna duizend en vervolgens bijna vierduizend (!) appartementen bij Milaan. De benodigde miljoenen voor deze en andere projecten stroomden binnen via een woud aan holdings en bedrijven, zo illustreerde onderzoeksjournalist Marco Travaglio met Elio Veltri in *L'odore dei soldi* (De geur van geld, 2001), waarin hij zich onder meer baseerde op een rapport van een medewerker van de Italiaanse centrale bank en van het hoofd van de Dia, een antimaffia-eenheid van justitie. De geldstroom was moeilijk reconstrueerbaar. De bedrijven stonden op naam van 'stromannen, gepensioneerden, chronisch en terminaal zieken' en ze verdwenen vaak net zo snel als ze waren opgericht. Veel geld zou contant zijn binnengebracht. En in zulke grote hoeveelheden dat complete vrachtwagens het moeten hebben vervoerd. Het rapport van de centralebankmedewerker sprak van een bedrag van minstens 115 miljard lire in de jaren tachtig (een waarde van minstens 125 miljoen euro omgerekend naar 2002). Geld dat verscheen op de balans van Berlusconi's imperium vol holdings waarvan de herkomst absoluut niet traceerbaar was. Het betrof onder meer stortingen van nooit geïdentificeerde Zwitserse investeerders, achter wie menigeen de hand van de Siciliaanse maffia vermoedde, maar tot nu toe is dat nog niet voor een rechtbank bewezen.

Toch bleven deze maffiatheorieën hardnekkig. Ze werden in 2015 nog steeds onderzocht door justitie en journalisten. En zelfs Berlusconi's voormalige medestanders begonnen ze te onderschrijven. Ook Berlusconi's meest trouwe nieuwslezer, de man die met de vuist op tafel slaand Berlusconi altijd verdedigde tegen aanvallen. Deze Emilio Fede sprak er in 2012 over tegen zijn personal trainer, die het gesprek stiekem opnam. Op een bankje in de door Berlusconi gebouwde wijk Milano 2 zei de tv-anchorman die is veroordeeld voor het leveren van minderjarige meisjes aan Berlusconi en daartegen in beroep ging: 'Kijk, Milano 2 is een prachtige plek, maar toen Berlusconi eraan begon had hij geen cent. Het geld kwam van de maffia via Marcello Dell'Utri.' En hij herhaalde: 'Het echte verhaal achter het verhaal Berlusconi is... maffia, maffia... geld, maffia, geld. [...] Er is of er is geweest een investering van maffioos geld.' Justitie is in bezit van deze audio-opname, maar Fede ontkent nu dat hij dit zo bedoeld heeft en dat de opnames zijn gemanipuleerd.

Berlusconi's eerdergenoemde plaaggeest, de journalist Marco Travaglio, bleef in zijn boeken, krantenstukken en op de Italiaanse tv voortdurend goed met justitiële rapportages onderbouwde vragen stellen over Berlusconi's vermeende maffiabanden. Zo waren er vragen over de bank waar Berlusconi's vader Luigi tot midden jaren zeventig algemeen directeur was, de kleine Banca Rasini in Milaan, die volgens diverse bronnen maffiageld zou hebben witgewassen. Berlusconi zelf zou er veel rekeningen hebben, kreeg er zijn eerste leningen en garantstellingen, maar ook maffiabazen als Toto Riina en Bernardo Provenzano waren klant.

Ook waren er vragen over een vermeende maffioos die Berlusconi van 1973 tot 1975 inhuurde als stalknecht in zijn Milanese villa Arcore, die maar liefst 145 kamers telde. Deze Vittorio Mangano was er niet voor de paarden, zo wist men, maar om Berlusconi en zijn kinderen te beschermen tegen kidnapping. Ontvoeringen van rijke zakenlieden vonden in de jaren zeventig en tachtig vaak plaats in Noord-Italië. Stalknecht Mangano was volgens kroongetuigen van Justitie echter meer dan een beschermer van Berlusconi. Hij was een bruggenhoofd van de Siciliaanse maffia in Noord-Italië, een man die handelde in drugs en die geweld niet uit de weg ging. Berlusconi zou bescherming door de maffia boven politiebescherming hebben verkozen. Hij zou volgens journalist Travaglio Mangano hebben ingehuurd via Marcello Dell'Utri, de latere directeur van Berlusconi's reclamebedrijf Pubitalia, die in die periode ook in de villa van Berlusconi woonde. Deze Dell'Utri zou later ook voor Berlusconi Forza Italia (Hup Italië) opzetten en namens deze partij zitting nemen in het parlement. In 2014 werd Dell'Utri veroordeeld voor banden met de maffia. Hij vluchtte begin april 2014 naar Libanon om zijn definitieve veroordeling bij de Hoge Raad te ontlopen. Op 12 april werd hij gearresteerd en vervolgens voor zeven jaar vastgezet in de gevangenis van Parma. Ook Mangano draaide de cel in, maar al veel eerder. Hij werd uiteindelijk in 2000 definitief twee keer tot levenslang veroordeeld vanwege twee moorden, deelname aan de maffia en drugshandel. Hij stierf drie dagen na het vonnis in zijn cel.

Berlusconi bleef altijd volhouden dat hij niets wist van Mangano's vermeende relaties met de maffia. In een interview op 8 april 2008 omschreef Marcello Dell'Utri Mangano als 'een groot man' die een gevangenisstraf kreeg omdat hij weigerde valse verklaringen tegen Berlusconi af te leggen. Berlusconi ondersteunde die verklaring op tv: 'Marcello Dell'Utri heeft gelijk. Mangano is een held, omdat hij nooit iets over mij heeft verzonnen.'

De vermoorde officier van justitie Paolo Borsellino, die de maffia samen met magistraat Giovanni Falcone eind jaren tachtig een harde slag toebracht door honderden maffiosi voor jaren achter de tralies te krijgen, was al vroeg overtuigd van Mangano's rol als tussenpersoon van de maffia in Noord-Italië. Op 19 mei 1992 al, in het laatste interview voor zijn dood, noemde hij diens naam. Hij stelde dat de maffia banden had met financiers en met zakenlieden in Noord-Italië en dat Mangano de link was. Twee maanden na dit (toen nog niet uitgezonden) interview werd Borsellino tot grote schrik van heel Italië met vijf van zijn lijfwachten omgebracht door een gigantische autobom die voor zijn huis ontplofte. 57 dagen eerder was zijn collega-antimaffiastrijder Giovanni Falcone al opgeblazen. Acht jaar lang was het tv-interview met Borsellino zoek. Toen in 2000 een kopie werd teruggevonden deed Dell'Utri er alles aan om te voorkomen dat het op tv zou worden uitgezonden. Uiteindelijk werd het interview op een avond om elf uur, niet bepaald primetime, vertoond. Vreemd genoeg leidde het nauwelijks tot debat. En dat terwijl Borsellino bevestigde dat het Openbaar Ministerie onderzoek deed naar de relatie tussen Mangano en Berlusconi, tussen de maffia en een ex-premier die op het punt stond opnieuw premier te worden.

Na de moord op de rechters Falcone en Borsellino in 1992 volgden nog meer aanslagen in Rome, Florence en Milaan. De schok was zo groot dat premier Carlo Azeglio Ciampi, zo vertelde hij later, vreesde voor een staatsgreep. Justitie nam in de jaren erna aan dat die maffiose aanslagen waren bedoeld om via terreur een lichter gevangenisregime en andere voordelen voor de maffia af te dwingen. Maar dat kon niet alles zijn, zeker niet omdat de aanslagen ineens ophielden, eind 1993. Het OM in Palermo kwam de afgelopen jaren geleidelijk tot de overtuiging dat er een akkoord moet zijn gesloten tussen hogere politieke machten en de maffia tijdens de zogenaamde *trattativa*, de onderhandeling. Maffiabaas Totò Riina zou daarbij mogelijk zijn geofferd, omdat hij met zijn bomaanslagen te gevaarlijk werd. Hij werd op 15 januari 1993 gearresteerd en al snel opgevolgd door Bernardo Provenzano, bijgenaamd *Binnu u tratturi* (Binnu de tractor) omdat hij iedereen die hem in de weg stond onverstoorbaar vermorzelde. De aanslagen stopten daarop plotseling en een nieuwe partij won bij de verkiezingen begin 1994 tot ieders verrassing alle zestig Siciliaanse zetels voor de Senaat in Rome. Die partij was Forza Italia van Silvio Berlusconi.

Of de hierboven geschetste en vaak door justitie onderzochte en door journalisten beschreven scenario's tot in de details kloppen heeft tot nu toe geen Italiaanse rechtbank weten vast te stellen, omdat veel processen nog voortduren of voortijdig zijn verjaard. Maar ineens presenteerde Berlusconi zich als kandidaat-premier en hij wist het nog te worden ook. Hoe en waarom?

Una storia Italiana

In die vroege jaren negentig was Silvio Berlusconi uitgegroeid tot een van de machtigste zakenmannen van Italië: eigenaar van een supermarktketen, de voetbalclub AC Milan, een verzekeringsbedrijf, een bank, een bouwconglomeraat, drie commerciële landelijke televisiezenders, een uitgeverij, kranten en een reclameconglomeraat. De Italianen konden werkelijk voor elke consumptieve wens bij Berlusconi terecht. Maar tegelijkertijd had zijn bedrijf enorme schulden door de vele investeringen met leningen die hij dankzij zijn goede contacten gemakkelijk kreeg. Tot overmaat van ramp dreigden politici hem een of twee van zijn wel zeer rendabele commerciële zenders af te nemen.

Ook Italië ging gebukt onder een diepe crisis. Het steekpenningenschandaal Tangentopoli (steekpenningenstad) bracht sinds 1992 meer dan drieduizend politici, ambtenaren en ondernemers in de beklaagdenbank. Het volk had het vertrouwen in de politiek totaal verloren. Berlusconi, die vooral dankzij de politieke bescherming van de inmiddels naar Tunesië gevluchte ex-premier Bettino Craxi zijn me-

dia-imperium had kunnen opbouwen, vreesde ook te worden ver-
malen in de operatie Schone Handen. Er waren vragen rondom zwarte fondsen en door hem betaalde steekpenningen. Berlusconi was
angstig: 'Als ik niet de politiek in ga, sturen ze me de gevangenis in en
laten ze me failliet gaan,' zou hij hebben gezegd, volgens de voormalige hoofdredacteur van zijn krant *Il Giornale*. Tussen juni en oktober
1993, maar misschien zelfs al een jaar eerder, ontstond zijn plan om
een partij op te richten. Dit gebeurde tijdens vergaderingen in het
noorden met andere ondernemers, en tijdens door Marcello
Dell'Utri gecoördineerde bijeenkomsten met Sicilianen.

Alles werd in gereedheid gebracht voor de politieke entree van Berlusconi, die in het vacuüm wilde duiken dat de ineenstortende corrupte politieke partijen achterlieten. Veel van de managers van zijn bedrijf Fininvest in heel Italië werden omgeschoold tot aspirant-politici.
Hij betrad *il campo*, het veld, het strijdtoneel, zoals hij het in voetbal-
termen noemde. De machtige marketingafdeling van zijn reclamebedrijf Pubitalia, geleid door Dell'Utri, organiseerde de op Amerikaanse
leest geschoeide campagne. Op 26 januari 1994 stuurde Berlusconi een
videoband naar de Rai, naar zijn eigen drie zenders en naar persbu-
reau Reuters. Het filmpje werd op alle Italiaanse kanalen uitgezonden.
De mediamagnaat mobiliseerde al zijn in de jaren daarvoor verzamelde tv-macht.

In een Amerikaanse, huiselijke setting, neokoloniaal houten bureau, boekenkast op de achtergrond, foto van de familie binnen
handbereik, verleidde hij de kijker met de mededeling dat hij niet anders kon dan ingrijpen nu het land werd geteisterd door een steekpenningenschandaal. Hij zat daar al als de nieuwe premier.

Dit is wat hij zei: 'Italië is het land waar ik van hou. Hier heb ik
mijn wortels, mijn hoop, mijn horizon. Hier heb ik geleerd, van mijn
vader en van het leven, hoe een ondernemer te zijn. Hier heb ik mijn
passie voor vrijheid opgebouwd [...] Nooit zo hard als op dit moment heeft Italië mensen met een zekere ervaring nodig, met hun
hoofd stevig op hun schouders, capabel om het land een helpende
hand te reiken en de staat te laten functioneren. [...] Als we het politieke systeem willen laten werken is het noodzakelijk dat er "een pou-

le van vrijheid" ontstaat als oppositie tegen het linkse kartel. Een verbond dat het beste naar zich toe weet te trekken van een Italië dat eerlijk, redelijk en modern is. [...] Ik zeg jullie, we *kunnen*, nee, ik zeg jullie, we *moeten* voor ons en onze kinderen een nieuw Italiaans wonder realiseren!' Mooie woorden dus. Berlusconi wist hoe hij zich moest presenteren en hoe hij zijn media-imperium moest inzetten.

Noord- en Zuid-Italië vielen als een blok voor Berlusconi en voor zijn partij Forza Italia, een na veel marktonderzoek uitgekozen partijnaam die zijn liefde voor Italië, zijn verwantschap met de voetbalminnende volkse Italiaan en zijn optimisme uitstraalde. Berlusconi realiseerde daarnaast een onmogelijk geacht bondgenootschap met andere politieke nieuwkomers. Hij verleidde Umberto Bossi van de Lega Nord, die Noord-Italië wilde afscheiden. En hij liet hem in een coalitie op wonderbaarlijke wijze samenwerken met diens tegenpool, de neofascist Gianfranco Fini, die juist voor een sterke centrale staat was en druk doende was om zijn partij salonfähig te maken. Vijftig managers uit Berlusconi's eigen bedrijf kwamen in de Kamer. Berlusconi werd premier. En de Italianen geloofden in hem.

Het werd een flop. Al een halfjaar later viel zijn kabinet vanwege een pensioenhervorming die Bossi niet wilde accepteren. Berlusconi voelde zich verraden. Er volgde een 'tocht van zeven jaar door de woestijn', zoals hij het later omschreef. Een periode waarin hij als ondernemer failliet dreigde te gaan, vervolgd werd, maar waar hij zich glansrijk doorheen knokte.

Opnieuw wist hij zich te verzekeren van de steun van Bossi en Fini. En in 2001 vonden alle Italianen in hun brievenbus het fotoboek *Una storia Italiana* (Een Italiaans verhaal), waarin alle successen werden opgesomd van de opnieuw geslaagde zakenman Silvio Berlusconi. Hij presenteerde zich zoals de Italianen iemand graag zien: als familieman, als voetbalfan, als succesvol ondernemer, als aanbidder van schoonheid en als rationeel zakenman die het land zou kunnen leiden als een bedrijf.

Weer won hij – met overmacht zelfs – in de Senaat en in het Huis. Hij had alle kaarten in handen om Italië echt te veranderen. Maar vrijwel direct toonde hij zijn ware gezicht. Binnen een paar maanden had hij boekhoudkundige fraude uit het wetboek van strafrecht geschrapt. Binnen een jaar werd het voor justitie moeilijker om belastende informatie uit het buitenland te halen. De staat subsidieerde later de aanschaf van decoders voor digitale tv, waarin zijn bedrijf vooropliep. Hij schafte het successierecht af, wat zijn rijke vrienden goed uitkwam. Hij voerde zijn eigen immuniteit in, redde zijn zender Rete4 van opheffing door een rechterlijk bevel te negeren.

In de jaren erna volgden nog vele wetten die toegesneden waren op zijn eigen bedrijf of de juridische bescherming van hem en zijn vrienden. Hij verdedigde zich tegen rechters die hem vervolgden voor belastingontduiking, fraude en corruptie door de rechtszaken zo lang mogelijk te traineren en verjaringstermijnen wettelijk in te korten. Hij strafte journalisten die te kritisch waren door hun hun programma bij de Rai te ontnemen. Hij probeerde in de laatste jaren al te kritische kranten zelfs hun reclame-inkomsten te ontnemen, door bevriende ondernemers op te roepen niet meer in die kranten te adverteren.

Berlusconi zat zijn tegenstanders dus flink dwars, maar hij zorgde goed voor wie hem steunde en hij kwam ook beloftes na. En zo bewaarde hij de eendracht om hem heen. Hij schafte de onroerendgoedbelasting af, hij bood belastingontduikers tot drie keer toe de kans voor een habbekrats in het reine te komen met de fiscus. En op tv en in de omgang met kiezers en partijgenoten bleef hij moppen tappen. Hij zou er tweeduizend uit zijn hoofd kennen. Volgens Simone Barillari, die er een studie van maakte, zou hij elke dag een aantal moppen aangereikt krijgen door zijn medewerkers die daar naarstig jacht op maakten. Berlusconi zou ze lezen en beoordelen. Hij zou ze bewerken en testen op medewerkers. Als die lachten, werden ze goedgekeurd en gebruikt.

In *Il re che ride* (De koning die lacht, 2010) stelt Barillari dat Berlusconi geen nar is die politicus werd, maar een politicus die de grap als communicatiemiddel gebruikte om zijn boodschap over te brengen. Volgens Barillari hadden de moppen van Berlusconi een therapeutische functie, of waren ze bedoeld om een concept neer te zetten. Vaak hadden ze een moraal. 'Berlusconi gebruikt de grap om publiekelijk te zeggen wat hij denkt, zonder ervoor te hoeven boeten,' aldus Barillari. Voorbeeld: God de Vader komt met zijn arm om Berlusconi naar buiten en zegt: 'Silvio, je idee om het paradijs om te vormen tot een beursgenoteerd bedrijf lijkt me fantastisch.' Volgens Barillari is met Berlusconi de humor omgebogen van een wapen tegen de macht tot een beleidsinstrument van de regering. De gewraakte 'grap' over de Amerikaanse president Obama – *'Barack Obama? È Giovane, bello e abbronzato'* (Barack Obama? Hij is jong, mooi en lekker gebruind) – moet ook in dit kader worden bezien. Het was puur racisme, maar als een grap gebracht. Geen rechter die eraan dacht Berlusconi te vervolgen.

Geert Wilders had zich veel ellende kunnen besparen als hij de op de grap gebaseerde strategie van Berlusconi zou hebben toegepast. Pim Fortuyn, die in Italië begraven ligt en wiens begrafenis in 2002 mijn eerste reportage als correspondent vanuit Italië was, realiseerde zich dat hij veel van Berlusconi kon leren. Hij sprak vaak over hem en had in Italië ook zijn bewondering voor Il Cavaliere kenbaar gemaakt. *Stampa*-journalist Massimo Grammelini, die Berlusconi aanvankelijk als sportjournalist (bij Milan) en later als politiek verslaggever volgde, schreef: 'Berlusconi bleef me aan het lachen maken en bleef me angst inboezemen. Uiteindelijk beangstigde hij me meer dan dat hij me liet lachen.'

In 2004 trakteerde Berlusconi zichzelf op een facelift en nieuwe haren. Voor het eerst kwam een mannelijke politicus er openlijk voor uit dat hij zich had laten opknappen. Zijn partijgenoten vonden dat getuigen van zijn eerlijkheid en moed. Het baatte niet echt, omdat Berlusconi in de vijf jaar van zijn premierschap Italië niet had weten te liften. De Italianen waren teleurgesteld. De teruggekeerde voorzitter van de Europese Commissie, Romano Prodi, stond als het redelijke alternatief ver voor in de peilingen. Iedereen dacht dat Berlusconi daarmee was afgeschreven. Maar hij streed het voorjaar van 2006 voort met een indrukwekkende verkiezingscampagne waarin hij al zijn mediamacht inzette en Prodi uiteindelijk net niet versloeg. Berlusconi accepteerde zijn nederlaag niet. Hij bleef bijten en vechten. Onmiddellijk na de verkiezingsuitslag verklaarde hij de tellingen onrechtmatig. Hij organiseerde een gigantische demonstratie op de Piazza San Giovanni in Rome, waar we later nog langskomen. Het was een protestactie tegen het 'niet eerlijk gekozen' kabinet-Prodi, dat overigens al na anderhalf jaar sneuvelde door onderling gekibbel en gebrek aan steun in de Senaat.

De val

In de lente van 2008 kon Berlusconi dankzij dit falen van de centrumlinkse Romano Prodi opnieuw het premierschap naar zich toe trekken. Twee maanden lang bezette hij weer alle televisiekanalen. Agressiever dan ooit. Hij liet zich overal interviewen, brak telefonisch in bij programma's. Onder grote druk van zijn bondgenoten verdwenen alle politieke talkshows tijdelijk van het scherm, waardoor kritisch debat onmogelijk werd. Zijn verkiezingsprogramma was doelbewust simpel. Hij zwoer een einde te maken aan het vuilnisschandaal rond Napels, waar het door de Camorra geïnfiltreerde regiobestuur er niet meer in slaagde de rommel van straat te halen. Daarnaast beloofde hij de noodlijdende nationale vliegmaatschappij Alitalia te redden, en vooral uit buitenlandse handen te houden. Hij verweet het centrumlinkse kabinet-Prodi deze 'noodtoestanden' niet daadkrachtig te hebben aangepakt. Hij presenteerde zich dus als de kandidaat-premier van een 'doenerskabinet', als een verlosser, en hij won. Alweer.

Nog nooit was zijn parlementaire meerderheid zo groot en nog nooit verspeelde een politicus zijn riante positie zo snel. Het ene na het andere corruptieschandaal rondom partijgenoten barstte los. Drie ministers moesten aftreden en Berlusconi's voorliefde voor jonge meisjes kwam in de openbaarheid. De bunga bunga-seksfeesten in de tot een nachtclub omgebouwde kelder van zijn huis bij Milaan. De verhalen over ontblote jongedames, aangespoord door een in verpleegstersuniform geklede vrouwelijke parlementariër. Het wulpse gekroel rond danspalen. Het geld en de cadeautjes voor de jonge meisjes. Rubygate, de kwestie met het minderjarige Marokkaanse meisje met wie hij tegen betaling zou hebben geslapen. Kortom, zijn verslaafdheid aan deze *cene eleganti* (elegante diners), zoals hij ze eufemistisch noemde, maakte duidelijk dat hij chantabel was. Als premier kon hij niet meer geloofwaardig en doortastend optreden.

Zijn bondgenoot Gianfranco Fini vond het genoeg en brak met Berlusconi, die daardoor in december 2010 politiek leek te sneuvelen. Maar zijn overgebleven aanhang beschermde hem te vuur en te zwaard. 'Als hij valt, eindigen we allemaal in de cel,' zo verwoordde een van hen hun angst. Precies zoals hij ten tijde van de operatie Schone Handen begin jaren negentig zou hebben gezegd en dus maar de politiek was ingegaan. Zijn bondgenoten realiseerden zich dat ze hun rijkdom aan hem te danken hadden en bleven achter hem staan. Ze hadden hem gesteund in zijn strijd tegen justitie en hij had hen daarvoor altijd beloond. Dat zou nu ook gebeuren, wisten ze. En dat is volgens *Corriere della Sera*-columnist Sergio Romano precies de reden dat Berlusconi zijn beloften van een beter Italië nooit kon waarmaken. De coalitie- en partijgenoten die hem door de jaren beschermden, wilden ook altijd terugbetaald worden. Grote hervormingen waren mede daardoor onmogelijk.

Met mooie beloftes wist Berlusconi ook in 2010 genoeg parlementariërs in zijn kamp terug te lokken om verder te kunnen regeren. Mede dankzij de steun van Umberto Bossi van de Lega Nord. Die moest wel. Zonder hulp van Berlusconi zou hij zijn ter discussie staande leidersrol binnen zijn eigen partij verspelen. Dankzij een lening van Berlusconi was het faillissement van de partijbank van Lega Nord eerder voorkomen.

Nog een jaar sleepte het kabinet zich van schandaal naar schandpaal. Dat Italië in een crisis zat ontkende Berlusconi gewoon. Intussen werd Il Cavaliere de risee van de internationale politiek, totdat de markten keihard het vertrouwen opzegden. Niet zomaar. Er duiken steeds meer aanwijzingen op dat de Italiaanse president Giorgio Napolitano het genoeg vond en dat hij in overleg met buitenlandse regeringen achter de schermen zou hebben gewerkt aan de val van Berlusconi. Oud-eurocommissaris Mario Monti zou al vijf à zes maanden voor zijn aantreden als premier in het geheim door Napolitano zijn aangezocht en klaargestoomd voor zijn toekomstige rol, zo suggereerde de Amerikaanse journalist Alan Friedman in zijn boek *Ammazzi-*

amo il Gattopardo (Laten we de Tijgerkat doden, 2014). President Napolitano ontkende dit in een ingezonden brief aan de *Financial Times*. Maar zeker is dat Mario Monti zich in 2011 ineens steeds meer in het publieke debat mengde. Hij schreef grote stukken in de *Corriere della Sera* over hoe Italië kon worden gered van de ondergang.

Toen de rente op Italiaanse schuldpapieren extreem veel hoger werd dan die op Duitse of Nederlandse, dreigde de staatsschuld van het land onbetaalbaar te worden. Ingrijpen was onvermijdelijk. In augustus 2011 stuurde de president van de Europese Centrale Bank een brief naar de Italiaanse regering, een dictaat met wat moest gebeuren. In de loop van het najaar van 2011 werd Berlusconi geleidelijk gedwongen tot aftreden. De Italianen werden zo goed als onder curatele gesteld van de Europese Commissie, de Europese Centrale Bank en het IMF. Mario Monti trad aan. Opnieuw in de geschiedenis hadden de Italianen zich twintig jaar lang in de luren laten leggen door een sterke man die hun een rad voor de ogen had gedraaid. Na de droom die Mussolini hun tussen 1920 en 1943 voorhield bleek ook de idylle van Berlusconi uiteindelijk van bordkarton. Umberto Eco, de beroemde Italiaanse historicus, schreef: 'Ik hou van politieke experimenten, maar jammer dat ze altijd in Italië moeten plaatsvinden.'

Waarom kwam Berlusconi zo ver, is de vraag die me de afgelopen jaren het meest werd gesteld. Het wordt tijd om deze vraag hier te beantwoorden.

Silvio Berlusconi deed altijd wat hem goeddocht. En hij deed dit onder het mom van 'de vrijheid'. Niet de vrijheid om iets te doen, maar de vrijheid (of bevrijding) van de controlerende, blokkerende en bureaucratische overheid waaraan zo veel Italianen een broertje dood hebben. De kiezers die op hem stemden noemde hij vanaf 2008 'Volk van de Vrijheid'. Hij durfde ook te doen waar anderen van droomden. Zijn harem sloot aan bij die diepste verlangens van veel Italiaanse mannen. Ze verdedigden hem tegen te veroordelende journalisten: 'Een premier heeft ook recht op privacy.' Grenzeloos was ook de manier waarop hij het voorgeschreven decorum doorbrak. Hij was de antipoliticus die het volk met zijn ondeugende narrengedrag verleidde. Door kiekeboe te spelen met Angela Merkel, door twee vingers op te steken achter het hoofd van een bevriend staatshoofd. Hij stak zijn hand uit naar een televisiepresentator en zei: 'Ruik eens... dit is de geur van heiligheid.' Dat sprak aan. Zijn tomeloze ambitie, zijn zucht naar macht en zijn wil geliefd te zijn, dreven hem na elke tegenslag weer voort. *'Meno male che Silvio c'è!'* (Maar goed dat Silvio er is), luidde zijn partijhymne. Tomeloos was ook zijn bereidheid regels te overtreden, tegenstanders te intimideren en bondgenootschappen te sluiten die het land benadeelden en hemzelf vooruithielpen.

Het volk dat hem democratisch had gekozen beschouwde hij als zijn verdedigingsschild tegen de rechterlijke macht. Dat hij door het volk tot premier werd gekozen was voor hem als een vrijspraak van elke aanklacht waar 'benoemde technocraten' als rechters niets aan konden of mochten veranderen. De Zonnekoning, Napoleon, Julius Caesar, Jezus Christus – geen vergelijking ging hem en zijn aanhangers te ver om zijn uitzonderlijke kwaliteiten als mens, zakenman en leider te roemen. Hij mikte op een directe emotionele relatie met 'het volk'.

Maar waarom bleven Italianen hem steunen, werd me vervolgens altijd gevraagd. Waarom kwamen ze niet tot inkeer?

Berlusconi's aanhang is altijd breed en divers geweest. Hij kreeg steun van miljoenen kleine zelfstandigen die zo min mogelijk bemoeienis van de staat wilden. Van de werklozen in het zuiden, die meenden dat alleen een sterke leider als Berlusconi hun lot kon verbeteren. En van veel laagopgeleide katholieken, die bang waren dat de linkse 'communisten' euthanasie, stamcelonderzoek en reageerbuisbaby's zouden toestaan, of erger nog: ellende, terreur en dood zouden brengen, zoals Berlusconi hen wilde doen geloven. Maar Berlusconi's grootste aanhang was te vinden onder televisiekijkend Italië. Als eigenaar van drie commerciële stations en controleur van staatszender Rai kon hij de Italianen zonder meer indoctrineren. Hoe meer een Italiaan naar tv keek, hoe groter de kans was dat hij op Berlusconi stemde, constateerden onderzoekers. Wie naar de zenders van Berlusconi keek, was nog meer geneigd op hem te stemmen. Niet alleen omdat Berlusconi tijdens verkiezingscampagnes veel vaker op tv was dan zijn opponenten, maar ook omdat hij de droom van rijkdom, beroemdheid en luxe personifieerde die zijn commerciële tv-stations al twee decennia lang hadden gepromoot, zo stelde Berlusconi-biograaf Alexander Stille in zijn boek *The Sack of Rome* (2006).

Volgens Stille presenteerde Berlusconi zichzelf als tegenstander van het establishment, ook al maakte hij er zelf al decennia deel van uit. Met zijn grappen en soms vulgaire taalgebruik wist hij een groot deel van het volk ervan te overtuigen dat hij een van hen was. In Berlusconi's wereld van showpolitiek bestond geen slechte publiciteit, schreef Stille. Alleen de kijkcijfers telden. Boekjes over de *berlusconades*, de politiek incorrecte uitspraken van de premier, bedoeld om hem in diskrediet te brengen, deden zijn faam onder het anti-establishment alleen maar groeien.

De grootste schandalen waarin hij verwikkeld was wist Berlusconi van het scherm te houden. Zijn motto was: 'Iets bestaat pas als het op tv is geweest.' Hij was daar zo van overtuigd dat zijn eigen uitgeverij Mondadori zonder problemen boeken van zijn critici uitgaf. Ook *Gomorra* van Roberto Saviano werd in eerste instantie uitgegeven door Berlusconi. Hij gaf zijn tegenstanders de ruimte van het woord, maar niet van het beeld op tv. Want het beeld, zo zagen we al eerder, is doorslaggevend in Italië. En dat controleerde Berlusconi met ferme hand. Werd de kritiek van justitie en journalistiek hem te heftig, dan koos Berlusconi steevast voor de aanval via een videoboodschap op het scherm. Of via een slim uitgekiende campagne, bijvoorbeeld na de aardbeving van L'Aquila, toen hij zich met een brandweerhelm het rampgebied in spoedde. Dat Berlusconi de tv controleerde baarde zijn aanhangers geen zorgen. Zijn mediamacht werd weggeredeneerd. Anderen zouden die ook hebben. Oud-Fiat-eigenaar Giovanni Agnelli was toch ook politiek actief als senator en die had toch ook een uitgeverij en kranten? Bovendien, zo zeiden zijn aanhangers vaak als ik ze ernaar vroeg, Berlusconi had de commerciële tv-stations al voordat hij de politiek in ging en zou ze nooit gebruiken om reclame voor zichzelf te maken.

De bewondering voor Il Cavaliere was onder zijn aanhang bijna grenzeloos. 'Hij is groots, welk meisje zou niet met hem meegaan?' zei een vrouwelijke kroegbaas me eens. Veel aanhangers omschreven Berlusconi als fascinerend, innemend, rijk, machtig. De democratie, zo zeiden ze, functioneert niet. De buitenlanders vormden een gevaar. De bandeloze jeugd, de school, het niveau van de lessen, alles werd slechter. Alleen een sterke leider kon dit proces keren. Dat Berlusconi faalde lag volgens zijn aanhang aan de tegenwerking die hij ondervond van de bureaucratie.

Berlusconi herhaalde dat zelf ook keer op keer. Hij vond ook dat hij nog te weinig macht had. Als iemand kritiek had op zijn beleid, op het uitblijven van het door hem beloofde economisch wonder, op de snelwegen die er niet kwamen, dan wees hij steevast op de stroperigheid en logheid van de instituties en op de beperkingen die de eu oplegde.

Zijn aanhangers deelden zijn kritiek op de bureaucratie. Ze voelden zich slachtoffer mét hem. Een fan van Berlusconi die ik sprak had van het niet-functioneren van de overheid zelfs zijn werk gemaakt. Hij had een kantoor dat rijbewijzen regelde. Hij en zijn zoon gingen voor klanten in de rij staan bij de totaal vastgelopen rijksdienst voor het wegverkeer, de Motorizzazione. Particulieren, vertelde deze man me, staan machteloos tegenover de ambtenaren, die vaak pas in actie komen als er een envelop met inhoud wordt overhandigd. Zelf betaalde hij geen steekpenningen, bezwoer hij me. Hij was meer van de harde hand. Hij zei soms de carabinieri op een ambtenaar af te sturen. En als dat niet hielp, pochte hij, stelde hij de onwillige ambtenaar een nachtelijke ontmoeting met een knokploeg in het vooruitzicht.

Dit soort Italianen die zelf uitwegen zochten uit het bureaucratische Italiaanse labyrint – en daar zijn er een heleboel van – vergaven Berlusconi veel, omdat hij zei de bureaucratie te willen aanpakken. Zij bagatelliseerden zijn voorliefde voor jonge meisjes tot op het allerlaatst. Er waren simpelweg te veel echt grote problemen die aangepakt moesten worden om de leider met dit soort futiliteiten lastig te vallen, vonden ze. Veel aanhangers weigerden domweg te geloven dat hij gebruikmaakte van de diensten van prostituees. 'Berlusconi is de baas van grote bedrijven, heeft miljarden. Zo iemand hoeft toch niet te betalen voor liefde?' zo verwoordde zo'n aanhanger zijn ongeloof. Het argument was ook vaak: *così fan tutte* (iedereen doet het). De kroegen zitten vol met mannen die overspel plegen. De kwestie-Ruby was voor de aanhangers domweg niet interessant. Het enige wat Berlusconi's aanhang hem verweet was dat hij zich had laten betrappen. Dat hij zich altijd had gepresenteerd als een familieman botste niet met de ontboezemingen over zijn overspel, vond men. 'Blijkbaar is het niet goed gegaan in het gezin Berlusconi,' opperde een vrouwelijke fan. Berlusconi-gezinde kranten suggereerden dat echtgenote Veronica een affaire met haar lijfwacht had gehad en dat Silvio zijn vertier dus wel buiten de deur moest zoeken. En dat werd graag geloofd.

Op de eerdergenoemde vermoede relaties van Berlusconi met de maffia reageerde zijn aanhang steevast met de juiste opmerking dat er niks was bewezen. De meesten hadden er wel over gehoord, keurden het af als het waar zou zijn, maar dat was simpelweg nog niet gebleken. Ze voegden er vaak vergoelijkend aan toe dat het niet zo makkelijk is om in Italië schone handen te houden. Een vrouw vertelde: 'Ik weet niet of het waar is, maar als het waar is, ben ik het er niet mee eens.' Dat is ook precies de reden waarom Berlusconi nooit heeft willen antwoorden op vragen van justitie over die vermeende maffiabanden. Harde bewijzen zouden hem wel degelijk heel veel stemmen hebben gekost. Maar toch ook weer niet alle stemmen.

Een aanhanger van Berlusconi wees me op artikel 1 van de grondwet, dat stelt dat de Italiaanse democratie is gebaseerd op arbeid. Dat is onjuist, zei hij. 'De Italiaanse democratie is gebaseerd op de maffia. Zonder de hulp van de maffiabazen was het de Amerikanen nooit gelukt om in de Tweede Wereldoorlog Sicilië en vervolgens Italië te bevrijden. De maffia wees de Amerikanen de weg op Sicilië en vocht mee.' Deze theorie wordt ook door historici erkend. Volgens verschillende typisch Italiaanse samenzweringstheorieën is de maffia daarvoor zelfs terugbetaald. Ze zou lange tijd met rust zijn gelaten en kon zo haar macht uitbreiden en de politiek infiltreren. Het Openbaar Ministerie in Palermo onderzoekt, zoals gezegd, het vermeende akkoord tussen staat en maffia al geruime tijd. Niet alleen Berlusconi zou de georganiseerde misdaad hebben opgezocht, ook hoge linkse politici worden daarvan verdacht. En zevenvoudig christendemocratisch premier Andreotti is ervoor vervolgd en ontsprong de dans doordat de zaak verjaarde.

Over de wetten die Berlusconi veranderde om onder juridische vervolging uit te komen, oordeelden zijn aanhangers steeds weer eenduidig mild. De teneur van hun verweer was opnieuw: così fan tutte. Wie een Berlusconi-aanhanger vervolgens te lang doorzaagde over zijn steun aan Il Cavaliere en er de draak mee stak, kon op onbegrip en irritatie rekenen. Italianen, zo zei men dan, laten zich niet voor de gek houden. Zij oordelen op basis van de feiten. En soms stuitte ik op Berlusconi-adepten die überhaupt niet hadden meegekregen wat hun idool ten laste was gelegd. Simpelweg omdat zij alleen maar de media van Berlusconi volgden. Zo sprak ik een vrouw die nog niet wist dat prostituee Patrizia D'Addario een nacht met Berlusconi zou hebben doorgebracht. Het nieuws was wereldwijd door alle kranten en tv-stations gebracht, maar de drie zenders van Berlusconi en de twee grootste Rai-zenders, die Berlusconi als premier controleerde, zwegen. De vrouwelijke fan reageerde verbaasd toen ik het haar vertelde en zei vervolgens iets heel belangrijks: 'Iedereen zegt hier op tv wat anders. Niemand brengt feiten. Het zijn allemaal opinies, dat is het probleem.' Ook de rechterlijke macht vertrouwde ze niet. 'Rechters zijn links en politiek actief.'

In twintig jaar is Berlusconi erin geslaagd de geloofwaardigheid van onafhankelijke controle-instanties als de pers, de rechterlijke macht en zelfs de parlementaire onderzoekscommissies volledig uit te hollen, schreef ook Berlusconi-biograaf Alexander Stille. 'Alles is gepolitiseerd. Als een bepaald orgaan tot een conclusie komt die als negatief wordt ervaren, dan wordt dit orgaan als vijandig bestempeld.' Volgens Stille is dit niet typisch Italiaans, maar bestaat die neiging in het hele Westen. Feiten worden zeldzamer, opinies nemen toe, en twijfel, onzekerheid en wantrouwen bij het publiek groeien daardoor alleen maar. Ik ben het helemaal met hem eens. Niet alleen in Italië, maar ook in de vs en West-Europa hebben spindoctors, lobbyisten en journalisten die zich van hen afhankelijk maken voor informatie en snelle nieuwtjes bijgedragen aan de opiniëring van de nieuwsstroom. Het gaat steeds meer over wie goed en fout is, niet over wat waar en onwaar is. De 'frames', de kadrering van de verhalen, kleuren de feiten op een manier die vaak weinig met de werkelijkheid heeft te maken. Politici, voorlichters, journalisten haasten zich er in een *rat race* achteraan. Berlusconi had al heel vroeg door hoe hij dit systeem in zijn voordeel kon beïnvloeden.

Natuurlijk was er door het spervuur van justitiële aanvallen op Berlusconi die werden gereflecteerd in de pers ook wel twijfel gerezen bij de aanhang van Berlusconi. Twijfel over de immuniteit die hij voor zichzelf regelde, over het verbod op afluisteren van personen die van corruptie werden verdacht. Maar als je zijn aanhangers dan vroeg of de premier na al die affaires en twijfelachtige maatregelen nog wel gezag had, antwoordde men meestal fel en gebeten, in een poging zichzelf opnieuw te overtuigen: 'Zeker heeft Berlusconi gezag! Waarom niet? Omdat hij met een hoer meeging? Omdat hij als bouwondernemer politici omkocht om vooruit te komen? Omdat hij een rechter liet omkopen? Berlusconi wil alleen het goede voor Italië. Slechter dan nu kan het niet gaan.' En dan volgde vaak de klapper waarmee Berlusconi-aanhangers hun steun voor Il Cavaliere motiveerden: 'Wie zonder zonde is, werpe de eerste steen.' … Tja.

Een vrouw sprak: 'Waar vind je een politicus die niet de wet heeft overtreden? De wereld is een varkensstal. *Mamma mia*. Laten we elkaar niet voor de gek houden. We draaien rond in de drek.' Dit complete cynisme kwam ik vaak tegen als argument om op Berlusconi te stemmen. Mensen die al het vertrouwen in de samenleving hadden verloren, mensen die helemaal geen invloed dachten te hebben – die mensen kozen vaak voor Berlusconi. Waarom? Omdat hij zich het beste van alle politici als een slachtoffer wist te presenteren. Multimiljardair Berlusconi – en dat is de ultieme paradox – toonde zich een lotgenoot van de verliezers. Hij ging voor in de strijd tegen alles wat tegenzat. Een fictieve strijd, gevoed door frustraties. Een schimmenspel in het theater van goed en kwaad, waar uiteindelijk de mooiste, rijkste en grappigste – hij dus – zo vaak en zo gemakkelijk kon winnen omdat feiten er niet meer toe deden.

Ondanks deze langdurige en hardnekkige steun vond de multimiljardair en mediatycoon Berlusconi uiteindelijk toch zijn Waterloo. Internationale investeerders deden, zoals gezegd samen met Monti en Napolitano, wat de Italiaanse parlementaire democratie en de Italianen niet vermochten, verlamd als het systeem was door de populist Berlusconi, zijn verleidingstrucs, zijn mediadominantie, zijn sinistere en cliëntelistische machtspolitiek en zijn afkeer van democratische instituties die hun controlerende taken uitoefenen.

Op 16 november 2011, een jaar voordat ik aan deze wandeling begon, diende Silvio Berlusconi uiteindelijk definitief zijn ontslag in bij president Napolitano. Toen het eenmaal gebeurde konden veel Italianen het niet geloven – een nieuw tijdperk zonder hem, zonder Berlusconi? Zonder de man die Italiës deugden en ondeugden weerspiegelde, kon dat wel?

De Ridder liet Italië die dag achter zoals hij het na het steekpenningenschandaal Tangentopoli in de vroege jaren negentig had aangetroffen: angstig, vol wantrouwen, zonder veel hoop op beterschap, met een gigantische staatsschuld, doordesemd van corruptie en lijdend aan een minderwaardigheidscomplex. Op de rand van de afgrond. Maar nog wel met een goed glas wijn, lekker eten, onder een vaak stralend blauwe lucht.

Geleidelijk werd echter duidelijk dat Berlusconi niet echt was vertrokken, dat hij zo'n beschamende vernedering niet aanvaardde en dat hij opnieuw voor de strijd zou kiezen. Hij hield zich rustig, gedoogde Mario Monti, die werd aangesteld door president Napolitano en die de internationale markten en Europa binnen een maand wist gerust te stellen. Berlusconi wachtte in stilte af totdat Monti's strenge maatregelen en hooghartige professorale gedrag de Italianen te ver zouden gaan. En dat gebeurde op 24 februari 2013. Monti haalde met zijn eigen partij niet meer dan 10 procent van de stemmen tijdens de parlementsverkiezingen. Berlusconi daarentegen zorgde opnieuw voor een grote verrassing. Zijn coalitie haalde bij de nationale verkiezingen van 2013 9,9 miljoen stemmen, zijn partij nog altijd 7 miljoen. Zijn lijstverbinding kwam maar 140.000 stemmen tekort om de grootste te worden. Berlusconi's trukendoos had nog steeds grote aantrekkingskracht op de Italianen, zo toonde de uitslag aan. Maar centrumlinks versloeg hem net, op de voet gevolgd door de Vijfsterrenbeweging M5S, de burgerbeweging die komiek Beppe Grillo in een paar jaar tijd op internet had weten op te bouwen.

Op die 24ste februari 2013 zou het weer even een komen en gaan van cameralieden zijn bij de dranghekken in de Via del Plebiscito. Cameraman Carlo Lombardi stond er opeens weer even niet alleen. Berlusconi deed er weer toe, zeker omdat zijn steun nodig was voor de brede coalitie van premier Enrico Letta, die na lang onderhandelen aantrad.

Het hoogtepunt van alle mediadrukte voor het huis van Berlusconi vond plaats in het bloedwarme begin van augustus 2013, toen de Hoge Raad hem definitief veroordeelde tot vier jaar gevangenisstraf wegens belastingfraude, waarvan hij er één moest uitzitten in huisarrest of via sociale dienstverlening in een verpleeghuis kon voldoen. Berlusconi sprak opnieuw van vervolging door linkse rechters die hem politiek wilden uitschakelen en over wie hij veel eerder al eens had gezegd dat je geestelijk gestoord moest zijn om die baan te willen. Hij dreigde de stekker uit het kabinet-Letta te trekken, dat gesteund door Berlusconi's Volk van de Vrijheid en de centrumlinkse Democratische Partij het werk van Mario Monti probeerde voort te zetten. Opnieuw moest president Giorgio Napolitano ingrijpen en de Italianen tot kalmte manen.

Alleen door grote druk van Berlusconi's vertrouwensman Gianni Letta, oom van de centrumlinkse premier Enrico Letta, kon een regeringscrisis op de korte termijn worden voorkomen. De duizenden aanhangers van Berlusconi voor de dranghekken onder het raam van zijn villa werden gemaand zich in te houden en niet om burgeroorlog te roepen, zoals een woordvoerder van hem eerder had aangeraden. En zo werd ook in het najaar van 2013 het lot van Italië nog altijd bepaald door een al diverse keren verslagen Cavaliere, een man met een definitieve celstraf vanwege belastingontduiking en een vonnis van zeven jaar vanwege machtsmisbruik en seks met een minderjarige prostituee. Een beroep tegen die laatste straf zou hij in de zomer van 2014 tot ieders verbazing winnen en nog wel zonder dat er een heftige maatschappelijke reactie op volgde. En ook het hof van cassatie constateerde op 10 maart 2015 dat er onvoldoende bewijs was dat Silvio Berlusconi wist dat Ruby minderjarig was.

Op 27 november 2013 volgde een nieuwe akte in de oneindige struikelval van Berlusconi. De Senaat verbande hem uit het parlement. Twee jaar lang mocht hij niet meer als politicus het volk in Senaat of Kamer vertegenwoordigen. Enkele maanden later begon hij aan de straf die hem wegens belastingontduiking was opgelegd. Vier uur per week ouderen in een verpleeghuis in Milaan bijstaan. Was dit dan de definitieve mokerslag?

Nee. Berlusconi zou blijven meetellen in de politiek, al stelde hij zijn ambitie bij. Het was hem vanaf eind 2013 hoogstwaarschijnlijk niet meer om het premierschap te doen. Hij wist dat hij ook geen serieuze presidentskandidaat meer was, al had hij daar lang van gedroomd. Hij had de verjonging van zijn partij ingezet, en de oude garde het nakijken gegeven. Jongeren van zijn beweging Forza Silvio namen de macht in Forza Italia over. Wat Berlusconi betreft gebeurde dit met maar één doel: dat hij op een respectabele manier en met enig hersteld gezag het politieke toneel kon verlaten. En dat een jonge generatie nog tot in lengte van dagen lovend over hem zou spreken. En zoals we later zullen zien had hij daartoe in het najaar van 2012 een plan laten opstellen: 'La rosa tricolore per vincere le elezioni 2013' (De driekleurige roos, om de verkiezingen van 2013 te winnen), zo onthulde journalist Davide Vecchi in *L'intoccabile: Matteo Renzi. La vera storia* (2014). Het plan mislukte. Berlusconi verloor de verkiezingen van 2013 net. Maar in 2014 zou het aantreden van premier Matteo Renzi Silvio Berlusconi verder terug in het centrum van de macht brengen. Zij het op de achtergrond, als onmisbare steunbeer van het kabinet-Renzi, dat zelfs een pact met Berlusconi zou sluiten. Een verdrag dat Berlusconi, toen dat hem in de lente van 2015 uitkwam, ook weer ter discussie zou stellen om zijn verzwakte, maar voortdurende macht te illustreren. Steeds in dienst van zijn eigen belang en in dienst van zijn zucht naar eerherstel.

Mediacratie

Berlusconi's politieke experiment is zoals gezegd zeer relevant voor andere westerse landen. Hij was de eerste West-Europese politicus die op grote schaal marketing introduceerde in de politiek. Hij toonde duidelijk aan dat een groot deel van de burgers, de zwevende kiezers, een politicus kiest op dezelfde manier als ze consumeren en winkelen: op basis van emotionele impulsen. Op basis van sympathie, antipathie en angst, op basis van onderbuikgevoelens. Berlusconi heeft dat als reclame- en marketingman als geen ander al heel vroeg begrepen. Tv is tegenwoordig cruciaal bij het bespelen van deze sentimenten. Internet ook steeds meer, al kan het nog niet tegen de televisie op. Op basis van angst, zo toonde Berlusconi aan, kan een politicus een kiezer nog de dag voor de verkiezingen van mening laten veranderen. De democratie is hierdoor zeer kwetsbaar geworden, de lange termijn is er door uit het zicht verdwenen.

In dit mediacratische, bijna postdemocratische spel kiezen populistische politici als Berlusconi ervoor om journalisten te ontwijken. Die kunnen alleen maar kritische en potentieel gevaarlijke vragen stellen. Mijn collega's in Rome en ikzelf kregen in de periode dat Berlusconi veel macht had nooit echt de kans om hem kritisch te ondervragen. Zelfs de Italiaanse journalisten lukte dat niet. De ene keer, in 2013, dat journalist Marco Travaglio samen met Berlusconi in een uitzending zat, wist de Ridder de journalist, die hem wederom op al zijn streken wees, onschadelijk te maken met een kleine beweging. Hij veegde de stoel waarop Travaglio voor hem had gezeten met een zakdoek schoon. Met dit minzame symbolisch gebaar had hij de lachers op zijn hand en maakte hij Travaglio's erudiete en onderbouwde woorden ten overstaan van het grote publiek in een paar seconden onschadelijk. Opnieuw beeld dat het woord versloeg.

Ikzelf heb Berlusconi in tien jaar correspondentschap één vraag kunnen stellen. Dat was toen voetballer Clarence Seedorf in de Nederlandse ambassade in Rome werd geridderd. Tot groot plezier van de Nederlandse ambassadeur was Berlusconi als eigenaar van AC Milan, de club van Seedorf, daarbij aanwezig. Maar bij het binnentreden van de toen vanwege seksschandalen fel onder vuur liggende premier zei de Nederlandse diplomaat: 'Berlusconi beantwoordt geen vragen van journalisten.' De Nederlandse topdiplomaat ging dus gewoon mee in de ontwijkingsstrategie van Berlusconi omdat het hoge bezoek anders aan hem voorbij was gegaan. Hij realiseerde zich bovendien, zo had hij me eerder al eens verteld, dat het handelsoverschot van Nederland van 8 miljard euro met Italië meer waard is dan het goede gevoel dat hij zou krijgen als hij Berlusconi de les zou lezen over zijn escapades en zijn uitholling van de rechtsstaat. Ook oud-premier Balkenende, die in Nederland het normen- en waardendebat entameerde, zei me desgevraagd op twee verschillende momenten (in 2002 op Sardinië en in 2009 in L'Aquila) dat normen en waarden tijdens zijn ontmoeting met Berlusconi niet aan de orde waren gekomen, omdat 'institutionele kwesties' en later 'economische kwesties' op de agenda stonden.

Seedorf kreeg tijdens de ceremonie in 2011 met Berlusconi waarbij hij geridderd werd de vraag hoe lang hij nog in zijn vak actief zou blijven. Toen hij daarop had geantwoord, dacht ik slim te zijn. Ik vroeg hem of hij dezelfde vraag aan premier Berlusconi wilde stellen. Seedorf weigerde zijn broodheer in verlegenheid te brengen: 'Berlusconi is een vriend, over politiek laat ik me niet uit.' Drie jaar later werd hij beloond voor zijn jarenlange trouw aan De Ridder: hij werd trainer van Berlusconi's Milan. Want voor wat hoort wat. Dat dit cliëntelistische systeem niet altijd tot succes leidt, zagen we in de maanden daarna op het voetbalveld. Vriend Seedorf moest bij gebrek aan resultaat al na een paar maanden het veld ruimen.

Na mijn vraag via Seedorf aan Berlusconi ging er overigens een afkeurend gesis door de zaal. Het kwam van collega-journalisten die vonden dat ik ten onrechte had geprobeerd het feestje te bederven en de mores – dat men Berlusconi geen vragen stelt – had geschonden. Ik schrok daarvan en ontdekte dat de censurerende kracht en de dwingende gedragscodes tijdens groepsperspresentaties niet kunnen worden onderschat. Berlusconi wist daar als geen ander gebruik van te maken, zoals ook veel andere populistische politici in Italië, de vs en ook Nederland nu nog doen. Deze manipulatie van de pers blijft gevaarlijk. De verslaggever die gelooft in een controlerende rol van de journalistiek moet zich daartegen wapenen.

Maar goed. Het loopt tegen 13.00 uur. De wandeling moet worden voortgezet. Ik neem afscheid van cameraman Carlo, die nog een keer waarschuwend met zijn vinger zwaait: 'Italië is na twintig jaar berlusconisme ernstig ontwricht.' Hij voorspelt op deze Romeinse wandeldag in het najaar van 2012 dat ook na de val van Il Cavaliere het nog decennia zal duren om van deze periode te herstellen.

Premier Matteo Renzi, wiens ambtswoning we later op de dag passeren, zal daar twee jaar later ook achter komen. Het verzet van de gevestigde orde, en de duistere machten die deze voeden, zo zullen we zien, is taai. Het moet nog blijken of de protesterende onderstroom – die met Renzi de kans leek te krijgen aan de macht te komen en die we later deze dag verder zullen belichten – het verschil kan maken. De komende uren analyseren we eerst hoe groot de ravage is die de jonge premier moet opruimen. En hoe de Italianen toch nog standhouden tussen deze puinhopen.

TWEEDE AKTE:

DE TOESTAND

13.00 uur

Piazza Margana – De ernst van het eten

Tijd voor een pauze in een goed Romeins restaurant. Van daaruit
reis ik in gedachten naar Piemonte. Over de verbindende maar ook
bedwelmende kracht van een goede lunch in een versplinterd land.
En over de helende werking van genot.

Van zo veel maatschappelijke turbulentie krijgt een mens honger.
Berlusconi en de geleidelijk oprukkende demonstranten achter me
latend ga ik langs de grote trappen van de Capitolijnse heuvel naar
het theater van Marcellus. Daar rechtsaf een labyrint van straatjes in.
Na wat gekronkel openbaart zich de oase: de Piazza Margana, een
oud verstild pleintje, een monument van eeuwig leven, waar nooit
iets lijkt te veranderen. Duiven spelen hun spel tegen de terracotta ge-
stucte façades. Herfstblaadjes dwarrelen omlaag. En de zon blijft aangenaam warm, zoals het hoort in november. Dit is het Italië zoals we
het kennen, graag zien en graag bezoeken.

Goethe pauzeerde hier op deze plek in 1786 al tijdens zijn beroemde Italiëreis. Elizabeth Taylor, Hugh Grant, Julia Roberts en Sean
Connery aten hier. Maar ook de door Italianen vereerde komiek Fio-
rello, de zanger Renato Zero, de edelman Urbano Barberini, die we
eerder tegenkwamen. En heel veel lekkerbekkende politici die even
niet te veel pottenkijkers willen, zoeken de Taverna degli Amici op, zo
vertelt eigenaar Mauro Fabi trots.

Hij neemt me mee de stoffige kelder in om te bewijzen dat Goethe hier echt was – de grote Duitse homo universalis die zich liet inspireren door de Italiaanse denkers uit de Renaissance en die de Italiëreis opnieuw populair maakte. In een hoekje tussen stoelen, tafels, wijnvaten ligt een oude houten plaquette: '*In dieses Osteria, pflegte Goethe sich zu begeben während seinen Aufenthalt in Rom in den Jahren 1786-87.*'

Kortom. Dit is dé plek om het te hebben over iets belangrijks, zeker in Italië: over eten, de verbindende kracht van een goede warme lunch of een diner in een versplinterd land. En over de duivelse bedwelming die zo'n maaltijd kan bieden: de mogelijkheid om de andere kant op te kijken. Wie het o zo cruciale ritueel van het tafelen in Italië analyseert, stuit opnieuw op de hang naar traditie en de noodzaak van verandering.

Poëzie van een menu

De vis komt elke dag vers uit de Ligurische Zee bij Toscane, vertelt gastheer Fabi. Het vlees uit Denemarken is van een van de duurste slagers van Rome, Feroci aan de Via della Maddalena. Specialiteiten zijn hier de *carciofo alla giudia* (artisjok klaargemaakt op joodse wijze), de *fior di zucca con ricotta* (bloem van de pompoen met ricotta) en de *polpette di melanzane* (gehaktballetjes met aubergine). Ook als je niet alle termen meteen begrijpt, beginnen je ogen te glimmen bij de voorpret. En dan zijn de toetjes nog niet eens genoemd: *tarte tatin, la Caprese al noce con cioccolato, millefoglie, torta al limone, tiramisu...*

Als Mauro Fabi de kaart zo voorleest, ga ik als vanzelf in gedachten terug naar de talloze culinaire topervaringen, maar ook naar de geanimeerde gesprekken en wijsgerige analyses waarop Italianen me de afgelopen jaren aan tafel trakteerden. Het ontbijt in Enna, de hoogste stad van Sicilië en een bolwerk van de maffia, waar de lokale bevolking de *granita al limone* (geraspt waterijs van citroen) aanprijst als 'de beste dagopening ter wereld', te nuttigen op het centrale plein van de stad. Of de *fiorentina*, een gigantische steak, bij voorkeur te genieten onder de Dom van Florence. De in citroensap gegaarde rauwe vis van vriend en dirigent van ons barokkoor Giancarlo delle Chiaie, die in zijn illegale restaurantje in de heuvels ten zuiden van Rome toverde met culinaire ingrediënten. Maar ook de proeverij van echte *aceto balsamico tradizionale* op de zolder van het statige pand in Modena van Vittorio Ferioli, die net het beroemdste azijnconcours van Italië had gewonnen. Hij legde me uit dat de families de soms wel honderd jaar oude azijn niet verkochten maar enkel aan elkaar cadeau gaven, bij wijze van bevestiging van hun vriendschap. Als ik aan die ontmoeting terugdenk, glinstert het stroperige, honderd jaar oude zwarte goud weer even op de theelepel die naar mijn mond ging.

Het geheugen proeft ook weer de *vin santo* van de excentrieke pastoor Don Ezzelino Bambini in Città delle Pieve. Een pastoor die met een enorme scheur in zijn broek en een rugzak vol bankbiljetten door het dorp fietste en die zijn pastorie en wijnkelder aanbood voor zo lang als gewenst. Vrij lang dus! En natuurlijk geniet ik weer van de vele zware winterschotels in Piemonte die me deden denken aan het oer-Hollandse draadjesvlees van oma. Of de polenta van Nidia, de Napolitaanse die altijd extra kookte voor onverwachte gasten.

Wat me ook is bijgebleven zijn de ontelbare woorden die aan al dat eten werden gewijd. Of het nu aan tafel was met families die op het punt van scheiden stonden, bij ex-criminelen in de Napolitaanse achterstandswijk Scampia, met een zakenman die zijn bedrijf naar de knoppen zag gaan: als het eten op tafel kwam, verdween alle spanning. Dan analyseerden gezworen vijanden of depressieve zakenlieden als blije kinderen de ingrediënten. Dan legden ze uit dat de zojuist geserveerde schotel alleen in dit dorp of deze streek te eten was, dat het om een *specialità del posto* ging. Als je Italianen mag geloven, is het gerecht uit het eigen dorp altijd het beste. En die trots op het eigen traditionele product, die zekerheid, stelt in een wereld vol onzekerheden elke dag weer gerust: nergens zo mooi als hier, concludeert een Italiaan aan tafel.

Tekenend, zo vonden mijn vrouw en ik in het begin van ons verblijf in Italië, was ook het antwoord dat schooljuffen dagelijks gaven op de vraag van ons, bezorgde ouders, hoe het die dag was gegaan met ons kind. Steevast luidde dat: prima, ze heeft alles opgegeten. We begrepen het niet. De juf zei niets over de leerstof, de taalontwikkeling, de omgang met de vriendjes of de intelligentie van het kind. Nee, alleen maar: vandaag heeft ze zelfs twee keer opgeschept. Ofwel: alles zal goed komen.

Uren en uren kan tijdens een diner gesproken worden over de beste ingrediënten, culinaire topervaringen, reizen naar andere streken en de lokale specialiteiten aldaar. Als een Italiaan aan tafel gaat, zo lijkt het wel, dan gaat hij op avontuur, op trektocht door zijn eigen land. Als de tomaten, wijnen en kazen zijn papillen strelen, dan ziet hij de wijngaarden, de heuvels met olijfbomen, de kastelen. Eten is de grote pacificator in dit tot op het bot verdeelde land. Het brengt de Italiaan steeds opnieuw tot het inzicht dat het uiteindelijk nergens beter toeven is. Politiek, corruptie, maffia, bedrog, sluwheden worden irrelevant. Warmte, menselijkheid, *morbidezza* (zachtheid) tellen en troosten dan. En wie zijn vete toch wil voortzetten, doet dat aan tafel in culinaire termen. Zoals de bejaarde moeders van vriend Luigi en vriendin Nidia. Die twee oudjes konden elkaar niet luchten of zien, en zaten met kerst en Pasen altijd weer samen aan tafel te kibbelen over hoe je het beste *biscottini* (koekjes) bakt. Voor een Noord-Europeaan is het wellicht oppervlakkig, en wordt dat uren praten over eten gezien als een vlucht. Maar voor Italianen is het behalve een kunst vaak ook de essentie, en inderdaad een noodzakelijke vlucht uit de werkelijkheid, al zullen ze dat zelden zo uitspreken. Voor hen ís het de realiteit.

Lekkerbekken

Het is dan ook niet verwonderlijk dat de man die de filosofie van de smaak en van het eten tot het uiterste heeft uitgewerkt afkomstig is uit Italië. Carlo Petrini is de oprichter en voorzitter van Slow Food. Hij is zo'n representant van de protesterende onderstroom in Italië die erin slaagde zijn stem gehoord te krijgen. Hij maakte van eten een ideologie die inmiddels over de hele wereld is verspreid. Zijn organisatie probeert genot en het verbeteren van de wereld met elkaar te verbinden.

In een carréboerderij in Bra, de thuisstad van Slow Food in de

Noord-Italiaanse streek Piemonte, op een dag dat ik weer een heerlijke jachtschotel mocht genieten met een rondborstige rode nebbiolo-wijn, vertelde hij me enkele jaren geleden: 'Een gourmand, een lekkerbek, heeft de plicht ook milieuactivist te zijn. Anders is hij kortzichtig bezig en geniet hij van iets wat over een aantal jaar door de industrialisering van de landbouw misschien niet meer bestaat. Hij moet zich afvragen waar de ingrediënten in zijn overheerlijke maal vandaan komen. Omgekeerd moet een milieuactivist de wetenschap van de gastronomie bestuderen. Anders blijft hij een roepende in de woestijn, een vertegenwoordiger van een trieste beweging die zich alleen op negatieve ontwikkelingen richt. Genot is heel belangrijk. Door de consument via het genot van de voeding te benaderen, bereik je veel meer dan met allerlei doemboodschappen over negatieve spiralen.'

Petrini's Slow Food spoort al jaren lokale producten op, die langzamerhand in vergetelheid zijn geraakt. De club praat met de mensen die nog weten hoe al dat lekkers wordt gemaakt, en zoekt zo nodig nieuwe jonge boeren die de ambachtelijke productie willen overnemen. Deze jonge ondernemers worden begeleid bij het creëren van een lokale en vervolgens een regionale markt. En de consument wordt opgevoed. Met cursussen wijnproeven, pastaproeverijen en het testen van lokale lekkernijen. Daarnaast publiceert Slow Food gidsen voor goede biologische wijnen en de eerlijke restaurants en *trattorie* waar van dit lekkers nog kan worden genoten. In de gidsen wordt ook beschreven hoe en waar de praktisch vergeten producten worden gemaakt. Petrini hoopt zo de variëteit van voedsel veilig te stellen.

Zijn droom begon in Bra, waar ik hem opzocht. In de slipstream van de linkse revolutie van de jaren zeventig, toen de onderstroom in Italië zich met bomaanslagen en ontvoeringen ging manifesteren, ontdekte hij als maatschappijcriticus met een aantal vrienden de geneugten van het goede eten. Dat was in zijn kringen eigenlijk taboe, want in strijd met de strenge opdracht die men zich in die linkse kringen stelde: het volk verheffen. De groep noemde zich de 'nieuwe vorkenprikkers', 'gulzige democraten' en 'nieuwe hedonisten'. Carlo Petrini herinnert zich nog hoe zijn linkse metgezellen de gastronomische feesten ervoeren als een vrolijke bevrijding uit de zware en onder te veel ideologie gebukt gaande linkse beweging. Zijn clubje groeide onder het motto 'ook links wil goed eten'. Maar geleidelijk brak ook het besef door dat al dit lekkers over een paar decennia wel eens niet meer te krijgen kon zijn omdat de traditionele boeren, die hun worsten, kazen en wijnen overal net weer anders maken, dreigden uit te sterven.

De grote sprong voorwaarts maakte de beweging in 1989 toen de eerste McDonald's op de Piazza di Spagna in Rome werd geopend. Daar, in de strijd tegen het fastfood dat model stond voor kapitalisme, massaconsumptie en het verwaarlozen van de lokale voedselcultuur, ontstond de term *slow food*. Met de slak als logo groeide de beweging in de tweede helft van de jaren negentig tot tachtigduizend leden wereldwijd. De combinatie van genot en ecologisch bewustzijn, milieuactivisme zonder geitenwollen sokken en gefronste wenkbrauwen, sloeg aan.

Het manifest van Slow Food, uitgegeven in 1989, toen de Muur viel en ook het Italiaanse communisme wankelde, stelde: 'Als het snelle leven in dienst van de productiviteit ons leven verandert en milieu en landschap bedreigt, dan is Slow Food daarop het antwoord. Tegen de krankzinnigheid van het Fast Life moeten we ons verdedigen met traag materieel genot. De strijd tegen de jachtigheid begint aan tafel met de ontdekking van de aroma's van de lokale keuken.' En niet met dreigende massademonstraties, zoals links altijd had gedacht. Hij pleitte al voor onthaasting twee decennia voordat dit in Nederland gemeengoed werd.

Petrini, die zichzelf zonder blikken of blozen een visionair noemt, ontvouwde zijn ideeën aan de ministers van Landbouw van alle EU-lidstaten en van vele Afrikaanse landen. Hij is nog altijd dagelijks onderweg om zijn boodschap te verkondigen. Hij verraste hoogwaardigheidsbekleders met traditionele producten uit hun eigen land, die ze zelf vaak niet kenden. De voedingsgoeroe probeerde bewindslieden uit te leggen dat bescherming van traditionele producten – die vaak lekkerder zijn – ook helpt ontvolkt rakende agrarische gebieden nieuw leven in te blazen. De revolutie – als die er al komt – zal in Italië via de smaakpapillen verlopen, was en is Petrini's boodschap. Als men het geheel maar benadert door de lens van het genot, het genot van het goede eten. Onder dat motto is de grote massa in beweging te brengen om de politici onder druk te zetten, zo meent hij.

Smaakuniversiteit

De tweede keer dat ik hem in zijn Piemonte ontmoette schudden we elkaar de hand in Polenzo, voor zijn universiteit voor Gastronomische Wetenschappen in de voormalige hoeve van koning Karel Albert van Sardinië. Hier leren studenten hoe ze gastronoom, culinair journalist, controleur of marketingmanager kunnen worden in de alternatieve voedselketen. Na hun opleiding moeten ze het alternatief voor de industriële productie en het evangelie van de lokale ambachtelijke economie verspreiden.

Om dat te kunnen doen, zo vertelde Petrini, krijgen de studenten ook praktijkles bij de wijnboer, de worstendraaier, de fokker van Piemontese dikbillen en de traditionele kaasmaker in Bra. Op de demonstratietafel bij de kaasboer die we bezochten stonden aan het begin van de les verschillende flessen wijn en een stapel ronde en vierkante kazen. De kaasprofessor, een oud-leraar scheikunde, leerde de studenten de kazen snijden (niet recht maar schuin), bekijken (schimmel kan een teken van kwaliteit zijn), ruiken (aroma's van gras, water, boter, kruiden) en proeven (zout, zoet, zuur). Aan het einde van de les liet hij zelfs horen dat kazen ook een herkenbare klank hebben. Met een hamertje klopte hij op de ronde grana padano's die op de planken lagen. Hoe ouder de kaas, des te hoger en scheller het geluid. Ondertussen werden de studenten bedolven onder informatie over keuringscertificaten als DOP, PAT, DOC, IGP, IGT.

Petrini had het die dag over de kracht van Italië, dat op het punt stond zijn 150-jarig bestaan te vieren. Hij wees op de innovatieve voedselidealen van Karel Albert, vader van de eerste vorst van Italië, Victor Emanuel II. Die liet zijn wetenschappers halverwege de negentiende eeuw experimenten uitvoeren met druiven. De vorst wilde dat zijn wijnen de betere Franse wijnen naar de kroon zouden steken. Dat was niet zonder succes, getuige de peperdure donkerrode barolo's, brunello's en amarones die Carlo Petrini's voedselbeschermingsorganisatie inmiddels heeft verzameld in de Banca del Vino (wijnbank), het heiligdom in de kelders van de gastronomische universiteit waar iedere wijnliefhebber diep voor zal buigen.

Net als koning Karel Albert ziet Petrini een link tussen voedsel en succes. Volgens hem kan een andere vorm van landbouw Italië, maar ook Europa en de wereld uit de crisis helpen. Er zijn een miljard mensen op de wereld ondervoed, evenzovelen hebben obesitas. Groente, fruit en vlees vliegen de wereld over, omdat het financieel aantrekkelijker is deze producten duizenden kilometers verderop af te zetten dan thuis op te eten. Logisch is het niet. Ethisch al helemaal niet.

Een andere visie op voedsel en voedselproductie kan daaraan veel veranderen, meent Petrini. Als het goed gebeurt, kan meer aandacht voor voedsel, genot en lokale economie ook helpen voorkomen dat er jaarlijks duizenden en duizenden door honger en oorlog bedreigde Afrikanen en Aziaten in gammele bootjes naar Europa komen. Een probleem dat, boven op de problemen die Italië al heeft, snel veel groter wordt, en dat Italië sinds een aantal jaren dwingt tot zelfreflectie.

14.00 uur

Het Capitool – Rome en de wereld

Tweeduizend jaar geleden was de Capitolijnse heuvel het centrum van de wereld. Sinds twee decennia weet de wereld Rome opnieuw te vinden, zo ondervond ik. Vrijwel geen Europees land krijgt meer migranten binnen dan Italië. Velen komen via Lampedusa, maar lang niet allemaal. Hoe globalisering en kleinburgerlijkheid botsen. En over nieuwe kansen en grote barrières.

Na het overheerlijke millefoglie-toetje in de Osteria degli Amici en de terugblik op mijn gesprekken met Carlo Petrini ben ik weer onderweg in het Romeinse stadgewoel. In de Via del Teatro di Marcello stuit ik op de eerste actievoerders. Nerveus passeren ze me, met spandoeken waarop staat dat de jeugd geen toekomst heeft, en dat jongeren beter kunnen emigreren. Ze houden stil bij de trappen naar het Capitool, de plek van waaruit Rome al tweeduizend jaar wordt bestuurd. Ze zijn duidelijk uit op een confrontatie met de politie verderop. Maar de botsing lijkt nog wel even op zich te laten wachten.

Ik besluit ze voor te blijven en klim La Cordonata op, zoals de door Michelangelo ontworpen trap naar de Capitolijnse heuvel heet. We zijn nu echt op heilige grond in het toch al historische Rome: de Piazza del Campidoglio, het Capitool, ooit Caput Mundi, het hoofd van de wereld, ook wel bezongen als 'de navel van de wereld'. Hier stond de grote Jupitertempel, de belangrijkste van alle Romeinse tempels. Dit was het symbolische zenuwcentrum van het machtige rijk. Hier stond men in contact met alle uithoeken van het imperium. Iedereen wilde toen nog naar Rome komen in plaats van het de rug toe te keren, zoals de demonstranten zojuist suggereerden.

Boven wachten de beelden van Castor en Pollux me op, twee verboden vruchten van een slippertje van oppergod Jupiter, die hier werd vereerd. Deze broers zijn de beschermers van Rome en ze staan aan de basis van het sterrenbeeld Tweelingen. Hun vader Jupiter plaatste ze hoogstpersoonlijk als twee sterren aan het hemelgewelf. Op het hoogtepunt van Romes macht zouden volgens de middeleeuwse kroniekschrijver magister Gregorius op dit plein zeventig bronzen beelden hebben gestaan die de zeventig provinciën van het Romeinse Rijk symboliseerden. Ze zouden allemaal een belletje om de nek hebben gehad. Als het belletje ging rinkelen, duidde dit op opstand in die provincie. De priesters die de beelden permanent in de gaten hielden waarschuwden dan onmiddellijk de keizer, zodat de legioenen konden uitrukken. (Hierover valt uitgebreider te lezen in Luc Verhuyk, SPQR. *Anekdotische reisgids voor Rome* uit 2002, die ik vaak bij me had op mijn verkenningen door Rome.)

Nadat het Romeinse Rijk was ingestort werd deze plek tussen 500 en 1400 geleidelijk een modderige geitenweide. In plaats van een miljoen mensen woonden er in de Middeleeuwen nog maar 30.000 in het verpauperde Rome. Pas in de vijftiende eeuw begon de wederopstanding. Michelangelo werd vervolgens als topkunstenaar aangezocht om de Capitolijnse heuvel nieuwe allure te geven. Sindsdien bewonderden miljoenen pelgrims en bezoekers dit trapeziumvormige plein en de nieuwe gevels van de drie paleizen. Met achterin het Palazzo dei Senatori dat nog dienstdoet als stadhuis, rechts het Palazzo dei Conservatori en links het Palazzo Nuovo, waar de stad de eerste kunstcollectie ter wereld presenteerde: een verzameling beelden uit de Oudheid, die paus Sixtus IV in 1471 begon aan te leggen. Kunstschatten die nu nog grote aantrekkingskracht hebben, ook op Mona, een immigrante.

Mona, de Albanese

Als ik omkijk naar de trap, zie ik een vrouw over het plein naar me toe lopen. Spijkerbroek, rood katoenen hesje, zonnebril in geblondeerd kort haar. Ze vraagt in gebrekkig Italiaans of ik een foto van haar wil maken met op de achtergrond het kolossale bronzen ruiterstandbeeld van keizer Marcus Aurelius die het volk groet. De vrouw houdt haar handen voor haar gezicht en geeft dan opdracht te klikken. Ik begrijp het niet, waarom zonder gezicht op de foto? Zo doet ze het altijd sinds ze in Italië is, zegt ze, terwijl ze het gat in haar bovengebit bloot lacht. Ze heet Mona. Haar achternaam wil ze niet vertellen aan een journalist. Zo veilig voelt ze zich nog niet in Italië. Ze komt uit Albanië en werkt in de stad. Vandaag is ze vrij en elk vrij uur wandelt ze door Rome. Om de schoonheid van de stad te bewonderen, zegt ze, precies zoals een toerist dat doet. Want Italiaanse schoonheid, die waardeert iedereen. Ook degenen die niet zo fraai worden behandeld.

Mona is een van de half miljoen *badanti* die Italië telt: (buitenlandse) vrouwen die Italiaanse ouderen verzorgen. Ze is naar Rome gekomen nadat ze in Albanië was gescheiden en haar leven niet meer op de rit kreeg. Haar broer nodigde haar uit. Ze hoopt nu haar kinderen van dertien en vijftien hier een betere toekomst te bieden.

Mona heeft twee bejaarde klanten voor wie ze de hele week klaarstaat. De ene is een oude vrouw die ooit dokter was, de andere een gepensioneerde advocaat. Het is de Italiaanse oplossing voor ouderenzorg. Families proberen ten koste van alles te voorkomen dat ze opa en oma naar een bejaardenhuis moeten sturen. Dat is niet gepast. Nu steeds vaker beide partners moeten werken, wordt in toenemende mate een badante ingehuurd, bijna altijd een immigrante uit de Filipijnen, Oekraïne, Rusland of Roemenië, niet zo vaak uit islamitische landen. Behalve ouderenverzorgsters zijn er ook nog een half miljoen immigrantenvrouwen die als kindermeisje, *colf*, het Italiaanse kroost helpen opvoeden. Ze wonen net als de badanti vaak in bij welgestelde gezinnen.

Het is een bijzondere vorm van samenwerking tussen Italianen en buitenlanders, die beide partijen veel biedt: relatief goedkope en vaak betrouwbare hulp in huis voor de Italianen, en een intiem inkijkje in het Italiaanse familieleven, met kost en inwoning, voor de immigranten. Heel vaak beginnen de vrouwelijke immigranten illegaal als badante. Ze werken zestig tot tachtig uur in de week, kunnen elk moment ontslagen worden en hebben geen rechten. Maar ze hebben ook een groot voordeel boven veel nieuwkomers in Nederland. Doordat ze opgenomen worden in Italiaanse gezinnen leren ze heel snel de taal en gewoonten van het gastland. De zwarte economie, het informele contact met de Italianen, garandeert een betere integratie dan alle regulering en inburgeringscursussen in Nederland, zo lijkt het soms wel.

Mona verdient achthonderd euro per maand, iets boven het gemiddelde voor een badante. In Albanië moet ze voor dat bedrag twee jaar werken, 'nu maar een maand', roept ze uit. Ze is tevreden over haar komst naar Italië, al was ze liever doorgereisd naar Duitsland, Nederland of Zwitserland, zoals de meeste immigranten willen. Het grootste minpunt, vindt ze, is dat ze door de crisis concurrentie krijgt van Italiaanse werkloze jongeren die ineens weer bereid zijn dit beroep uit te oefenen. En dat ze hier erg moet opletten en op haar strepen moet staan om te krijgen waar ze recht op heeft, haar loon bijvoorbeeld. Als ze haar geld niet krijgt, zwaait er wat voor de Italianen, tiert ze. 'Kan me niet schelen of ik een dokter of een advocaat voor me heb. Ik wil eerlijk behandeld worden.' Het is het laatste wat ze zegt. Opeens loopt ze door richting het Forum Romanum, langs het Tabularium, waar de Romeinen vroeger hun wetten archiveerden, met rechten die ook toen al niet voor iedereen gelijk waren.

Terwijl ze om de hoek verdwijnt realiseer ik me dat migranten en de voormalige wereldstad Rome al een eeuwenoude combinatie vormen. Romeinen haalden toen ze op het hoogtepunt van hun macht waren slaven uit alle windstreken, leerden samenleven met allerlei volkeren. De stroom pelgrims bleef door de eeuwen heen Rome bezoeken. Het was hier dus altijd al een komen en gaan van vreemdelingen. De laatste eeuwen niet alleen van gelovigen, maar ook van intellectuelen en kunstenaars die de stad aandoen tijdens hun grand tour om zichzelf te laven aan al het cultuurschoon. Maar al is Rome sinds eeuwen een reisdoel voor buitenlanders, al is er al zo lang contact met vreemdelingen, toch is de stad, en heel Italië, de laatste vijftien jaar totaal overrompeld en verrast door de massa-immigratie die het land ineens heeft overspoeld.

In 2002 woonden officieel 1,4 miljoen immigranten in Italië, dat 60 miljoen inwoners telt. In 2014 waren het er volgens de katholieke organisatie Caritas die migranten opvangt bijna 6 miljoen, exclusief de naar schatting ruim een half miljoen illegalen. Dat is een stijging van bijna 500 procent in ruim tien jaar. Vrijwel nergens in het Westen was de toestroom van immigranten de laatste jaren zo sterk. En geen enkel land werd meer het symbool voor de nieuwe massa-immigratie van Afrika en Azië naar Europa dan Italië. Het stukje Italië dat elke Europeaan met dit probleem verbindt is Lampedusa.

Lampedusa

Het eiland is zo groot als Schiermonnikoog en ligt op slechts 170 kilometer van de Tunesische kust. Het is een natuurlijk vliegdekschip van de hoop voor Afrika, dat velen wisten te bereiken, maar ook duizenden en duizenden niet. Al sinds de jaren negentig komen hier elk jaar weer grote aantallen vluchtelingen en gelukszoekers aan. Verkleumd, vol angst in de ogen, getraumatiseerd. De eerste vluchtelingenbootjes arriveerden in 1990. Maar pas vanaf 2000 werd Lampedusa daadwerkelijk de eindhalte van een van de belangrijkste migratieroutes naar Europa. Sindsdien stapten hier jaarlijks 10.000 vluchtelingen aan wal, voornamelijk Afrikanen en Aziaten. In 2008 waren het er zelfs 31.250, en tijdens de Arabische Lente in 2011 waren het er in drie maanden 23.000. Ook 2014 was een topjaar, als gevolg van de oorlog in Irak, Syrië en Libië.

Ik bezocht diverse keren dit toeristeneiland dat ongewild het middelpunt van een grote volksverhuizing werd. Ik zag er ook hoe groot het hart van Italianen kan zijn als ze worden geconfronteerd met noodtoestanden en hulpbehoevende mensen. Ik bezocht het kleurrijke kerkhof van geheel en half gezonken Afrikaanse vissersbootjes, sprak er met de eilandbewoners die de verdronken migranten begroeven. Hun compassie kan iedereen tot voorbeeld strekken, maar hun wanhoop is groot, zeker sinds 2008 en 2009, toen er even meer migranten dan inwoners op Lampedusa waren.

En dan te bedenken dat vrijwel niemand tot voor enkele jaren wist dat Lampedusa bestond. Tot 1967 hadden veel Italianen er niet eens van gehoord. Dat veranderde toen er dat jaar een opstand uitbrak tegen de verwaarlozing van het eiland. De bewoners verbrandden hun stembiljetten en trokken zo de aandacht van de minister van Binnenlandse Zaken. Hij besloot de eilanders te helpen, liet de luchthaven bouwen en de eerste verharde straten en de riolering aanleggen. Daarna raakte het eiland opnieuw in vergetelheid. Totdat de Libische leider Moammar Khadaffi in 1986 een godsgeschenk op Lampedusa afvuurde: twee Scud-raketten, gericht op de militaire basis van de Amerikanen op het eiland.

De projectielen vielen in zee, maar Lampedusa kwam internationaal op de kaart. Dankzij Khadaffi ontdekten de Italianen Lampedusa en nam het toerisme een enorme vlucht. Vissers verkochten hun boten en openden hotels. Voor het eerst hadden de eilanders geld om zelf op vakantie te gaan. 'Er kwam wat welvaart en cultuur, dankzij het contact met vreemdelingen,' vertelde hoteleigenaar Giuseppe Capello me in 2009. 'Khadaffi hielp ons meer dan welke Italiaanse regering ook,' durfde hij zelfs te beweren.

Het toerisme bloeide sindsdien, maar steeds vaker werden de toeristen geconfronteerd met uitgeputte vluchtelingen die aan wal kwamen. In de beginfase hielpen Lampedusanen de vluchtelingen, namen hen op in huis, gaven hun dekens en eten. Toen de stroom te groot werd, bouwde de overheid een opvangcentrum in een poging de wereld van ontspanning en luxe te scheiden van die van wanhoop en uitbuiting. Maar sindsdien is er weinig verbeterd. De deal tussen Berlusconi en Khadaffi in 2008 om de vluchtelingen terug te sturen naar Libië werd gesmoord in de Arabische Lente en de dood van de dictator, en bovenal afgewezen door de internationale gemeenschap. De verdrinkingsdood in januari 2013 van driehonderd migranten vlak voor de kust van Lampedusa zette het eiland opnieuw in de schijnwerpers. De schok in Italië was zo groot dat de regering besloot tot operatie Mare Nostrum. De marine patrouilleerde voortaan op de Middellandse Zee om vluchtelingen op te pikken en te redden. Dit was zo succesvol dat de stroom groeide en, aangewakkerd door de oorlogen in Syrië, Irak en Libië, weer op het niveau van 2009 kwam. Het leidde in oktober 2014 tot een massademonstratie in Milaan, georganiseerd door de xenofobe partij Lega Nord, tegen het redden van illegale migranten op zee. Inmiddels heeft Europa de patrouilles op de Middellandse Zee van Italië overgenomen, maar niet meer op zo'n grote schaal als ten tijde van Mare Nostrum.

Lampedusa toont zo al vijftien jaar de twee gezichten van Italië in reactie op de explosieve immigratie: de barmhartigheid en de burgerlijke angst die om kan slaan in openlijk racisme. Altijd weer rond verkiezingstijd speelden politici in op deze onderbuikgevoelens. Daarna ebde het dan weer even weg. Maar juist die repressieve en racistische geluiden die vaak het nieuws haalden bezorgden Italië internationaal een slechte naam. Tegenover de barmhartigheid van veel Lampedusaners en andere Italianen manifesteerde zich een hard en boers racisme dat bleef hangen in de beeldvorming. Zoals dat van Umberto Bossi, die in 2002 als partijleider van de Lega Nord voorstelde om kanonnen af te schieten op de vluchtelingenbootjes. En zoals de operatie White Christmas van een lokale afdeling van zijn partij in 2009 in het Noord-Italiaanse dorpje Coccaglio. Een actie die internationaal afschuw opriep.

White Christmas

In de aanloop naar Kerstmis 2009 stuitte ik op het verhaal dat kinderen van immigranten op een basisschool in het Noord-Italiaanse Coccaglio de stuipen op het lijf werden gejaagd. 'Sturen ze ons nu naar huis?' vroegen ze aan hun ouders. Aanleiding voor de commotie in het dorp met achtduizend zielen was de opmerking van de nieuwe wethouder van Openbare Orde van de xenofobe partij Lega Nord. Hij kondigde ineens een 'White Christmas' aan. Hij had het niet over sneeuw, maar over buitenlanders die dienden te vertrekken omdat er geen werk meer voor ze was. 'Kerst is niet het feest van de gastvrijheid, maar van de christelijke traditie en van onze identiteit,' recht-vaardigde hij de actie. De man was net gekozen en wilde zijn raciale verkiezingsbeloften wat al te enthousiast inlossen. Voor de kerst nog zou de gemeente het bevolkingsregister 'opschonen'. Vijfhonderd immigranten van wie de verblijfsvergunning mogelijk was verlopen omdat ze hun werk hadden verloren, kregen bezoek aan huis van de politie. Ze moesten hun vernieuwde verblijfsvergunning bij de ge-meente komen tonen. Deden ze dat niet, dan werden ze geschrapt uit het bevolkingsregister.

De racistische term White Christmas leidde tot veel ophef in het dorp, en zelfs tot discussie in het Italiaanse parlement. Ook het Vati-caan veroordeelde het gebruik van die term. De burgemeester ont-kende later dat zijn wethouder het zo had geformuleerd. Maar de hoofdagent die de zuiveringscampagne moest uitvoeren zei me dat hij vermoedde dat het gemeentebestuur de antibuitenlandersretoriek doelbewust gebruikte: stoere propaganda om de kiezers het idee te geven dat de verkiezingsbeloften werden ingelost, al waren er in wer-kelijkheid weinig illegalen in het dorp.

Niet alleen in Coccaglio maar ook in Brescia en in vele kleine ge-meenten waar de Lega Nord aan de macht was werden in die tijd ver-gelijkbare ronkende maatregelen aangekondigd ten nadele van bui-tenlanders. In San Martino dall'Argine bij Mantova riep het gemeentebestuur de bewoners op illegale immigranten aan te geven. Buitenlanders in Brescia hadden geen recht meer op de duizend euro bonus voor elk in 2008 geboren kind. De gemeente Adro weigerde huursubsidie uit te keren omdat 80 procent naar immigranten zou gaan. In Castelmella mochten buitenlanders niet meer in goedkope sociale woningbouw wonen en kregen alleen Italiaanse kinderen stu-diebeurzen. Het aantal bezoeken door migranten aan artsen daalde in die tijd met 20 procent, omdat de regering-Berlusconi met de Lega Nord had gesuggereerd dat artsen illegalen dienden aan te geven bij de politie. Veel van de bovengenoemde maatregelen werden gepresen-teerd als in lijn met het 'Veiligheidspakket' dat minister Maroni van Binnenlandse Zaken (ook Lega Nord) die zomer door het parlement had geloodst en dat illegale immigratie strafbaar stelde.

Ik sprak in Coccaglio met de bewoners. 'Het is niet leuk als er zo veel immigranten op het plein zitten te niksen,' zei de eigenaar van Bar al Centro. Hij zag Coccaglio in hoog tempo veranderen. In tien jaar tijd groeide het aantal buitenlanders van 177 naar 1584. Tot de crisis uitbrak hadden de meesten van hen een baan in de bouw of in een van de vele fabrieken. Maar door de crisis kwamen ze als eersten op straat te staan. 'Ik weet niet of ze hun baan kwijt zijn,' zei de bareigenaar. 'Dat interesseert me niet, maar ik wil ze hier niet op straat zien rondhangen.'

Hoogleraar politicologie Ilvo Diamanti van de universiteit van Urbino zei in die dagen in het weekblad *l'Espresso* dat Italië 'mixofoob' was geworden: tegen het mengen van rassen. Diamanti meende dat de angst voor de ander was omgeslagen in racisme door de keiharde uitlatingen van Lega Nord-politici. Er waren volgens hem geen taboes meer. Politici zeiden alles, met als excuus dat het volk dat nu eenmaal wilde. Het risico bestond, aldus Diamanti, dat men uiteindelijk echt zou gaan denken wat de politici zeiden en dat alle remmingen zouden verdwijnen.

En dat terwijl Italië tot in de jaren zeventig juist zelf een emigratieland was. Miljoenen verlieten il Belpaese tussen 1910 en 1970 op zoek naar een beter leven in de vs, Canada en Noord-Europa. De enorme wending vanaf 2000, toen Italië plotseling een immigratieland werd met soms zelfs de hoogste instroom van Europa, heeft tot een schok geleid die nog altijd niet is verwerkt. Dit leidde zelfs tot uiterst gevaarlijke reflexen. Schieten op Afrikaanse sinaasappelplukkers in Calabrië, het in brand steken van een Afrikaanse dakloze, het weg bulldozeren van Romakampen door de burgemeester van Rome, de strenge Bossi-Fini-wet uit 2002 die illegaliteit strafbaar stelt en bepaalt dat iedere buitenlandse werknemer zijn verblijfsvergunning verliest als hij een halfjaar werkloos is.

Aan de andere kant was er altijd weer die verzachtende Italiaanse praktijk. De chaos van alledag die ontsnapping mogelijk maakte of de gastvrije houding die bijstand bood. Officieel is er wellicht strenge regelgeving, maar in de praktijk is er weinig controle. De illegalen, en degenen die hun verblijfsvergunning verliezen, moeten weliswaar weg, maar ze gaan zelden. De meesten zoeken hun weg in het informele circuit, zonder rechten, afhankelijk van onberekenbare bazen, maar relatief beschermd tegen uitzetting door de vastgedraaide bureaucratie.

Volgens Pierluigi Dovis, directeur van Caritas Turijn, een kerkelijke organisatie die veel steun verleent aan migranten, liet de regering de afgelopen jaren te veel over aan de goede wil van de Italianen en aan pragmatisme en toeval. Er was geen integratiemodel, aldus de Algerijn Khaled Fouad Allam, een socioloog en schrijver die ook in het parlement heeft gezeten. 'De kern van het model is dat er geen model is: de chaos en het pragmatisme overheersen.' Het kortetermijnvoordeel van deze chaos was dat de sociale integratie relatief makkelijk verliep. Illegalen konden toch hun kostje bij elkaar verdienen. Maar op de lange termijn werkt het niet, aldus Dovis van Caritas. De beleidsmatige chaos blokkeert het integreren van de migrant tot een volwaardig burger met alle rechten die daar voor een Italiaans staatsburger bij horen (voor zover die worden gegarandeerd in dit land).

Italië, zoveel is duidelijk, mist tot nu toe een visie op migratie, integratie en multiculturalisme. Misschien omdat het fenomeen er zo recent is. Maar als dat niet snel verandert, blijven migranten – net als elders in Europa al eerder gebeurde – ook hier tweederangsburgers. Dan zijn massale rassenrellen ook in de buitenwijken van steden als Rome en Napels denkbaar, zo waarschuwen veel migratie-experts. Ook nu al loopt het zo nu en dan uit de hand. In de meest extreme gevallen huren migranten in Rome niet een kamer of een bed, maar slechts een kussen, een plek om hun hoofd op te leggen. Mensen wisselen elkaar af om te slapen en betalen zelfs voor zo'n plek tot tweehonderd euro per maand, zo wisten buurtbewoners me te vertellen na een brand in een migrantenpand bij de Piazza Vittorio Emanuele in 2009 in Rome. Met grote regelmaat publiceren kranten ook over gevallen van misbruik en slavernij. In Apulië bleek een kamp te bestaan waar Poolse arbeiders door hun landgenoten werden vastgehouden en als slaven werkten in de tomatenteelt. Sommige waren zelfs doodgeslagen. En enkele jaren geleden hield de politie een grote groep veelal buitenlanders aan die hun landgenoten uit Oost-Europa, Azië en Afrika tot prostitutie dwongen. Pooiers sneden met glas hun initialen in de huid van minderjarige buitenlandse meisjes die maandelijks vijfduizend euro moesten afdragen. In totaal, zo schat Caritas, zijn 24.000 vrouwen vaak onder valse voorwendselen naar Italië gelokt om daar tot prostitutie te worden gedwongen.

De fijngevoelige Italianen spreken schande van deze harde realiteit. Voorvallen die alles te maken hebben met het gebrek aan beleid, controle, de bureaucratische chaos en de zwarte economie waar elke Italiaan dagelijks tegenaan loopt. Migranten lijden er het meest onder. 'Er zijn geen regels,' zo beklaagden ook zij zich vaak tegenover mij. Toch blijven de migranten de hun geboden kansen aangrijpen. Ze accepteren twaalf uur werk per dag voor een hongerloon in de bouw, waar veel dodelijke ongevallen zijn te betreuren. Een meisje uit Ivoorkust laat zich in huis opsluiten bij een 92-jarige man met alzheimer om hem tot zijn dood te verzorgen. Ze vertelde: 'Het is heel vreemd om alle intieme dingen van zo'n Italiaan mee te maken, maar ik wil een toekomst opbouwen voor mijn kinderen.' Nog vreemder vond ze het dat ze na de dood van de man geen uitkering kreeg, terwijl ze wel legaal had gewerkt en premies had afgedragen. 'Wat doet de overheid met mijn geld?' vroeg ze zich af.

De Italianen op hun beurt hebben ook ontelbare vragen. Ze willen vooral weten waar dit allemaal zal eindigen met die immigratie. Blijft Italië nog wel Italië, zo hoor je op straat. Ze pakken onze huizen af! En blijft er wel werk voor de Italianen?

Bananenschillen

Dit is een van de grote spanningsvelden waarbinnen de regering van premier Renzi sinds 2014 moet opereren. Zijn voorganger Enrico Letta probeerde er wat aan te doen door voor het eerst een zwarte minister van Integratie aan te stellen: Cécile Kyenge, die op haar achttiende uit Kongo naar Italië immigreerde om er na haar studie als oogarts aan de slag te gaan. De reacties op de voor Italië revolutionaire stap van haar aantreden als bewindspersoon waren weinig opbeurend. Tijdens een optreden van Kyenge bij een partijbijeenkomst van de centrumlinkse democraten werden bananenschillen naar het podium gegooid. Oud-minister van Bestuurlijke Vernieuwing en vicevoorzitter van de Senaat Roberto Calderoli (Lega Nord) zei op een andere partijbijeenkomst: 'Ik houd zoals jullie weten van dieren, beren en wolven. Maar als ik de beelden van Kyenge zie, kan ik niet anders dan denken – ook al zeg ik niet dat ze het is – aan de overeenkomsten met een orang-oetang.' 'Kyenge,' zo ging hij door, 'is misschien een prima minister, maar ze zou het in Kongo moeten zijn.'

De nieuwe minister reageerde kalm op de beledigingen aan haar adres: men weet weinig van de ander, zei ze. 'We moeten de muren slechten, anders nemen de verschillen toe. Immigratie is een groot goed.' Maar ze erkende ook dat ze zo veel racisme ten aanzien van haar persoon niet had verwacht en dat ze erdoor gekwetst was. De nieuwe premier Matteo Renzi heeft haar desondanks niet meer willen opnemen in zijn hervormingskabinet. Of hij daarmee het juiste signaal heeft afgegeven betwijfel ik ten zeerste.

Wel heeft hij de plannen van de vorige regering verder uitgewerkt om het *ius sanguinis* (het recht van bloed) dat Benito Mussolini invoerde te vervangen. Mussolini vond dat elke Italiaan van geboorte waar ook ter wereld altijd Italiaans onderdaan moest blijven. Zo iemand moest trouw blijven aan en ook gesteund worden door de Italiaanse regering, en niet verplicht zijn in het leger van zijn nieuwe land te dienen. Hij vond dat omdat Italië een emigratieland was en hij de emigranten wilde gebruiken om elders invloed uit te oefenen. Nu is Italië een immigratieland. Het tegenovergestelde. Er zijn miljoenen buitenlandse inwoners in Italië die geen bescherming genieten. Daarom wil Renzi het *ius soli* invoeren (het recht van de grond), op grond waarvan de nationaliteit van een persoon wordt bepaald: door de plaats waar hij of zij is geboren. Alle kinderen – en niet alleen die van Italianen – die in Italië worden geboren zouden na deze wetswijziging de Italiaanse nationaliteit kunnen krijgen, wat nu slechts een heel kleine minderheid is gegeven, en pas na minstens vijftien jaar.

Het is de vraag of het revolutionaire wetsvoorstel het zal halen. Italianen denken nog in zij en wij. Ze zijn bang voor de immigranten en al helemaal voor een eventueel stemrecht voor hen, zo bleek uit een peiling begin 2014. Slechts één op de vijf heeft vriendschappelijke ge- voelens voor migranten. 80 procent denkt dat het proces van integra- tie tot spanningen gaat leiden, en 65 procent van de Italianen vindt dat er te veel immigranten zijn. Sinds eind 2013 probeert de nieuwe ster van de Lega Nord, Matteo Salvini, met groeiend succes politieke munt te slaan uit deze onzekerheid.

Toch willen de 6 miljoen migranten behalve staatsburgerschap na vijf jaar ook kiesrecht, pensioen, een arbeidsongeschiktheidsverzeke- ring en gemakkelijker toegang tot functies bij de overheid. De Filipijnse migrantenvertegenwoordiger Romulo Sabio Salvador, die sinds 1984 in Rome woont en met wie ik regelmatig sprak, hoopt vurig dat het er ooit van komt. Hij weet dat Italië door de migratie niet meer het Italië van het jaar 2000 is en dat het land dat onder ogen zal moeten zien. Hij was tussen 2006 en 2013 toegevoegd migrantengemeenteraadslid, kreeg minder betaald dan andere raadsleden en had minder bevoegdheden. In die positie werkte hij aan de acceptatie van migranten in Rome en aan het doorbreken van het denken in termen van zij en wij. Met zijn collega-migrantenvertegenwoordigers wist hij een aantal dingen te re- gelen. Maar voordat migranten over dezelfde rechten zullen beschik- ken als de Italianen, zo weet hij, is er nog een lange weg te gaan, een transformatie die pijn zal doen en tot nieuwe confrontaties zal leiden.

Zijn bijbaantje illustreerde de positie van de migrant in Italië per- fect. Hij speelde in films. Niet als ster, maar als figurant. Twee rollen kreeg deze voorman uit de migrantenbeweging altijd weer toebe- deeld, vertelde hij me: die van ober of die van crimineel. Hij accep- teert deze bevestiging van stereotypen om een simpele reden: '570 euro per keer! Ik kan het me niet permitteren om die te laten schie- ten.' Onvervalst pragmatisme. Precies zoals de meeste immigranten dat in Italië in deze overgangstijd toepassen. Het wonderlijke is dat zij zich juist door hun pragmatisme onbedoeld hebben ontwikkeld tot ras-Italianen: realistisch, de omstandigheden nemend zoals ze zijn en vooral dromend van verandering. Alleen daarom al zouden Mona, die ik op deze Capitolijnse heuvel ontmoette, en Romulo, die zelfs de naam van de stichter van Rome draagt, de burgerrechten moeten krijgen die iedere Italiaan vanaf zijn geboorte geniet.

15.00 uur

De Tiber – Italiaanse noodtoestanden

Het peil van de Tiber stijgt gestaag. Het is de zoveelste potentiële noodtoestand die het land bedreigt. Deze *emergenze* worden in Italië nooit structureel aangepakt. Maar telkens als de rand van de afgrond wordt bereikt, ontpopt zich een improvisatiekracht en heroïek waarop elke Italiaan trots is.

Ik heb het Capitool weer verlaten en ben afgedaald naar het Largo Argentina. In de verte zwermen de spreeuwenwolken boven de Tiber. Voor me zitten zeven zwervers op een rij voor het kattenforum. Ze horen de saxofonist aan de overkant van het plein zijn kostje bij elkaar toeteren, en zien claxonnerende scooters in het chaotische verkeer duelleren met stadsbussen. Achter hen de diepte en de stilte van de archeologische vindplaats. Al jaren liggen de brokstukken hier in rijtjes gesorteerd. Het lijkt een bouwplaats, maar er gebeurt hoegenaamd niets. De enige beweging beneden is die van de katten. Hoe langer je over de reling kijkt hoe meer je er ziet.

Dit is het Largo di Torre Argentina. Het is een wonderlijke plek, vol symbolische geschiedenis. Ten tijde van dictator Benito Mussolini zijn de middeleeuwse huizen die hier stonden gesloopt. Onder het puin ontdekte men gigantische armen en hoofden van marmeren standbeelden. Archeologisch onderzoek wees uit dat het om vier tempels uit de republikeinse periode ging. Ook vond men de resten van het theater van consul Pompeius, het mooiste en grootste theater van Rome. In de curia daarnaast zou Julius Caesar op 15 maart in 44 voor Christus met drieëntwintig messteken zijn vermoord. Hier net onder de straat, naast de openliggende opgraving zou hij hebben gezegd: '*Et tu, Brute?*' ('Ook jij, Brutus?'), tegen de belager die hem de doodssteek gaf nadat andere senatoren al op hem hadden ingestoken. Caesars dood veroorzaakte een onmiddellijke noodtoestand in Rome. Niemand wist meer wie de leider was. Alle zekerheden vielen weg. Het hele systeem dreigde in elkaar te donderen. Diverse Romeinse legerleiders buiten de stad probeerden de macht te grijpen, en vijanden aan de grenzen bedreigden het rijk. De negentien jaar oude Gaius Octavius – de latere keizer Augustus – redde het imperium uiteindelijk door slimme allianties te sluiten en na veel bloedige veldslagen in Italië en ver weg aan de grenzen van het Romeinse Rijk. Hij realiseerde de *Pax Romana*, een lange periode van vrede en voorspoed. Nog steeds, zo bedenk ik me, hebben de Italianen een zwak voor grote leiders die beloven hen te redden uit de vele noodtoestanden die hen bedreigen. Alleen al de natuur veroorzaakt keer op keer grote emergenze die vragen om snel en creatief reageren, iets waar de Italianen overigens zeer goed in zijn.

Verderop is de brug over de Tiber, il Tevere. Daar aangekomen aanschouw ik de vanochtend in de krant aangekondigde noodtoestand: de Tiber zal over een uurtje het hoogste punt in vijftig jaar bereiken. Op de Ponte Garibaldi zoemen ramptoeristen met hun camera's in op de grijsgroene stroom die zich kolkend een weg baant tussen de nauwe bogen van de brug. De Tiber heeft spatjes, zoveel is duidelijk. De rivier wil uitbreken, zoals zij dat duizenden jaren lang heeft kunnen doen, waardoor de dalen rond de zeven heuvelen van Rome konden uitslijten.

Italiaanse streken worden bovengemiddeld op de proef gesteld door de natuur. Gevaarlijke vulkanen, onherbergzame bergketens, en snel stromende rivieren vormen een forse uitdaging voor de bevolking. De combinatie van dichtbevolkte stedelijke gebieden vlak bij wilde natuur blijkt maar moeilijk beheersbaar. Italië is acht keer zo groot als Nederland, maar een aanzienlijk deel van het land is nauwelijks bewoond omdat het te onherbergzaam is. De oude stadjes zijn vaak tegen bergtoppen aan gebouwd, met alle risico's van dien. Bij Napels wonen zeshonderdduizend mensen direct onder de gevaarlijkste vulkaan van Europa, de Vesuvius. Als die ooit eens uitbarst, zijn de gevolgen niet te overzien.

Water bedreigt niet alleen Nederland, in Italië hebben ze er veel meer last van. In Genua ontdekt men elk najaar weer dat men iets te lichtzinnig illegaal huizen in de bedding van de rivier heeft gebouwd. Na heftige regenbuien in het binnenland ontstaat er met regelmaat grote schade door de vloedstroom waarin de rivier dan verandert. Ook wanneer het niveau van de Tiber in Rome weer eens stijgt, krijgt het noordelijke deel van de stad steevast natte voeten. Precies zoals dat in 1966 in Florence gebeurde toen de buiten haar oevers getreden Arno de stad en haar kunstschatten bedreigde. De Po brengt eens in de vijf jaar het laagland in het noorden in gevaar. Nu eens dreigt ze te overstromen, dan weer verzuimt ze, vrijwel uitgedroogd, het land te irrigeren. En dan is er het probleem van Venetië. Daar zakt de stad en stijgt het water in de lagune. Dit is zo nijpend dat het San Marcoplein tientallen keren per jaar blank staat. Een gigantische, miljarden kostende klapdam tussen de eilanden voor Venetië – Mozes genaamd – moet straks bij zwaar weer telkens uit het water oprijzen om de vloedgolven te stuiten.

Maar niet alleen water bedreigt il Belpaese. Op Sicilië heb ik gezien hoe de Etna de stad Catania onder een dikke laag zwarte vulkanische as legde. In de Dolomieten breekt met regelmaat een stuk van een berg af. Bosbranden razen jaarlijks over Sardinië. Sneeuwlawines in de Dolomieten en Apennijnen eisen mensenlevens. En van noord tot zuid kampt Italië jaar in jaar uit met honderden grotere en kleine aardverschuivingen in bergen en heuvels.

Het dodelijkst van alle gevaren zijn de aardbevingen. Ik maakte er drie mee die mensen het leven kostten. Een in de streek Molise in 2002, waarbij een schoolklas omkwam. In L'Aquila in 2009 vielen, zoals we zagen, meer dan 300 doden en 1500 gewonden. In Emilia, rond de stad Modena, was er een aardbeving in 2012 met 27 slachtoffers. Enkele jaren voor mijn komst trilde de grond in Umbrië, waardoor een deel van de fresco's in de Franciscusbasiliek van Assisi naar beneden kwam en 30.000 mensen hun huis niet meer in konden. Bij de aardbeving in Irpinia in de buurt van Napels vielen in 1980 zelfs 3000 doden en raakten 280.000 mensen dakloos. In 1976 stierven bijna 1000 Italianen ten gevolge van de aardbeving ten noorden van Udine, die in heel Noord-Italië gevoeld werd en 80.000 mensen dakloos maakte. In veertig jaar tijd veroorzaakten aardbevingen volgens de overheid in totaal voor ongeveer 135 miljard euro aan schade!

Giuseppe De Rita, directeur van Censis, het sociaal-cultureel plan-bureau van Italië, vertelde me in zijn kantoor aan de noordkant van Rome dat in Italië een heuse cultuur van de noodtoestand bestaat: 'Italianen lijken voorbestemd om in nood te leven.' Noodtoestanden zijn spectaculair, ze leiden tot meer krantenkoppen en uren televisie. Onbewust hebben Italianen het idee dat ze het beste functioneren in noodtoestanden. De Rita: 'Dan voelen we een extra vitaliteit. De noodtoestand lijkt wel een fundamentele voorwaarde om ons echt collectief voor iets in te zetten. Zonder noodtoestand richt iedereen zich op zijn eigen zaken, zijn eigen clan, erf, en familie.'

Telkens als er weer een streek wordt bedreigd, schiet het land in een uitzonderlijke staat van paraatheid. Alle chaos, alle bureaucratie wordt dan overruled. Direct na een ramp spoeden vrijwilligers van de burgerbescherming in gele, oranje en groene hesjes zich naar de plek des onheils. Deze *protezzione civile* is een uitzonderlijk feno-meen. Het combineert improvisatiekracht, wil om de getroffen bij te staan, opofferingsgezindheid en doorzettingsvermogen. Elke stad of dorp heeft een afdeling van de burgerbescherming. Het zijn gro-tendeels vrijwilligers, die samen oefenen en inzamelacties organise-ren. Regelmatig beleggen ze ook gezamenlijke eetfestijnen om de onderlinge band te versterken.

Als er iets gebeurt, gooien de leden van de burgerbescherming su-biet hun aktetassen in de hoek. 'Klaar voor vertrek', twitteren ze na elke melding. Ze trekken hun reddingsuitrusting aan en spoeden zich naar de rampplek: alpinisten uit Friuli met veer op de hoed, honden-brigades uit de Dolomieten, met hun Duitse herders, maar ook vrij-willigers uit het zuiden komen als het moet naar het noorden. Tijdens deze noodtoestanden zijn Italianen op hun best en eendrachtig. Er komt dan een extra collectieve energie vrij die bijna ontroerend is. Binnen een paar dagen was er in 2009 in L'Aquila voor zestigduizend mensen onderdak geregeld. In tenten, in gevorderde hotels, bij familie en vrienden.

De baas van de protezzione civile krijgt extra macht toegewezen als zo'n noodtoestand door de regering wordt afgekondigd. Hij kan direct over fondsen en middelen beschikken om de ergste nood te lenigen. Heel snel kan zo de rust worden hersteld. Maar al spoedig hierna treden de oude wetten van de stroperige bureaucratie weer in werking. Precies zoals we dat in L'Aquila en ook op veel andere plekken hebben zien gebeuren. Zodra de noodtoestand onder controle is, verloopt de structurele wederopbouw traag en rommelig en liggen maffia en corruptie op de loer.

Dit leidt dan weer tot een nieuwe noodtoestand, een *emergenza*, niet veroorzaakt door de natuur maar door de Italianen zelf. Toen enkele jaren geleden het vuilnis zich ophoopte in en rond Napels, werd de burgerbescherming ingeschakeld om deze noodtoestand aan te pakken. Ook het verval van het immense cultureel erfgoed is met regelmaat als noodtoestand bestempeld. Vaak gebeurt dit wanneer de bureaucratie door corruptie en slechte organisatie de zaak zo heeft laten versloffen dat er schade is ontstaan. Dat gebeurde in Pompeï, waar delen van opgegraven huizen instortten, maar ook op het Forum Romanum in Rome, aan de voet van het Capitool. Pas als de noodtoestand is afgekondigd, worden er weer enkele snelle maar zelden structurele ingrepen gedaan om de zaak 'te redden'. Op dat soort momenten treedt de protezzione civile in werking om de lokale bureaucratie te overrulen.

In de nadagen van Berlusconi werden de reddende engelen van deze burgerbescherming steeds vaker ingezet. Zonder noodtoestand kwam niets meer tot stand, zo leek het soms. Media berichtten over niets anders meer dan over 'emergenze', in een poging actie te stimuleren.

Op dit uur van deze wandeling is de aanstaande noodtoestand dus het wassende water van de Tiber, morgen kan het weer het vuilnis in Napels of Palermo zijn, overmorgen de gammele staat van de schoolgebouwen in het hele land. Steeds weer wordt de noodtoestand gedefinieerd in een poging extra energie vrij te maken en barrières te slechten om schijnbaar uitzichtloze situaties te kantelen. Soms met opzienbarend succes, maar vaak met effecten van slechts tijdelijke aard.

Voetbal en nood

Hoezeer Italianen situaties van nood en malaise weten om te buigen naar succes bleek tijdens het wereldkampioenschap voetbal in 2006 in Duitsland. In de aanloop naar het toernooi werd de voetbalwereld opgeschrikt door een corruptieaffaire. Een gigantisch gok- en omkopingsschandaal had de nationale competitie vervalst. Veel Italiaanse voetballiefhebbers keerden de sjoemelende voetbalwereld de rug toe. Ze zagen het gerommel als een metafoor voor de corruptie die onder Berlusconi steeds onbeschaamder en openlijker om zich heen greep. Geen Italiaan had meer zin in het wereldkampioenschap. Zelfs bondscoach Marcello Lippi twijfelde of de *azzuri* wel moesten afreizen, nu de trainer zelf en spelers van dit nationale elftal werden beschuldigd van betrokkenheid. Terwijl in Nederland de straten al drie weken voor de start van het toernooi oranje kleurden, was er in Italië geen vlag te bekennen. Het voetbalgekke Italië had het vertrouwen in de spelers en het besmette spelletje totaal verloren.

Uiteindelijk vertrokken de voetballers met stille trom naar Duitsland. Ze overleefden ternauwernood de groepsfase. Maar de angst om af te gaan voor het Italiaanse publiek maakte een uitzonderlijke energie los in de groep 'verschoppelingen'. Italië werd uiteindelijk wereldkampioen, en speelde nog mooi voetbal ook, in plaats van het traditionele Italiaanse *catenaccio*, de verdedigende en afwachtende speelwijze, gebaseerd op het typisch Italiaanse realisme en pragmatisme. Na de finale trokken meer dan een miljoen fans, onder wie ik, naar het Circo Massimo in Rome. Een gigantisch feest barstte los, mensen dansten die nacht overal in de stad in de fonteinen. Eenheid en nationale trots waren voor even hersteld.

Deze collectieve capaciteit van de individualistische Italianen om in noodsituaties iets extra's te realiseren, manifesteerde zich voor het eerst heel duidelijk na de Tweede Wereldoorlog. Toen vond 'het grote Italiaanse wonder' plaats: de wederopbouw die eigenlijk voor veel delen van het land eerder een eerste opbouw was, omdat de moderne wereld van stroom, licht, gas en wegen tot die tijd nog lang niet overal was doorgedrongen. Aan het eind van de oorlog was het land vernield, Italië was een verliezer zonder waardigheid. Het land had eerst gevochten aan de kant van de Duitsers, maar toen het misliep voor de geallieerden gekozen. Tussen 1943 en 1945 was er zelfs sprake geweest van een burgeroorlog tussen verstokte aanhangers van het fascisme die de Duitsers bleven steunen en de partizanen die in het noorden met de geallieerden meevochten.

Maar ondanks alle materiële en psychologische verwoesting van deze periode werd in de vijftien jaar erna een nieuw Italië opgebouwd: het Italië van la dolce vita, van design en cinema, van een droomluxe waarin elke Europeaan wilde delen. Italianen toonden weer aan dat ze eigenlijk een blijvende chaos nodig hebben om zich te ontworstelen aan de middelmaat en te groeien. Of zoals socioloog De Rita tegen me zei: 'Italianen hebben de noodtoestand altijd nodig gehad en verlangen er bijna naar. Het is het moment waarop ze tot het uiterste getest worden.' En dus praat men in il Belpaese veel en graag negatief over zichzelf, misschien wel om de volgende noodtoestand te creëren die tot nieuwe scheppingskracht leidt. Buitenlandse correspondenten krijgen de schandalen hierdoor op een presenteerblaadje aangereikt. Veel gemakkelijker dan in Nederland. Misschien wel omdat Nederlanders van het ideaal uitgaan. Alles wat daarvan afwijkt wordt ervaren als een tekortkoming en dient, indien niet reparabel, te worden toegedekt. Italianen gaan van de mislukking uit. In principe lukt niets collectief. Daar praat men veel en graag over. Maar zoals gezegd zijn er ook momenten dat de besproken noodtoestanden echte noodtoestanden worden en niet alleen *parole*. Als de gevolgen hiervan te dramatisch worden, grijpt men in, het liefst aangevoerd door een redder.

Economisch gezien is dit sinds 2010 in Italië volgens De Rita 'misschien' aan de orde. Maar zelfs over de economische crisis die het land nu treft blijft hij relativerend. 'Altijd weer dringt zich die metafoor op dat we aan de rand van de afgrond staan,' bromt hij in zijn kantoor. Dat was direct na de oorlog al zo, ten tijde van de grote vakbondsdemonstraties in de jaren zeventig. Na de ontvoering van oud-premier Aldo Moro in 1978 door terreurorganisatie Rode Brigades. En ook gedurende 'de jaren van het lood', in de jaren zeventig en begin jaren tachtig toen extreemlinkse en -rechtse groeperingen elkaar met pistolen en geweren naar het leven stonden. In de jaren negentig werd het land vervolgens overspoeld door steekpenningenschandalen en liet de maffia van zich horen met aanslagen. En nu, na de periode-Berlusconi, wordt veel gesproken over de morele black-out en de economische crisis.

De Rita relativeert het allemaal. Er zijn in Italië vele manieren om een noodtoestand te definiëren: het einde van een cyclus, de rand van de vulkaan, de rand van de afgrond. Maar om deze samenleving te begrijpen moet men zich volgens hem realiseren dat Italië als een betonmolen is. Alle ingrediënten van het land draaien daar in rond als stenen en kalk in een betonmolen. Die betonmolen Italië creëert volgens hem langzaam meer eenheid. 'Het is een machine die draait en draait en die ook heel veel lawaai maakt.' Maar langzaam, zo stelt De Rita, ontstaat een homogeen geheel.

Verder wandelend door Rome zullen we zien met hoeveel lawaai de molen draait, zeker nu na twintig jaar berlusconisme.

16.00 uur

Tibereiland – Medische noodtoestand

Ik sta voor het oudste hospitaal van Rome. In Italië is zorg voor iedereen gratis. Maar zo eenvoudig is het in de praktijk niet. De maffia draagt op Sicilië opvallend vaak een witte doktersjas. En wie geen lid is van een politieke partij maakt weinig kans op een baan als dokter. Nog een wonder dat artsen zo kundig zijn.

Ik draai me om en kijk vanaf de Ponte Garibaldi over de Tiber recht in de kamer waar mijn dochter is geboren, in het ziekenhuis Fatebenefratelli ('Doe uw best broeders') op het Tibereiland. Buiten kijken artsen in hun groene operatiekloffie bezorgd naar het stijgende water vlak voor hun voeten. De onderste etages van het ziekenhuis zijn al geëvacueerd, stond vanochtend in de krant. Het zou zeker niet de eerste keer zijn dat de kelders van het hospitaal volstromen.

Volgens de legende zou hier in 293 voor Christus een slang aan land zijn gekomen, de slang die in de esculaap symbool staat voor de geneeskunde. Het Tibereiland heeft sindsdien vrijwel altijd een medische functie gehad: de god van de geneeskunst Asclepius werd er aanbeden, pest- en choleralijders werden er in quarantaine geplaatst, en vijfhonderd jaar geleden werd hier een van de oudste ziekenhuizen van Europa gevestigd: het Fatebenefratelli dus.

Als ik naar het raam van de verloskamer tussen de pijnbomen kijk, zie ik mijn vrouw met haar dikke buik ineens weer voor me en ik herinner me die hoogst particuliere noodtoestand die wij hier meemaakten. Bevallen in Rome – we hadden geen idee hoe dat hier zou gaan. Uiteindelijk kwamen we op deze curieuze plek in de Tiber terecht.

Marieke Tiber

Het was 6 november 2007. De koffer was gepakt volgens de instructies van het ziekenhuis. Wij gingen bevallen in Rome en namen mee: oordopjes, een teil, blikjes cola, netonderbroekjes, laxeermiddel, een operatieschort, hygiënische plastic overschoenen, muggenstift, maandverband, jam, appels, suikertabletten, een kruik, plastic hoezen voor de wc-bril. Daarnaast ook alle uitslagen van de zeven bloedonderzoeken, waarbij 42 waarden waren gecontroleerd. En ook de resultaten van de zeven echo's en de ecg's van mijn vrouw, bedoeld voor de anesthesist. En natuurlijk de uitslag van het poeponderzoek van ons beiden: ons salmonellavrije toegangskaartje tot de verloskamer. Zonder zo'n onderzoek geen bevalling in het ziekenhuis, was ons te verstaan gegeven.

De meest natuurlijke daad van een vrouw wordt in Rome beschouwd als een medische noodtoestand die streng gecontroleerd moet worden. De vrouw dient beschermd te worden, maar het ziekenhuis ook. Dat dekt zich juridisch in tegen eventuele complicaties tijdens de bevalling door vooraf alle mogelijke medische onderzoeken te verordenen. Hoe medisch het er bij geboorten aan toegaat, ontdekte ik toen ik las dat een bevalling in Rome in bijna de helft van de gevallen uitloopt op een keizersnee. In Napels kan dit percentage zelfs oplopen tot 63 procent. Deels gebeurt dit uit voorzorg, maar deels ook omdat de artsen er meer aan verdienen.

Maar zelfs toen de weeën kwamen, wisten we nog niet in welk ziekenhuis mijn vrouw uiteindelijk zou bevallen. Gewoon, omdat geen ziekenhuis je vooraf die zekerheid wil geven, tenzij je bereid bent duizenden euro's vooraf te betalen voor opname in een privékliniek. Onze Italiaanse vrienden dachten allemaal met ons mee. Iedere moeder suggereerde een andere optie. Onze huisbaas Barberini bood ons zijn *ginocologo di fiducia* aan, zijn vertrouwensgynaecoloog. Dat is een typisch Italiaans fenomeen: voor elke dienst in dit land zoekt men een vertrouwenspersoon. Je hebt een vertrouwensslager, een vertrouwensautomonteur, een vertrouwensbelastingadviseur en dus ook zelfs een ginocologo di fiducia. Gewoon vertrouwen hebben in een willekeurige professional die zich als zodanig afficheert vindt een Italiaan onverstandig. Zijn grondhouding jegens de professional – ook al is die in overheidsdienst, of misschien wel: juist als hij in overheidsdienst is – blijft er een van wantrouwen.

Lange tijd ontbraken algemene statistieken, en goed functionerende consumentenplatforms komen pas nu langzaam tot wasdom. Dus die boden geen ondersteuning bij de zoektocht naar de juiste arts. Alleen de eigen vrienden en vertrouwenspersonen kunnen je in Italië zo goed en zo kwaad als het kan beschermen tegen willekeur en bureaucratie. Dit terugvallen op de eigen inner circle, de eigen clan, maakt het leven overzichtelijk voor wie een groot netwerk heeft, maar ook complex voor wie niet veel mensen kent. Meer dan de Nederlander is een Italiaan gedwongen het spel van 'voor wat hoort wat' te spelen. Er zijn geen vastgestelde en makkelijk af te dwingen rechten, wel gunsten waarnaar je kunt dingen en waarvoor je je zoals we eerder zagen hoffelijk moet gedragen.

Welk ziekenhuis we moesten nemen werd ons niet echt duidelijk, omdat de adviezen elkaar tegenspraken. De ene moeder zwoer bij het lokale ziekenhuis, lekker dicht bij Grottaferrata, net ten zuiden van Rome, waar we woonden. Maar een bezoek aan dat hospitaal overtuigde ons bepaald niet, omdat het niet ongebruikelijk was daar dat vijf vrouwen tegelijk in één kleine kamer hun weeën moesten opvangen. Vandaar waarschijnlijk de oordopjes die de ziekenhuizen aanstaande moeders aanraden mee te nemen.

Een andere suggestie was het ziekenhuis Casa Santa Famiglia, dat op een steenworp van het Vaticaan ligt. Wie wilde kon volgens de brochure stamcellen van de placenta laten invriezen. Handig voor als de baby op latere leeftijd leukemie zou krijgen. Kosten: 2500 euro. De stamcellen zou dit katholieke ziekenhuis in het buitenland laten opslaan, want onder druk van de kerk was dit in Italië verboden.

We vroegen ons af of het misschien toch niet beter was om thuis te bevallen. Het antwoord was eenvoudig: er zijn nauwelijks verloskundigen te vinden die dat willen of kunnen. En wie het toch echt wil, die moet, jawel, flink bijbetalen. In de ogen van de Romeinen is thuis bevallen veel te riskant en te pijnlijk. In het ziekenhuis, zo weten ze, staat de anesthesist klaar om het lijden te verzachten. In Fatebenefratelli op het Tibereiland vragen en krijgen negen van de tien vrouwen een ruggenprik.

Uiteindelijk adviseerde onze gynaecologe Francesca Magnani – nichtje van de filmster Anna –, die de groei van de baby al die maanden in haar privépraktijk had gevolgd, ons om naar Fatebenefratelli te gaan. Het was een romantisch idee: wie wil zijn kind niet in de Tiber geboren laten worden? Waren Romulus en Remus ook niet in een mandje dobberend op de Tiber aangespoeld bij de wolvin? Onze zorg betrof de bereikbaarheid van dat ziekenhuis. Hoe er door het drukke verkeer te komen als de vliezen gebroken zijn. Simpel, zei gynaecologe Francesca: 'Je drukt op de claxon, hangt een witte doek uit het raam en geeft gas. Iedereen zal opzijgaan.' Als je er eenmaal bent aangekomen, waarschuwde ze wel, is het echter nooit zeker dat er ook plaats is. Iedereen wil bevallen in Fatebenefratelli. Ze vroeg hoe we verzekerd waren. Wie goed verzekerd is of zelf 6000 euro extra betaalt, kan een kamer en een gynaecoloog reserveren. Voor mensen met een dikke portemonnee is er altijd plaats in dit openbare ziekenhuis.

Toen de weeën uiteindelijk kwamen, stapten we in de auto. Over de kasseien van de Via Appia Antica reden we richting Tibereiland. Omdat de president die dag dezelfde weg zou gebruiken, hadden agenten de wegen op veel punten afgezet, waardoor wij zonder claxon en witte zakdoek in een dik halfuur ter plekke waren.

De entree was zoals zo vaak in Italiaanse ziekenhuizen weinig hoopgevend. De spoedeisende hulp zat vol zwervers. Het stonk er naar urine en drank. We moesten een dik pakket formulieren invullen. Er waren vier dikke buiken voor ons. De kraamafdeling was vol, zo liet de dienstdoende verpleegster weten. 'Geen plaats in de herberg?' vroeg ik gefrustreerd. 'Dan gaan we naar een ander ziekenhuis.'

Maar we moesten blijven. Nu we er eenmaal waren, mochten ze

ons niet meer laten gaan. Tijdens de eerste controle vroeg een over-werkte arts mijn vrouw op barse toon wat ze kwam doen. 'U heeft nog geen weeën!' Ik moest me inhouden om niet tegen hem uit te vallen. Zo'n bruut, zo arrogant, maar ik kon er niets tegen inbrengen omdat het lot van ons kind en mijn vrouw in zijn handen lag. De on-macht die je hier als burger voelt, je afhankelijkheid van de willekeur van de overheid, ervoer ik nooit sterker dan op dit moment. Ik pro-beerde hem uit te leggen dat mijn vrouw de vorige keer zeer snel was bevallen. Hij keurde me geen blik waardig.

Gelukkig bewees de test even later zijn ongelijk: bijna vier centi-meter ontsluiting. 'Onmiddellijk naar boven,' blafte hij, alsof wij on-verantwoord waren geweest en ons te laat hadden gemeld. 'Naar de kraamkliniek!' Maar niet voordat mijn vrouw had getekend. Ze moest accepteren dat ze bij gebrek aan bedden in dit publieke zieken-huis op een brancard zou liggen.

Toen de liftdeuren zich boven openden, kwamen we haast in een andere wereld terecht. Geen brancard, maar een prachtige verloska-mer met uitzicht op de Tiber. Personeel in overvloed; op een gegeven moment stonden er acht personen in de kamer. Twee uur later was ze er: Marieke Tiber, onze Romeinse. Met haar werden ook wij wat meer Italiaans. Laat niemand nog klagen over de Italiaanse gezondheids-zorg, zo vonden wij die dag. Alle gevoelens van onmacht, pijn en vrees vielen van ons af. We waren omringd door topexperts.

De gouden knie

Wie de kans op dit soort stress wil voorkomen en gegarandeerd goed en snel wil worden geholpen moet zoals gezegd betalen in Italië. Veel betalen. Ik leerde dat twee jaar voor de bevalling van mijn vrouw, toen mijn kruisband afscheurde tijdens een potje voetbal met de buurjongens.

Het CTO-hospitaal in Rome is dé plek voor orthopedie, vertelden mijn vrienden me tijdens deze zoektocht naar een goede arts. En dus meldde ik me bij de spoedeisende hulp van dit wat vervallen publieke ziekenhuis. Toen de dienstdoende arts hoorde dat ik niet uit Italië kwam, nam hij me apart om te kunnen roken en 'om te praten'. 'Ik doe dit niet om er zelf beter van te worden,' zei hij veelbetekenend.

Hij stak een sigaret op en begon te klagen over het Italiaanse gezondheidssysteem. Er is te weinig voor te veel patiënten. Iedereen betaalt belasting voor gezondheidszorg en heeft officieel recht op gratis medische hulp. Maar dat werkt niet. Het budget is te laag en dus zijn er lange wachtlijsten. Hij draaide aan mijn knie die op slot zat en constateerde een kapotte meniscus en mogelijk een afgescheurde kruisband: 'Op zijn vroegst over zes maanden kun je worden geopereerd.'

Ik reageerde geschrokken. Als freelancer kon ik onmogelijk zo lang uit de running zijn. De arts boog zich naar me toe: 'Ik kan je ook onmiddellijk privé opereren in een kliniek: achtduizend euro.' Een schande, zo zeiden later de fysiotherapeut, de huisarts en eigenlijk iedereen die ik het vertelde. Iedereen weet dat specialisten hun positie misbruiken, maar niemand komt er tegen in verweer, aldus de fysiotherapeut.

Ook oud-minister van Volksgezondheid Rosy Bindi verklaarde ooit dat artsen de wachttijden in de reguliere ziekenhuizen proberen te verlengen, opdat ze patiënten in hun privékliniek tegen betaling kunnen ontvangen. Het is mede om die reden dat de ongeveer 100 miljard euro die de staat uittrekt voor gezondheidszorg, niet genoeg is om het wettelijk vastgelegde recht op gratis, tijdige medische hulp voor iedere burger te garanderen. In sommige streken, vooral het rijke noorden, is de zorg over het algemeen goed. Maar honderdduizenden Zuid-Italianen voelen zich jaarlijks gedwongen een lange reis te ondernemen om zich in de betere publieke ziekenhuizen elders in Italië, of soms zelfs in Frankrijk, te laten opereren.

De orthopeed die aanbood me voor veel geld in een privékliniek te opereren erkende ter plekke dat het Italiaanse gezondheidssysteem oneerlijk in elkaar zit. Maar hij verdedigde zijn aanbod aldus: 'Ik verdien 2500 euro per maand. Ik moet mijn familie onderhouden. De overheid zou specialisten evenveel moeten betalen als ze in Noord-Europa krijgen, maar in plaats daarvan staat de politiek ons toe om bij te klussen.' Het gevolg is, zo erkende hij, dat de goede artsen privé bijverdienen en de minder goede blijven werken in openbare ziekenhuizen.

De rijken krijgen snellere en ook kwalitatief betere zorg en de minder rijken moeten steeds langer wachten.

Tot mijn verbazing bleek dat mijn Nederlandse verzekering zo'n privébehandeling van een bijklussende Italiaanse arts vergoedde. En dus besloot ik voor de absolute top te gaan: de orthopeed professor Pier Paolo Mariani, die ook de Romeinse voetbalheld Francesco Totti onder het mes had gehad. Het bood me de gelegenheid de luxe kant van de Italiaanse zorg aan den lijve te ondervinden.

Mariani opereert in de privékliniek Casa di Cura Villa Stuart in de Romeinse heuvels boven het olympisch stadion. Hij zei jaren geleden de publieke ziekenhuizen vaarwel, omdat de baas van zijn afdeling hem 'uit jaloezie' nog maar drie uur per week liet opereren. Nu verdient hij kapitalen als privéarts in deze zeer luxueuze kliniek. De oprijlaan van Villa Stuart sprak bij aankomst voor zich: lang, geflankeerd door cipressen en pijnbomen, dwars door een park, met aan het eind een geel gepleisterde villa. In de wachtkamer leren banken en een bloedstollend mooie receptioniste, door wie je bijna spontaan in een algehele narcose raakte.

Een gebruinde assistent-arts ontving me in een spreekkamer met een dure pers op de grond en aan de muur een sonnet over 'the joys of life'. Toen de eerste vragen waren gesteld, kwam de prof zelf binnen, nog net even een tintje bruiner dan zijn hulpje. Hij stelde dezelfde diagnose als de orthopeed in het CTO: meniscus en kruisband. Ik kon over drie dagen worden geholpen. Kosten: 13.000 euro, alles inbegrepen.

Nog beduusd van de vriendelijke, kundige, maar onverbiddelijk zakelijke opstelling (contant betalen) liet ik een en ander op me inwerken. Niet drie dagen later, maar na tien dagen pinnen en ruggespraak met mijn Nederlandse verzekeraar keek ik op een monitor mee hoe boor en zaag hun werk deden in mijn knie, terwijl Mariani commentaar gaf. Het filmpje van de ingreep kreeg ik na afloop mee: service van de zaak. Na een zomer intensieve fysiotherapie liep ik weer als een kievit. Krant blij, ik blij, maar de Nederlandse verzekeraar belde bezorgd op: hoeveel knieën had ik laten opereren? In Nederland konden ze er zes voor zo'n bedrag doen. Ik legde uit dat ik schriftelijk toestemming had gekregen. De verzekeraar erkende dat en betaalde uiteindelijk. Al werd me duidelijk te verstaan gegeven dat dergelijke hoge bedragen voor snelle en goede hulp in Nederland ondenkbaar zouden zijn.

De wittejassenmaffia

Wat me sterk is bijgebleven van mijn gesprekken met artsen is dat ze het over één ding allemaal eens waren: de Italiaanse gezondheidszorg moet drastisch worden gereorganiseerd. Het duidelijkst werd me dit toen ik in Palermo achter op de motor van Renato Costa stapte. Hij liet me kennismaken met de uitwassen van de medische noodtoestand.

Costa had geen helm op. Zijn witte doktersjas wapperde in de wind toen hij zijn BMW 1180 door de verkeerschaos van Palermo manoeuvreerde, op weg naar het poliklinisch universitair ziekenhuis waar hij werkte. Costa, vakbondsvertegenwoordiger, internist, radioloog, en antimaffiastrijder, legde op een congres in 2005 een mechanisme bloot waaruit bleek dat de maffia diep geïnfiltreerd was in de Siciliaanse gezondheidszorg. Over die misstanden werd datzelfde jaar een documentaire gemaakt die pas drie jaar later op de Italiaanse nationale tv kon worden uitgezonden, omdat in de tijd dat Berlusconi regeerde geen televisienet deze documentaire durfde uit te zenden. *De maffia is wit* luidde de titel. De makers schetsten een beeld van ziekenhuisbazen, politici en maffiosi die allemaal medicijnen hadden gestudeerd en samen een systeem controleerden waar de helft van het totale budget van de regio Sicilië in omging: 7,5 miljard euro.

De regio investeerde voornamelijk nog in privéziekenhuizen, niet toevallig de instellingen die vaak direct of indirect in handen bleken van de maffia, vertelde Costa. Terwijl deze veertiger aan zijn oorbelletje draaide, somde hij de misstanden op. Normaal is het in Italië al moeilijk om snel een doktersadvies te krijgen, maar op Sicilië liepen de wachttijden voor een onderzoek naar botontkalking op tot twee jaar. De wachtlijst voor amandelen knippen was in de Policlinico van Palermo anderhalf jaar. Openbare ziekenhuizen werden uitgekleed en privé-instellingen kregen meer overheidsgeld, dat ze investeerden in deels overbodige, gespecialiseerde zorg. Gemeten naar bevolkingsaantal zou het eiland volgens hem 500 intensive care-plekken moeten hebben, maar het had er maar 250. Men investeerde niet in gezondheidszorg op basis van de behoeften van de bevolking, maar op basis van de economische winst die bevriende ondernemers van de eilandbestuurders ermee konden boeken. Costa noemde dat *cuffarisme*, naar de president van deze regio, Toto Cuffaro, die sinds 2011 een gevangenisstraf van zeven jaar uitzit voor samenwerking met de maffia.

Een sprekend voorbeeld van waar dat toe kon leiden was de kwestie Villa Santa Teresa. In de jaren negentig besloot Michele Aiello om in de gezondheidszorg te gaan. Zijn familie had jarenlang onder bescherming van de maffia de aanleg van binnenwegen op Sicilië gecontroleerd. Nu stampte hij in een mum van tijd een privékliniek (gespecialiseerd in radiologie voor tumoranalyse) uit de grond die haar gelijke in Italië niet kende en met de Europese top kon wedijveren. Volgens Justitie deed hij dit met geld van de baas der maffiabazen, Bernardo Provenzano. Ook de vrouw van regiopresident Cuffaro was aandeelhouder.

Curieus was dat niemand in Sicilië op die kliniek zat te wachten. De overheid had er niet om gevraagd. Sicilië had met de lange wachtlijsten in de gezondheidszorg andere problemen. Toch slaagde de malafide ondernemer er zonder veel problemen in zijn kliniek geaccrediteerd te krijgen, waarna de medische verrichtingen werden vergoed door de staat. Die behandelingen waren zo state of the art en hun tijd zo ver vooruit dat ze nog niet eens waren gecertificeerd door het ministerie van Volksgezondheid of door de regio. Toch bleek de vergoeding ervan geen punt. Regiopresident Cuffaro zorgde op aanwijzing van deze 'gezondheidsondernemer' dat de tarievenlijst er kwam.

Zo kon Aiello tussen 2001 en 2002 50 miljoen euro incasseren voor de diagnoses die zijn kliniek stelde. In 2013 kreeg hij 15,5 jaar celstraf voor zijn praktijken. Er is 300 miljoen euro bij hem in beslag genomen, die hij zou beheren voor maffiabaas Provenzano. De kliniek is inmiddels omgebouwd tot een orthopedisch centrum, waar wél behoefte aan was. 'Als we niet oppassen, dan sicilialiseert heel Italië,' concludeerde Costa al toen ik hem in 2005 sprak.

Deze arts was niet de enige die de noodklok luidde. Ook de parlementaire commissie Antimafia vreesde dat de publieke gezondheidszorg om zeep zou worden geholpen ten faveure van de vaak louche privégezondheidszorg. Bestuurders zoeken alibi's om bevriende ondernemers belastinggeld toe te spelen. Een systeem dat in Calabrië vaak de 'Ndrangheta als ondernemer kent, aldus de parlementaire commissie. Een systeem ook dat in 2005 de aanleiding was voor een opzienbarende moord.

Moord op een arts

16 oktober 2005. Een gemaskerde man stapt het stemlokaal van Locri in de punt van de Italiaanse laars binnen. Het is er druk. De man loopt recht op de arts Francesco Fortugno af, haalt een automatisch pistool tevoorschijn en vuurt vijfmaal, draait zich om, loopt ongehinderd naar buiten, stapt in een auto en rijdt weg. Francesco Fortugno, vicevoorzitter van het parlement van de regio Calabrië, is op slag dood.

Italië reageerde geschokt tot op het hoogste niveau. Voor het eerst sinds de wapenstilstand in 1993 tussen staat en maffia was een politicus vermoord door de maffia. De opdrachtgevers werden een jaar later gearresteerd. Het bleken twee verpleegkundigen te zijn, Alessandro Marcianò en zijn zoon Giuseppe, beiden werkzaam in het ziekenhuis van Locri. Ze hadden stemmen geronseld voor de verkiezing van Domenico Crea, ook een medicus, in het regioparlement. Hoogstwaarschijnlijk waren de verplegers verplicht tot deze dienst in ruil voor een vaste baan in het ziekenhuis.

Maar ze faalden in hun opdracht. Ze zouden slechts 237 in plaats van de benodigde 500 tot 700 stemmen voor Crea hebben weten te verzamelen, waardoor deze niet werd verkozen, en de later vermoorde Francesco Fortugno wel. Fortugno, zo stelde de officier van justitie later, werd beschouwd als een sta-in-de-weg in de handel tussen duistere ondernemers en politici die de gezondheidszorg wilden misbruiken voor eigen gewin. Hij moest uit de weg worden geruimd; de verplegers hebben Fortugno vervolgens door huurmoordenaars laten vermoorden. Allen kregen in 2013 levenslang.

Niemand wist in die dagen hoeveel mensen er in het ziekenhuis van Locri werkten. Later bleek dat de plaatselijke gezondheidsdienst in Locri en het aanpalende Siderno in totaal 1700 werknemers op de loonlijst had. De dienst werd ontbonden. De aanstellingen in het hospitaal waren zoals zo vaak in het zuiden gebruikt als beloning voor mensen die politieke hand-en-spandiensten verleenden aan de door de 'Ndrangheta gecontroleerde machthebbers. Dit fenomeen doet zich in heel Zuid-Italië tot aan Rome voor. Heel vaak hebben artsen hun benoeming aan een politicus te danken. Medici en ook verplegers betalen de politicus terug met een pakket gegarandeerde stemmen die ze bij patiënten ronselen. Ook de benoemingen van geneesheren-directeuren, van chefs de clinique, van afdelingshoofden en zelfs van zaalhoofden is in veel gevallen een politieke aangelegenheid. Eenzelfde systeem bepaalt de baantjesverdeling bij de vuilnisverwerking rond Napels, bij de gemeentewerken in veel Zuid-Italiaanse steden, en bij heel veel andere staats-, regio- en gemeentediensten die door corrupte politici worden gebruikt voor het verdelen van gunsten en het creëren van een solide aanhang. Een briljante arts die geen lid is van een politieke partij maakt in dit perverse systeem nauwelijks kans op een aanstelling, ook niet in Noord-Italië. 'Er is sprake van morele prostitutie. Het is zonder meer een algemeen probleem,' zei een cardioloog in een Romeins ziekenhuis in 2006 tegen me. 'Of je prostitueert je en wordt lid van een politieke partij, of je kunt je beroep niet uitoefenen.'

Vooral in Zuid-Italië wordt deze cliëntelistische carrousel sinds 1992 steeds meer gemanipuleerd door de maffia. Toen werd de verantwoordelijkheid voor de gezondheidszorg na een wetswijziging overgedragen van de centrale staat naar de regio's. Een decentralisatie in de zorg dus, anders dan in Nederland, maar toch. Deze leidde tot groeiende ongelijkheid in de zorg. Maffiose organisaties kregen het makkelijker. Ze hoefden maar een paar lokale politici voor zich te winnen en enorme zorgbudgetten kwamen beschikbaar. De maffia verdiende sindsdien met haar aannemersbedrijven aan de bouw van ziekenhuizen. Met haar schoonmaakbedrijven, wasserettes, levensmiddelengroothandels regisseerde ze de bevoorrading en het onderhoud van veel ziekenhuizen in Calabrië, Sicilië en Campanië. Voorts wist ze artsen zover te krijgen dat ze voortvluchtige maffiabazen behandelden. En ze controleerde als investeerder, zoals we zagen, in sommige gevallen complete privéklinieken. Zo kon de maffia steeds witter worden. Wit als een doktersjas.

Volgens schattingen lekt in Italië jaarlijks 5 van de 100 miljard euro die aan gezondheidszorg wordt besteed weg door corruptie. Weer een mooie uitdaging voor de regering, die het land wil hervormen dus. Tot ze daar daadwerkelijk in slaagt blijft het niet onlogisch dat Italianen op hun hoede zijn voordat ze een ziekenhuis betreden. En dat ze liever eerst een capabele vertrouwensarts zoeken, want die zijn er zeker, volop zelfs. De Italiaanse geneeskunde staat internationaal immers nog altijd op hoog niveau. Artsen houden van hun werk, zijn er trots op en leggen er eer in om hun ambacht zo goed mogelijk uit te oefenen. Net als de ingenieurs bij Ferrari en de ontwerpers bij Gucci kunnen de Italiaanse artsen zich ook qua opleiding meten met de wereldtop. Maar zij moeten werken in een door en door verrot bureaucratisch en cliëntelistisch systeem waar jarenlang de controlemechanismen niet werkten omdat de politiek andere belangen voorrang bood: machts- en kapitaalvorming via het geld dat omgaat in de gezondheidszorg.

Dat de Italiaanse ziekenhuizen desondanks functioneren is hoofdzakelijk te danken aan de toewijding van de artsen en verplegers die willen doen waarvoor zij hebben gekozen: patiënten beter maken. Ikzelf heb het vakmanschap, weliswaar zeer duur betaald, aan den lijve ondervonden bij professor Mariani. Onze kinderen zijn altijd prima geholpen door de huisartsen en de regioziekenhuizen. En toen we eenmaal het ziekenhuis op het Tibereiland wisten binnen te komen, verliep de bevalling van onze Marieke Tiber zoals gezegd vlekkeloos. We hebben ervaren hoe ondanks de chaos, de bureaucratie en enorme arrogantie van de ontvangend arts uiteindelijk alles toch op zijn pootjes terechtkwam. In Italië moet je in contact met de overheid vaak heel lang door een heel zure appel bijten. Maar dat wil niet zeggen dat er achter die muur van onwil, onbegrip en corruptie geen walhalla aan professionals en mogelijkheden schuilgaat. Een wereld van kennis en kunde waar menig land een puntje aan kan zuigen.

We denken nog vaak aan die geboortedag en aan de terugreis naar ons dorp ten zuiden van Rome. Baby in de Maxi-Cosi, over de kasseien van de Via Appia, onder de poort van Sint-Sebastiaan – mijn naamgever –, hobbelend de stad uit. Ik was in hoger sferen. Hier, in dit klassieke en romantische decor was mijn dochter geboren! Ik filmde de hele terugrit met één hand – de andere aan het stuur – om maar niets te missen. En ik vergat even dat het rijden over kasseien – zeker als die al eeuwen liggen – bepaald niet prettig is voor een vrouw die net zonder verdoving was bevallen.

17.00 uur

Lungotevere – Made in Italy

De boulevard langs de Tiber is volledig verstopt. Italiës heilige koe, *la macchina*, neemt bezit van de stad. Ooit was de auto-industrie de motor van de economie en het Italiaanse leven. De crisis maakte er zo goed als een einde aan. Maar Italiaans design blijft creatief en winstgevend, en Italië is de tweede maakindustrie van Europa.

Het ziekenhuis achter me latend loop ik de Ponte Garibaldi af richting de Lungotevere, de boulevard langs de Tiber. Op straat krioelen de auto's. De weggebruikers lossen samen een puzzel op, een sociale puzzel. Alles draait daarbij om persoonlijk contact, oogcontact, kortstondige relaties. Autorijden in Rome is een spel van geven en nemen, van slim zijn en respect afdwingen. De belangrijkste richtlijn is: gehoorzaam de wet niet, maar overleg met je medeweggebruiker.

Op straat voor me drukt een invoeger geleidelijk maar beslist de neus van zijn wagen voor een andere auto. Hij treedt 'in gesprek' met de andere chauffeur, die eigenlijk voorrang heeft. Door hem praktisch de weg te blokkeren vraagt de nieuwkomer om een gunst. Vaak wordt die dan ook verleend. Italianen zijn kampioenen ritsen, het spel van geven en nemen, dat maar twee letters verschilt van ritselen. Ze accepteren makkelijker dan Nederlanders overtredingen van elkaar. Liever dat dan het aanvaarden van een verbod of gebod opgelegd door de staat.

Dag in dag uit, in ochtend- en avondspits, gaat het zo. Stapje voor stapje, uur na uur. Nooit stond ik langer in files voor het overbruggen van een paar kilometer dan in deze stad. Ze zeggen wel dat alle wegen naar Rome leiden, maar het zijn er niet genoeg voor alle Romeinse auto's. Geen hoofdstad in Europa heeft er meer: zeven auto's op tien inwoners, tegen maar vier op de tien in Amsterdam. En dan tel ik de scootertjes niet eens mee. Mijn oplossing was meestal gewoon de auto thuislaten.

Precies wat fabrikant Fiat níet beoogt. Samen met de Italiaanse overheid hielp dit bedrijf de Italianen in de tweede helft van de vorige eeuw de auto in, om de groeiende economie te stimuleren en werkgelegenheid te creëren. Maar ze brachten de Italianen ook vrijheid. Vanaf de jaren zestig, toen het Italiaanse economisch wonder een feit werd, trokken hele families in hun Cinquecento (Fiat 500) de heuvels in. Wie je er nu naar vraagt praat er vol verrukking over. De auto liet de Italianen de schoonheid van de Italiaanse streken ontdekken en doet dat nog steeds. Op vrijdagavond en zondagavond bereikt het filerijden rond Rome het absolute hoogtepunt, door de trek naar buiten en later weer terug naar de stad. *La passeggiata della finesettimana* (het weekendommetje) doet men in Italië niet te voet, maar is een tochtje in de auto naar bergen of zee: genietend van het glooiende landschap, de kastelen op de heuvels, de cipressenlanen, de olijf- en wijngaarden. Autorijden in Italië kan worden vergeleken met het kijken naar een natuurfilm. Door de ruiten schuiven schoonheid en geschiedenis voorbij. Na een kakofonische week in de stad biedt dit ommetje en de tussenstop bij een *trattoria* de noodzakelijke rust en harmonie. Misstanden en mislukkingen worden zo weggereden en weggegeten. Om daarna weer als herboren in een lange file terug de stad in te schuiven.

De uitvinding van la macchina bood de jeugd nog een speciaal soort vrijheids- en schoonheidservaring. Vaste prik waren lange tijd de kleine Fiats en Alfa Romeo's op een doodlopende weg, of langs een bospad. De ramen afgeplakt met kranten. De wagens die ritmisch heen en weer deinden, en de wandelaar die op die plekken de volgende ochtend een lading papieren zakdoekjes aantrof. In het kleinbehuisde, stadse Italië was en is la macchina een multifunctionele vluchtmogelijkheid. Weg van de realiteit, weg van *la bruttezza* en *la schifezza* (de lelijkheid en smerigheid), terug naar la bellezza van het landschap en het leven. Maar boven alles stond de auto, en dan vooral de Fiat, met zijn technologische ontwikkeling aan de basis van een ongekend economisch wonder.

Fiat forever?

Wie deze middag op de Lungotevere de auto's langs de Tiber ziet schuiven, ontdekt dat het aantal wagens van Italiaanse makelij tegenvalt. Italianen die willen laten zien dat ze het hebben gemaakt etaleren hun status en succes sinds een decennium het liefst met een Duitse auto. Compacte Mercedessen, bmw's en Audi's voeren de boventoon in hartje Rome. En in Turijn – de Fiat-stad – plukten ze daar de zure vruchten van.

Ooit zette Fiat in deze Noord-Italiaanse stad de toon voor de wederopbouw. Het bouwde er hele wijken voor arme Zuid-Italianen die met honderdduizenden tegelijk naar het noorden kwamen op zoek naar werk. Met staatssubsidies trok Fiat naar het zuiden om ook daar fabrieken te openen. Fiat droeg bij aan groei, moderniteit en luxe voor iedereen, maar die tijden zijn inmiddels voorbij. De vestiging op Sicilië is gesloten, andere productieplekken staan onder druk. Ze strijden onderling om de nieuw te produceren automodellen, waarvan ze hopen dat die op hun lopende banden zullen worden gemaakt. Fiat is op papier de grootste onderneming van het land, maar de werkelijkheid is anders.

Fiat-arbeider Giuseppe Vallarelli nam me in februari 2012 mee naar Poort 2 van het historische Fiat-complex Mirafiori in Turijn. Precies dezelfde plek waar ik zes jaar eerder nog getuige was geweest van de feestelijke introductie van de gerestylede Fiat 500, een feest met een spectaculair nachtelijk vuurwerk boven de Po. De parkeerplaatsen voor het gigantische bedrijfscomplex waren deze middag in februari echter zo goed als leeg. De fabriek was buiten bedrijf, zoals alle vijf Fiat-vestigingen in Italië die dag niet draaiden.

Vallarelli was heel somber toen ik hem ontmoette. Hij werkte al

149

vijfentwintig jaar voor het bedrijf en maakte eerder crises mee. Maar zo uitzichtloos als het nu was had hij niet eerder beleefd, zei hij. In negen maanden had hij maar zeventien dagen kunnen werken. En dat terwijl Fiat in Turijn ooit zeshonderdduizend auto's per jaar maakte, vijf modellen tegelijk. Ten tijde van onze ontmoeting waren dat er nog maar vijftigduizend. De productie van de Fiat Idea stopte; de Lancia Musa en de Alfa Mito werden alleen nog gemaakt als er vraag naar was, en dat gold ook voor de Fiat Multipla. Vallarelli en de ruim vijfduizend andere werknemers van deze fabriek wachtten af, evenals de tienduizenden medewerkers van toeleveranciers in Turijn en omstreken. Ze hoopten dat het bedrijf snel in nieuwe modellen zou investeren, maar dat werd steeds uitgesteld. Eerst moest de markt aantrekken en de arbeidsmarktwetgeving in Italië worden gemoderniseerd. Fiat deed in 2014 nieuwe beloftes, maar of die ook worden waargemaakt blijft twijfelachtig.

Het grote probleem voor het bedrijf was en is nog altijd dat de Europese verkoop van Fiat grotendeels plaatsvindt op de Italiaanse markt. Die is door de crisis en de voorkeur voor Duitse wagens zwaar getroffen. Hierdoor kelderde de Europese verkoop van Fiat, Alfa en Lancia veel meer dan die van de meeste concurrerende merken. Het succes van de Fiat-merken Maserati en Ferrari (het bekendste merk ter wereld, bekender dan Coca-Cola) kon die terugval niet compenseren, ook al bleven deze luxewagens zelfs gedurende de crisis gretig aftrek vinden in Azië, Rusland, het Midden-Oosten en ook in de vs.

Volgens Sergio Marchionne, de internationaal geroemde Fiat-topman, was er nog een ander probleem in Italië. De arbeidskosten zouden er te hoog zijn, de bureaucratie te groot en de vakbonden te koppig. Hij ging erover in gesprek met de opeenvolgende regeringen. Allemaal probeerden ze er wel iets aan te doen: Monti, Letta en Renzi, maar het verzet van de radicalen onder de vakbonden was groot en succes nooit verzekerd. Marchionne beperkte zich niet tot praten, hij dreigde ook. Hij dwong zijn werknemers om via een referendum in te stemmen met een nieuw contract, waarin de pauze korter werd, de diensten desgewenst langer, en werken in het weekend geëist werd. Hij stelde tot verontwaardiging van velen de arbeiders voor het blok:

of jullie stemmen in, of we gaan de nieuwe Panda in Polen en elders bouwen. De meeste vakbonden en werknemers zwichtten en in het Zuid-Italiaanse Pomigliano maakt men nu de nieuwe Panda.

In afwachting van betere tijden richtte Marchionne zijn blik intussen vooral op de buitenlandse markt. Het lukte hem om de derde Amerikaanse autoproducent, Chrysler, over te nemen. Hij wist de bijna failliete Amerikaanse autoproducent met steun van de regering-Obama vanaf 2009 weer op de been te krijgen. Een huzarenstukje. Dankzij deze strategie slaagde Marchionne erin de omzet van het bedrijf in tien jaar ruim te verdubbelen van 49 naar 112 miljard euro, zo schreef zakenkrant *Il Sole 24 Ore* in juni 2014. De nettowinst was in 2013 2 miljard euro, tegen een verlies van 500 miljoen in 2003. Het aantal werknemers wereldwijd groeide van 162.000 naar 300.000. Maar in Italië bleven dat er 80.000 en velen van hen zaten net als Vallarelli op kosten van het bedrijf en de overheid thuis in afwachting van betere tijden. De autoproductie van Fiat steeg door de overname van Chrysler wereldwijd van 1,8 miljoen naar 4,4 miljoen exemplaren, waardoor het bedrijf de zevende autoproducent van de wereld werd. Zo probeerde Marchionne Fiat overeind te houden door er een mondiale speler van te maken. Maar in Italië daalde de productie in tien jaar van bijna een miljoen in 2003 naar onder de 400.000 wagens in 2013. Fiat Italië leverde in 2014 nog maar 8 procent van de omzet van Fiat Chrysler Automobiles en boekte nog altijd geen enkele winst. De helft van de omzet van Fiat Chrysler werd in de vs gerealiseerd via Chrysler. Bijna 20 procent kwam uit Zuid-Amerika. Slechts een kwart kwam nog maar uit Europa, en de rest uit Azië.

Veel Italiaanse Fiat-werknemers konden de naam van Marchionne vanwege deze koerswijziging niet meer horen. De uitlatingen van de topman over Italië waren in hun ogen te negatief. Tot hun grote frustratie verplaatste hij in 2014 zelfs het hoofdkantoor van Fiat na meer dan een eeuw van Turijn naar Londen. Een klap in het gezicht van elke Italiaan. De werkloze Fiat-arbeider Vallarelli en zijn eveneens baanloze vrouw Maria vreesden op de vijfde etage van hun flatje in Turijn met grote vreze: 'We mogen dan Jozef [Giuseppe] en Maria heten,' zeiden ze tegen me, 'we zijn blij dat we geen kinderen hebben.'

Want collega's met gezinnen wisten niet hoe ze het met negenhonderd euro per maand uitkering moesten redden. Om rond te komen bakte Vallarelli zelf zijn brood en maakte hij jam. Van lege jampotjes wist hij lampen te fabriceren die hij verkocht. Creativiteit zit de Italianen nu eenmaal in de genen.

De zwarte oplossing

Sinds die ontmoeting met Vallarelli kwamen er alleen maar werklozen bij. Niet alleen Fiat-arbeiders moesten afzien. In heel Italië hakte de crisis er zozeer in dat in 2014 14 procent van de Italianen zonder baan zat, een record sinds 1977, en dat terwijl velen uit wanhoop niet eens de moeite namen om zich als werkzoekend te registreren. De jeugdwerkloosheid liep op tot ruim boven de 40 procent, met uitschieters naar 50 tot 60 procent in Zuid-Italië, een gebied dat altijd al veel armoede gekend had en waar men de krimp al jaren opving in de informele en zwarte economie.

Hoe die zwarte oplossing werkte werd me duidelijk in Barletta, een stadje ten noorden van Bari in de hak van de Italiaanse laars. Zomaar een plaatsje, met een kerkplein, verwaarloosde gevels en braakliggende bouwkavels. Daar stortte in 2010 een illegaal textielatelier in. Nou ja, atelier… Gewoon een pand met veel naaimachines, weinig licht, en illegale arbeiders. In die 'sweatshop' werden truien gemaakt, goedkope truien, zoals in veel andere panden in het stadje die ook al illegaal waren gebouwd door zwartwerkende bouwvakkers. In die panden bevonden zich dan weer illegale bedrijven die vaak illegaal stroom aftapten, geen belasting afdroegen en niet voldeden aan de eisen van de arbeidsinspectie.

Dit was en is de manier waarop veel Italiaanse bedrijven in het zuiden proberen te concurreren. De goedkope massaproductie van textiel wordt elders in de wereld verzorgd door Chinezen, Roemenen, Turken en Noord-Afrikanen. In Zuid-Italië knutselen Italiaanse huisvrouwen in illegale ateliers de extra partijen textiel in elkaar die snel geleverd moeten worden om tijdelijke voorraadtekorten rap aan te vullen. Vaak ook doen ze niks anders dan *Made in Italy*-etiketten naaien in truien die uit China komen. Ze werken onder dezelfde slechte arbeidsomstandigheden als hun buitenlandse concurrenten. Ze verdienen vier euro per uur, net genoeg om de uitkering van hun mannen aan te vullen tot een gezinsinkomen waarop de familie kan overleven.

De dood van deze vrouwen in het ingestorte atelier, hun leven dat eindigde onder het puin, was in 2010 het zoveelste nationale alarm over de verelendung in Zuid-Italië. Tv-ploegen trokken erheen om te laten zien hoe de economie er niet meer in slaagde legaal te draaien. Er werd schande van gesproken. Dat Italianen onder dezelfde erbarmelijke omstandigheden als immigranten moesten werken! De illegale economie was een vloek, zo erkende men. 270 miljard euro ging er in totaal in om. Maar niemand, ook de regering niet, durfde deze echt aan te pakken. Omdat men wist en weet dat er honderdduizenden, zo niet miljoenen gezinnen in het zuiden van afhankelijk zijn. De werkloosheid was en is in Barletta, Bari, Palermo, Napels en Reggio Calabria te groot en de economie te zwak om in deze en vele andere steden de zwarte economie uit te roeien. En dus blijven de inwoners van deze gebieden kwetsbaar doelwit van louche en maffiose profiteurs die de officiële wet ontduiken en hun eigen wet voorschrijven.

Koffietijd

En toch is het zeker niet allemaal kommer en kwel in Italië, al helemaal niet ten noorden van Rome. Ondanks de crisis beschikt Italië in 2014 na Duitsland nog altijd over de grootste maakindustrie van Europa. De Italiaanse bedrijven hebben een enorme reputatie op het gebied van mode en design, voedsel en techniek. Wie kent niet de parmaham, de Parmezaanse kaas, de barolo-, barbera- en amaronewijnen. Wat te denken van topmerken als Armani, Dolce & Gabbana, Corneliani, Prada, Zenga en natuurlijk Ferrari? Wist u dat moonboots worden gemaakt bij het Italiaanse Tecnica? Dat dit bedrijf de wereldleider is op het gebied van skischoenen? Ooit geweten dat ook de schoenen van Geox, de spijkerbroeken van Diesel, en merken als Lotto, Stonefly en

Zanussi made in Italy zijn? Italië is een land van ondernemers, met maar liefst 5 miljoen bedrijven en bedrijfjes.

Wat al die ondernemers kenmerkt is een fantastisch oog voor detail, de kracht van een familiebedrijf, en de kunst van het woord. Ze mikken op kwaliteit, investeren veel in innovatie, hebben gevoel voor design en weten hun product via aantrekkelijke marketing aan de man te brengen. En ze opereren verrassend mondiaal. Ze kiezen vaak voor een nichemarkt en overrompelen die wereldwijd.

Een mooi voorbeeld is Illy, kwaliteitsmerk in de koffiebranche. Ernesto Illy, de enkele jaren geleden overleden topman van dit bedrijf, combineerde alle bovengenoemde eigenschappen. Hij maakte Illy tot een van de grootste, beroemdste en duurste espressomerken ter wereld. Dat lukte hem omdat hij niets aan het toeval overliet. Hij deed vol passie onderzoek, verdiepte zich in design, wist wat organiseren was en had een ongekend oog voor detail. De mensen hadden volgens hem geen benul van wat er komt kijken bij het maken van koffie. Douwe Egberts was in zijn ogen niet meer dan een producent van bruin poeder voor het plebs. 'Een goede espresso schildert de tong,' was een van zijn uitspraken. En: 'In een kopje espresso gaan vijftig koffiebonen. Als één boon niet deugt, is je genot al vergald.'

Als afgestudeerd chemicus nam Ernesto Illy in 1963 het bedrijf over dat in 1933 was opgezet door zijn vader Francesco. Deze Francesco vond de stoomtechniek uit waarmee espressokoffie nu nog altijd wereldwijd wordt gemaakt. Zoon Ernesto stond vervolgens zijn leven lang bekend om zijn obsessie voor kwaliteit. Hij overdonderde zijn gesprekspartners met feiten en data in zijn drang te illustreren hoe complex een kopje espresso wel niet was. Hij zette in Triëst een groot laboratorium op en ontwikkelde een productieketen waarbij elke koffieboon met een laser werd gecontroleerd. Iedere dag proefde Illy met een team van vijftien door hem opgeleide medewerkers elke lading koffiebonen die hij inkocht. Hij leidde niet alleen zijn productiepersoneel op. In Napels en São Paulo vestigde hij ook koffie-universiteiten. En hij organiseerde wereldwijd trainingen voor barista's die in staat moesten zijn om een espresso op de toonbank te zetten die het Illy-logo waardig was. Zo groeide het bedrijf: door onderzoek, marketing en gevoel voor detail. En met de smaak waarmee Italianen begiftigd zijn.

Illy had bijvoorbeeld een hekel aan melk in de koffie. Volgens hem werd de melk enkel toegevoegd om de slechte smaak van verbrande koffiebonen te verdoezelen. De enige echte koffie was in zijn ogen espresso. Maar dan met het juiste aroma, de juiste kleur, de sterke smaak en de hazelnootkleurige schuimlaag die alleen maar verschijnt als de koffie van hoge kwaliteit is en op de juiste wijze door de barista wordt bereid. Behalve chemicus was Illy ook industrieel ontwerper. Hij wist dat het niet alleen ging om wat je maakt, maar ook om hoe je het presenteert. Hij ontwikkelde de bekende kleine, dikke, witte espressokopjes die naar zijn smaak de koffie het beste tot zijn recht deden komen. Nog altijd steunt het bedrijf Illy kunstenaars, cultuurinstellingen en grote tentoonstellingen. Het werkte samen met grote namen als Marina Abramović, Jannis Kounellis, Daniel Buren, Jeff Koons, Robert Rauschenberg; het huidige Illy-logo werd bedacht door James Rosenquist. De bekendste artistieke activiteit van Illy is de Illy Art Collection: door kunstenaars gedecoreerde, genummerde en gesigneerde designkopjes die geliefd zijn bij verzamelaars over de hele wereld.

De passie voor 'de kunst en de wetenschap van espresso', zo stelde Illy, was onmisbaar bij het realiseren van een bedrijf dat nu naar 140 landen exporteert, dat in 50.000 bars en restaurants koffie schenkt, en een omzet van 250 miljoen euro realiseert. Op de website van Illy staat: 'Onze interesse voor kunst wortelt in het streven van de oude Griekse cultuur naar *kalokagathia*, een begrip dat goedheid en schoonheid met elkaar verenigt. Omdat Illy-*caffè* perfectie nastreeft, is het zoeken naar schoonheid geen nevenactiviteit, maar een kernwaarde waardoor het bedrijf zich laat leiden bij het nemen van [ethische] beslissingen.' Ook hier blijkt hoezeer esthetiek in Italië prevaleert, en vaak zelfs als de basis voor ethiek wordt beschouwd. Wat God de mensheid schenkt (ook koffie), dat is waarheid, en daarmee goedheid en schoonheid, aldus de Italianen, wier cultuur doortrokken is van het katholicisme.

Het Illy-verhaal staat model voor de karakteristieke Italiaanse ondernemersverhalen die zich vooral in het rijke noorden afspeelden. Kleine familiebedrijven die door hard werken en veel vakmanschap, ondanks de Italiaanse bureaucratie, een wereldsucces konden worden. Inmiddels is Illy's zaak overgenomen door zijn zoon, zoals dat hoort. En het bedrijf bleef ook in de crisisjaren doorgroeien.

De rijkste Italiaan

Dit soort ondernemerschap vol passie en geloof leidde tot veel meer succesverhalen die standhouden in het door crisis overrompelde Italië. Een kijkje op een van de vele lijsten met rijkste Italianen (die van Forbes) helpt ze te ontdekken. De lijst van miljardairs werd in 2014 niet meer aangevoerd door de Agnelli's van Fiat of de Berlusconi's, die op hun retour zijn. Op 1 stond Michele Ferrero uit Piemonte, met 26,5 miljard dollar de rijkste Italiaan. Na Ferrero (die op 14 februari 2015 overleed) volgde Leonardo del Vecchio, de brillenkoning, met een geschat vermogen van 19,2 miljard dollar. Dan de modekoningin styliste Miuccia Prada (11,1 miljard), gevolgd door de farmaceut Stefano Pessina (10,4 miljard). Giorgio Armani stond met 9,9 miljard dollar op 5. De lijst werd en wordt dus aangevoerd door allemaal families die iets maken. Silvio Berlusconi en zijn familie vinden we met 9 miljard dollar terug op de zesde plaats. En dat terwijl hij in 2007 nog de rijkste man van Italië was met 11,8 miljard dollar. De crisis en zijn machtsverlies hebben zijn sector en hemzelf duidelijk geraakt. Zijn onroerend goed is minder waard geworden en zijn media-imperium lijdt onder afnemende reclame-inkomsten.

Terug naar de nummer 1, Michele Ferrero. Zijn familie verdiende haar kapitaal dankzij de uitvinding van een donkerbruin goedje: *supercrema*, de chocopasta waar geen kind van af kan blijven en die bekend is geworden als Nutella. Maar ook de bonbons Ferrero Rocher, Mon Chéri en de Tic Tac-snoepjes zijn van Ferrero, evenals de Kinder Surprise-eieren. Stuk voor stuk wereldmerken. Ferrero, zo zei een voormalig voorzitter van de werkgeversorganisatie Confindustria, was misschien wel de grootste representant van het Italiaanse kapitalisme.

Maar wie het geheim achter dit succes met eigen ogen wil beschrijven stuit op een bedrijf dat hermetisch is afgesloten voor de pers. Ferrero prefereerde altijd in stilte te bouwen aan zijn imperium. Bezoekers van de Piemontese vestiging van Ferrero vertellen vaak over de beeltenis van de madonna van Lourdes die er een prominente plaats heeft. De zeer religieuze familie zou jaarlijks met de topmanagers een bedevaart naar die plaats ondernemen. Vakbonden, zo blijkt, zijn lovend over de arbeidsvoorwaarden bij Ferrero. Naar verluidt zouden de werknemers nog nooit hebben gedemonstreerd tegen hun bazen.

Het succesverhaal begon midden in de Tweede Wereldoorlog in Alba, nabij Turijn. Pietro Ferrero vestigde er een banketbakkerslaboratorium gespecialiseerd in hazelnootpasta. Aangezien cacao tijdens en direct na de Tweede Wereldoorlog erg schaars en duur was, wilde hij producten maken die, naast een kleine hoeveelheid cacao, als hoofdingrediënt hazelnoten bevatten. Op deze manier wilde hij iedereen laten genieten van zijn chocoladeproducten. Zijn eerste vondst was 'Giandujot', een in aluminiumfolie gewikkeld blok chocolade waarvan je plakjes af kon snijden als broodbeleg. De combinatie van chocolade en brood bleek een gouden vondst. Pietro innoveerde verder, hij wilde een smeerbare variant. Dat werd supercrema. Toen Ferrero op dit idee kwam, waren de Italiaanse provincie Piemonte en haar hoofdstad Turijn reeds beroemd om hun chocolade-industrie. Vreemd was het dus niet dat juist daar het chocoladeproduct van Ferrero tot stand kwam, dat een wereldwijd succes zou worden.

Het bedrijf groeide snel en vijftien jaar later werkten er al duizend arbeiders. Het bekendste merkproduct was toen Mon Chéri, de bonbon in de rode verpakking. In 1957 nam zoon Michele de leiding over. Met hem begon een exponentiële groei, midden in de tijd van het Italiaanse economisch wonder. Net als de Italiaanse modeontwerpers en designfabrikanten die met hun smaakvolle producten en hun aantrekkelijke reclames de wereld veroverden, opende Ferrero in de jaren zestig vestigingen in Frankrijk, Nederland, België, Zweden, Luxemburg, Groot-Brittannië en Zwitserland. Het was ook in die jaren dat Michele het recept voor supercrema aanpaste. Om het te beschermen tegen diefstal zou hij het in het Arabisch hebben laten vertalen en er in het afgelegen Cairo patent op hebben aangevraagd. Dat recept staat nog altijd aan de basis van de hazelnootpasta Nutella, het donkerbruine goud dat in 1964 op de markt kwam en een wereldhit werd. Nog altijd levert Nutella Ferrero jaarlijks een omzet van 1,5 miljard euro op bij een totaalomzet van 7 miljard.

De kracht van Ferrero, zo zeggen analisten, ligt – net als bij Illy – in de marketing, het in eigen hand houden van de distributie en de rust die het bedrijf nam om te innoveren, niet opgejaagd door aandeelhouders. Uitgangspunt was altijd dat niet de producent maar het product bekend moest worden. Veel consumenten hebben nu nog steeds geen idee dat Nutella, Kinder en Tic Tac van Italiaanse herkomst zijn. Het zal de Ferrero's een zorg zijn, zolang de zaken maar lopen en de 22.000 arbeiders in achttien fabrieken wereldwijd aan het werk kunnen worden gehouden.

Zonnebrillen en Google Glasses

Omdat dit soort verhalen zo tot de verbeelding spreken nog een laatste voorbeeld van een tamelijk onbekende, maar ongelooflijk succesvolle Italiaanse ondernemer. Al was het maar om in tijden van crisis wat tegengeluid te geven. Het gaat om een man die actief is in een niche van de mode-industrie. Hij maakt brillen en zonnebrillen en zijn naam is Leonardo Del Vecchio. Hij was in 2014 zoals gezegd met 19,2 miljard dollar de op één na rijkste Italiaan, topman van Luxottica, een bedrijf dat ook gedurende de crisis volop winst maakt en groeit.

Niet ver van Treviso, in Agordo, in de noordoostelijke provincie Belluno, staan het hoofdkantoor en een van de zeven Italiaanse fabrieken van zijn wereldconglomeraat, dat van Google de opdracht kreeg om de Google Glasses een aantrekkelijk uiterlijk te geven. Een opdracht die aangeeft hoe beroemd Luxottica is, maar die wel zal worden opgeschort nu Google heeft laten weten te zullen stoppen met de productie. Hier tussen de hoge pieken van de Noord-Italiaanse Dolomieten, waar laaghangende wolken de muren van graniet omver proberen te drukken, hechten de bewoners aan properheid, verafschuwen ze zwerfvuil en houden ze van heel hard werken. Luxottica profiteerde daarvan. In de fabriek die ik bezocht straalde de discipline ervan af. Praten met bezoekers was verboden voor de

werknemers. Het bedrijf sprak met weinig monden. Bittere noodzaak, zo meende men, in de harde en zakelijke wereld van de bril en
de zonnebril, waar veel van imago en marketing afhangt.

Een blik op de website van Luxottica deed me de schellen van de
ogen vallen. Het imperium was bijna grenzeloos: Ray-Ban, Persol en
Vogue bleken eigendom van dit concern. Chanel, Versace, Miu Miu,
Salvatore Ferragamo, Armani, Revo, Jil Sander, Prada, Genny, Bvlga-
ri, Brooks Brothers, Arnette, Anne Klein en nog vele andere modeontwerpers lieten hun zonnebrillen in licentie door Luxottica maken.
En wel tien retailketens waren in handen van Luxottica, waaronder
Sunglass Hut, Lenscrafters en Pearle Vision. De groei is al jaren explo-
sief te noemen. In 2003 had het concern 37.000 mensen in dienst en
een omzet van 2,8 miljard euro. Tien jaar later was dat 7 miljard en
70.000 werknemers, met een nettowinst van 700 miljoen euro.

Luxottica controleert de brillenketen van de lopende band tot de
klant. 'We zijn de enige brillenproducent die helemaal verticaal is
geïntegreerd,' vertelde hoofd pr Luca Biondolillo trots toen ik de fabriek bezocht. En juist die totale controle leidde tot die onvoorstelba-
re groei. Het bedrijf heeft nog maar één echte, maar veel kleinere,
concurrent over, en ook die komt uit Italië: Safilo, opgericht in 1934,
slechts een vallei verderop, in Cadore. Nu heeft dat bedrijf zijn hoofdkantoor in Padua, waar de entree, die ik me goed herinner, op zijn
minst gezegd curieus te noemen is: er stond een aquarium met twee
piranha's. Zoals deze vissen hun prooi in een mum van tijd weten te
verorberen, zo gaan Luxottica en Safilo elkaar te lijf in een felle con-
currentie- en marketingstrijd. Velen van de nog niet zo lang geleden
1100 kleine brillenproducenten in de streek zijn in de concurrentie-
slag opgegeten door deze giganten. Safilo is inmiddels goed voor
ruim een miljard omzet en voor een belangrijk deel in handen van de
Nederlandse investeringsmaatschappij Hal Holding NV.

Doorslaggevend bij de verovering van de wereldmarkt was voor
beide bedrijven de samenwerking die ze sloten met de grote modeontwerpers. Ze betalen royalty's aan de modehuizen en nemen de
marketingkosten voor de brillen voor hun rekening. In ruil daarvoor
mogen ze voor zeven tot tien jaar onder de naam van de modestylis-

ten zonne- en gewone brillen maken en verkopen, zo legde Nicola Zotta, marketingdirecteur van Safilo me uit.

Wandelend door de ontwerpstudio's begon ik te begrijpen wat dat betekende. De afdeling was opgedeeld in glazen ruimten. In het ene lokaal lagen de brillen van Dior. Even verderop bogen ontwerpers zich over monturen van Armani, dat toen nog een contract had met Safilo, maar later weer werd weggekaapt door Luxottica. Weer een afdeling verder werd nagedacht over Gucci. Een ontwerper liet een leren handschoen van Gucci zien met daaraan twee schakels van een vergulde ketting. Daarna pakte hij een net nieuw ontworpen zonnebril: met precies diezelfde schakels als scharnier tussen de pootjes en de glazen.

Elke stap in het ontwerpproces werd genomen in overleg met de modehuizen, die steeds meer omzet realiseren met de verkoop van licenties aan zonnebrillenfabrikanten. De zonnebril, zo liet ik me eens uitleggen door ontwerpers van Valentino, hoort bij de *total look* die voor elke collectie opnieuw wordt ontworpen. De tas, de bril en de schoen zijn allemaal op elkaar afgestemd. De zonnebril is het goedkoopste accessoire van de modecollectie en biedt modegevoelige consumenten de kans om ook in crisistijd voor relatief weinig geld toe te treden tot de wereld van de luxe. Op deze manier is het functionele voorwerp de afgelopen twintig jaar geëvolueerd tot iets emotioneels. 'De zonnebril is boven alles een modeobject geworden,' zei Fabio D'Angelantonio, marketingdirecteur van Luxottica. 'Wie *in* wil zijn verandert elk jaar van bril. En dat is prettig voor ons.'

Luxottica was in 2014 actief in 130 landen en in staat om trends te bepalen of erop in te haken: *to create trends and to ride trends*, zo verwoordde het hoofd pr het. Made in Italy, doorontwikkeld tot in de perfectie. Heel anders dan het made in Italy van Zuid-Italië dus. In het noorden probeert men de globalisering te gebruiken. In het zuiden probeert men zich ertegen te beschermen door de negatiefste kant ervan te kopiëren in illegale sweatshops die bij de minste of geringste trilling in elkaar storten. Omdat verandering er niet in de cultuur zit. En omdat de regels en wetten, zoals wel vaker in Italië, niet worden toegepast – een probleem dat alle Italiaanse bedrijven dwarszit, waarover Fiat-topman Marchionne vaak klaagde en dat het leven van iedere Italiaan dagelijks bemoeilijkt.

18.00 uur

Paleis van justitie – Advocatenplaag

Voor me verrijst het imposante Palazzo della Giustizia, toonbeeld van rechtsstatelijke macht. Toch zaten in heel Italië in 2014 maar elf mensen in de gevangenis vanwege corruptie. Een wandeling langs het waarom van de straffeloosheid in de stad met de grootste rechtbank van Europa. Met uitstapjes naar het Siciliaanse Enna en naar Milaan.

Verder gaat het, rechtsaf langs de Tiber over het trottoir bij de boulevard. Een vrouw in een luchtig made in Italy-jurkje staat bij de reling en kijkt schalks naar haar vriend. Ze wil dat hij haar op de foto zet voor het hoge water – dat nu niet meer verder stijgt. Een windvlaag tilt haar rokje op. Geen emergenza, oordeelt ze. Eerst de foto. Pas daarna de rok weer naar beneden. Opnieuw die ondeugende blik. En bij het volgende briesje is ze verdwenen. Kan het Italiaanser, kan het Romeinser? Decolletés, oksels en benen. Zon, wind, soms storm, telkens winnen verleiding en schoonheid het hier weer van de norm.

Dit geldt ook voor het paleis van justitie, dat van dichtbij nog imposanter is dan vanochtend vanaf het park Villa Borghese gezien. Er is zoveel in de façade van dit gebouw geïnvesteerd dat je slechts kunt concluderen dat de staat de strijd tegen misdaad en corruptie heel serieus neemt. Eén steen van de gevel is al groter dan een halve mens. De marmeren trappen laten de bezoeker zich nietig voelen. De orde en symmetrie van de architectuur moeten de voorbijganger duidelijk maken dat men hier het paleis van de principes betreedt – al werd, zoals we eerder zagen, de bouw van dit palazzaccio (smerig paleis) vertroebeld door de belangrijkste nationale kwaal: corruptie.

Jaarlijks kost die corruptie Italië 60 miljard euro, zo becijferde de Italiaanse Rekenkamer in 2013. Door belastingontduiking loopt Italië per jaar ruim 90 miljard euro mis. 98 procent van de Italianen vond de besturende klasse in 2013 corrupt. En toch zaten er begin 2014 volgens onderzoek van het opinieblad *L'espresso* in heel het land maar elf personen in de gevangenis vanwege deze misdaad. Het doet me denken aan de uitspraak van kerkvader Augustinus 1500 jaar geleden in zijn *De civitate Dei* (Over de stad Gods): wat, zo vroeg hij zich af, zijn regeringen anders dan grote roversbenden, als je justitie uitsluit. En zijn dievenbendes in dergelijke rechteloze situaties vaak niet de regeringen in de dop?

Ben ik de afgelopen jaren als correspondent hiervan getuige geweest? Waren justitie en politie werkelijk zo machteloos dat een roversbende het jarenlang kon overnemen? Afwezig waren politie en justitie zeker niet. Het land beschikt over 437.000 agenten: carabinieri, rijkspolitie, financiële politie, gemeentepolitie, penitentiaire politie, kustwachters en boswachters met opsporingsbevoegdheid. Geen enkel West-Europees land heeft zo veel veiligheidsbeambten: 1 op de 146 inwoners. In Nederland is dat 1 op de 365, in Duitsland 1 op de 300, in Frankrijk 1 op de 250. En dan de rechters. Italië heeft net zo veel rechters als Frankrijk, tegen de 9000. Lui zijn de Italiaanse rechters allerminst. Ze ronden twee keer zo veel strafzaken per jaar af als hun Franse collega's en vier keer zoveel als hun Duitse collega's. Ook in het civiel recht ligt de productie van Italiaanse rechters veel hoger. Hoe kan het dan dat dit tot zo weinig strafoplegging leidde? En nog een vraag. Jaarlijks krijgen Italiaanse rechters twee keer zo veel nieuwe zaken op hun bureau als hun Franse collega's, en acht keer zoveel als hun Duitse collega's. Zijn Italianen dan misschien twistziek?

Een deel van het antwoord op al deze vragen is te vinden in het aantal advocaten in Italië. Volgens de laatste telling 250.000 – meer dan in Frankrijk, Duitsland en Groot-Brittannië samen! De raadslieden starten jaarlijks meer civiele zaken dan Duitsland, Engeland en

Frankrijk gezamenlijk te verwerken krijgen. In Italië is er verhoudingsgewijs één rechter tegenover 32 advocaten, in Frankrijk en Duitsland tegenover 7 raadslieden.

Ik hoorde al deze cijfers in februari 2014 in het Milanese mini-appartement van Piercamillo Davigo, raadsheer bij de Hoge Raad, die is gevestigd in het paleis van justitie in Rome. Davigo citeerde rapporten van The European Commission for the Efficiency of Justice (CEPEJ), die al deze cijfers verzamelt, en hij schreef er met Leo Sisti een boek over (*Processo all'italiana*, 2012). Tussen stapels processtukken, dvd's, cd's en boeken vatte hij de kern van het probleem van het Italiaanse rechtssysteem samen. Allereerst is er dus de enorme hoeveelheid advocaten. Door hun aantal weten ze het rechters veel moeilijker te maken dan in andere landen. Ze leggen op alle slakken zout en brengen veel meer zaken aan. Daarnaast zijn er de complexe Italiaanse rechterlijke procedures die ervoor zorgen dat schurken en wetsovertreders goed beschermd worden en degenen die de wetsovertreding ondergaan nauwelijks bescherming genieten. Davigo zei: 'Wij hebben weliswaar een gigantisch juridisch apparaat dat heel veel zaken afhandelt, maar we produceren lucht. De procedures zijn te lang en de delicten verjaren. De inefficiëntie kent haar gelijke niet in Europa. De enorme kwantiteit heeft gevolgen voor de kwaliteit.'

Zowel links als rechts is volgens Davigo verantwoordelijk voor de straffeloosheid en de chaos in het Italiaanse rechtssysteem. Maar kampioen juridische kaalslag van de laatste twintig jaar was Silvio Berlusconi, die in 1994, van 2001 tot 2006 en van 2008 tot 2011 premier was. Zo verzon hij de wet die de premier tijdelijk immuniteit bood, totdat deze maatregel ongrondwettelijk werd verklaard door het constitutionele hof. Dankzij deze wetswijziging wist Berlusconi tijd te rekken en te ontkomen aan vervolging voor het omkopen van rechters. Hij ontnam het Openbaar Ministerie ook de mogelijkheid om beroep aan te tekenen als een verdachte werd vrijgesproken. Verder halveerde zijn regering de verjaringstermijn van veel delicten, waaronder corruptie. Een maatregel waar veel van zijn vrienden en partijgenoten van profiteerden.

Uniek voor Italië is dat de verjaringstermijn begint af te tellen vanaf het moment dat het delict is gepleegd, maar dat de klok ook door-tikt gedurende de rechtszaak, en zelfs gedurende het hoger beroep. In de meeste andere landen – waaronder Nederland – wordt de klok stil-gezet op het moment dat de rechtszaak begint. Een lopende rechts-zaak kan niet meer verjaren en de verdachte kan zijn straf dus niet ontlopen door vertragingstactieken. In Italië wel. Zo wist Berlusconi meermalen te ontkomen aan een veroordeling, maar daar had hij ook nog veel andere foefjes voor.

Boekhoudkundige fraude is, zoals we al zagen, door Berlusconi's regering uit het wetboek van strafrecht geschrapt. Sinds 2002 is daar bijna niemand meer voor vervolgd. Voor rijke Italianen creëerde de ex-premier de mogelijkheid om hun in het buitenland verborgen zwarte kapitaal tegen een kleine betaling legaal naar Italië over te he-velen. Naar de herkomst van het geld werd niet gevraagd. Zo werden miljarden aan crimineel geld gewit, dat onder meer verdiend was met drugs- en wapenhandel.

De gevangenisstraf op ambtsmisbruik door een ambtenaar of door een politicus werd van vijf naar drie jaar teruggebracht. En mocht het ooit tot een celstraf in dit soort zaken komen, dan wordt deze vrijwel nooit uitgevoerd, omdat de eerste drie jaren meestal worden kwijtgescholden. Dit is een erfenis van de centrumlinkse re-gering van Romano Prodi, die op deze wijze de overbevolkte gevan-genissen wilde ontlasten. Om al deze redenen zaten er begin 2014 dus maar het verbijsterende aantal van elf mensen vast vanwege corrup-tie.

'Wij zijn in Italië in staat dingen te verzinnen die niemand kan ver-zinnen,' zei Davigo, enerzijds verontwaardigd, anderzijds gniffelend vanwege mijn verbazing hierover. Zo kan in Italië een verdachte in hoger beroep nooit een hogere straf krijgen dan in eerste instantie. Het gevolg is dat vrijwel iedereen in beroep gaat, terwijl in de rest van Europa misschien 40 procent van de veroordeelden dat doet. Davigo: 'Appelleren is bij ons risicoloos. Iedereen gokt erop dat de zaak in be-roep verjaart, omdat de verjaringstermijn blijft wegtikken.'

En dan dit: de rechter mag voorafgaand aan de rechtszaak geen processtukken lezen, omdat hij dan partijdig zou kunnen zijn. De bewijsvoering moet voor zijn ogen in een duel tussen officier van justitie en advocaat tot stand komen. Ook als er na het vooronderzoek al tienduizenden pagina's zijn die de rechter had kunnen lezen en voorbereiden, is hem dit verboden. De stukken moeten ter plekke worden voorgelezen door de verbalisanten en officieren van justitie, willen ze tellen als bewijs. Dit dankzij een wijzing van het procesrecht in 1989.

Het is dus niet geheel onlogisch dat de magistratuur in het strafrecht in 2012 een achterstand van 3,4 miljoen zaken had opgebouwd, en in het civiel recht zelfs van 5,4 miljoen zaken. Als je die cijfers optelt, zou je kunnen concluderen dat elk Italiaans gezin een rechtszaak had lopen. Wat ook bijna het geval was.

Neem Luigi, onze vriend wiens bouwbedrijf in de problemen is door de crisis. Hij had in 2014 drie juridische claims uitstaan, omdat zakenpartners hem geld verschuldigd waren en niet wilden betalen. In totaal voor een bedrag van meer dan 150.000 euro. Stuk voor stuk sleepten de procedures zich al tien jaar voort. Zakendoen in Italië, zo verzuchtte Luigi vaak, is langdurig oorlog voeren.

Ik had zelf eigenlijk ook moeten procederen. Bij de aanschaf van een huis, wat uiteindelijk toch niet doorging, verloor ik een half jaarsalaris. Luigi adviseerde me: meteen terugslaan en een advocaat inschakelen. Ik sprak er twee. Ze gaven me 70 procent kans om te winnen. De kosten zouden 15.000 euro zijn als de zaak tot aan de Hoge Raad zou moeten dienen en ik zou verliezen. De looptijd werd geschat op tien jaar. Ik zag ervan af. Het zou weinig opleveren, veel tijd kosten en zeker niet goed zijn voor mijn gemoedsrust.

Luigi gaf me achteraf gelijk. En honderdduizenden Italianen redeneren ook zo. Ze worden bedonderd, maar zien af van rechtszaken omdat die eeuwig kunnen duren. Of zoals magistraat Davigo van de Hoge Raad me in zijn studeerkamer in Milaan toevertrouwde: 'Ik mag dit niet zeggen, maar paradoxaal genoeg functioneren rechtbanken nog enigszins dankzij hun inefficiëntie. Als het efficiënt zou worden, zou het systeem meteen weer vastdraaien doordat meer Italianen er gebruik van zouden maken. Als we niet eerst de pathologische vraag onder controle krijgen is het zinloos het aanbod van justitie te verbeteren.' Ongelooflijk, dacht ik bij mezelf, toen ik het hoorde. Zoals ik dat zo vaak heb gedacht in Italië.

Maar hoe de vraag naar recht te controleren, zoals Davigo wil? Zijn antwoord is simpel. Door heel veel zaken te schrappen uit het wetboek van strafrecht. Dit kappen en snoeien in het recht is hard nodig, meent Davigo, want het strafrecht wordt voor de onbenulligste zaken ingeschakeld. Zoals bij de bestrijding van het vervalsen van openbaarvervoerbewijzen. Davigo haat die delicten. Het gaat om een kaartje van iets meer dan een euro, maar als iemand wordt betrapt op vervalsing, moet het om een strafrechtelijke procedure starten. Met een vooronderzoek, een rechtszaak en twee mogelijkheden tot beroep. 'Tijd- en geldverspilling. Ik zou nog liever uit mijn eigen portemonnee een euro aan het vervoersbedrijf geven, maar dat mag niet,' aldus de verontwaardigde raadsheer. Zoiets zou volgens hem administratief moeten worden afgehandeld.

De regering-Renzi zegt inmiddels te werken aan de hervorming van justitie. Renzi heeft beloofd de achterstanden te halveren. Hij wil boekhoudkundige fraude terugbrengen in het strafrecht. Hij wil strafprocessen versnellen en versimpelen. Een commissie met onder meer de eerdergenoemde officier van justitie Gratteri en met Davigo geeft adviezen. Maar Davigo betwijfelt of de aanbevelingen zullen worden overgenomen. Als er al wordt hervormd, zullen de effecten daarvan nog jaren op zich laten wachten.

Stad van het recht

Een dag meelopen in de grootste rechtbank van Europa, die ook wel de 'stad van het recht' wordt genoemd, maakte me duidelijk dat er op dit moment inderdaad iets goed mis is in het Italiaanse rechtssysteem. Deze juridische stad bevindt zich ten noorden van het Vaticaan, en is gevestigd in grote kazerneachtige gebouwen, grenzend aan lange avenues waarvan de namen herinneren aan martiale hoogtepunten uit de Italiaanse krijgsgeschiedenis: Via Giulio Cesare, Viale delle Militie, Via Lepanto.

Gewoon aansluiten in de rij voor de hekken was genoeg om een indruk te krijgen. Maar ik moest daarvoor wel heel vroeg op. De eerste advocaten en hun hulpjes stonden er al om halfzes in de ochtend. Om vijf voor acht waren ze met zijn honderden. Ze sleepten hun zware aktetassen en rolkoffers van de ene naar de andere gesloten deur, die door beambten geen minuut te vroeg werden geopend. Ik liep mee met de jonge advocaat Daniele Colobraro. Samen stonden we bijna drie uur in de rij: 'Als je geen passie hebt voor het recht, lukt het je nooit om dit vol te houden,' oordeelde hij. Je recht halen in Italië betekent wachten.

De raadslieden trokken zoals elke ochtend nummertjes voor de vele rijen waarin ze de rest van de dag zouden wachten. Ze moesten aanzeggingen doen, documenten toevoegen aan dossiers, uitspraken doornemen, zittingsdata vernemen. Zaken die in Nederland voor een groot deel per e-mail worden afgehandeld, maar hier nog allemaal op papier verlopen. Als de advocaten tijd overhadden spurtten ze naar een van de rechtszalen, waar ze vaak met tienen tegelijk voor de rechter stonden te wachten tot de zaak van hun cliënt aan de beurt was.

DE WET IS GELIJK VOOR IEDEREEN stond in vergulde letters achter de rechter op de muur. Maar Italianen en hun advocaten weten dat recht in Italië krom is. Wie geld heeft om dure advocaten te betalen kan zijn zaak zo lang rekken tot deze verjaart. Wie geld heeft verloren of is bestolen moet jaren wachten totdat een rechter dat eventueel erkent. En de advocaten varen er ondertussen wel bij. Een gevleugeld gezegde in de Italiaanse advocatuur is *causa pende, causa rende* (een uitgestelde zaak rendeert).

Het afronden van een faillissement duurde in 2013 gemiddeld acht jaar en drie maanden, met grote regionale verschillen: drie jaar in het noordelijke Triëst, twaalf in het zuidelijke Reggio Calabria. Een ondernemer die geld van een klant eiste moest rekenen op een procedure van 1210 dagen – langer dan in het Afrikaanse Gabon of Guinee-Bissau, en maar net iets sneller dan in Liberia, zo constateerde de Wereldbank in 2010. Sinds het aantreden van premier Mario Monti in 2011 kwam een traag proces van hervormingen op gang, maar de effecten daarvan zijn nog niet te meten. De regering-Renzi kondigde in 2014 de digitalisering van justitie aan, maar wanneer die een feit zou zijn werd er niet bij gezegd.

Velen betwijfelen of de politiek erin zal slagen dit alles te corrigeren. Het lukte de recente regeringen niet eens om de zwakke lobby van de taxichauffeurs die hun privileges wilden behouden te weerstaan, laat staan dat het kabinet de advocaten eronder zal krijgen. Een beroepsgroep die ook nog eens stevig is oververtegenwoordigd in het parlement en daar dus een zware lobby heeft. Deze raadslieden zullen hun werkterrein te vuur en te zwaard verdedigen, zei ook Davigo: '250.000 advocaten en hun familieleden samen: dat zijn heel veel kiezers. Die kunnen veel druk uitoefenen.' Silvio Berlusconi's partij is al helemaal niet van plan om in te stemmen met hervormingen die hem en zijn achterban benadelen. De enige manier om de zaak echt aan te pakken is volgens Davigo het aantal advocaten terugbrengen tot het Europees gemiddelde. En dat kan alleen door een numerus clausus op de universiteiten te realiseren. 'Die moet dan decennialang blijven bestaan. Het is een proces van zeventig jaar om het systeem weer in balans te brengen.'

In afwachting van deze verbeteringen nam het gekrioel in de rechtbank van Rome in de loop van de ochtend alleen maar toe. De advocaten, secretaresses en hulpjes duwden en trokken, spurtten en zweetten in de eindeloze wandelgangen. Nergens in Europa zijn de rijen zo lang als hier, bezwoeren ze me. Mariano Baldini, advocaat uit Napels, maakte er een grapje over. 'Dat krijg je ervan als je de bakermat van het recht bent, het Romeins recht. Tweeduizend jaar juridische geschiedenis en cultuur: dit is de prijs die we moeten betalen.' Te veel procedures en oude wetten die nooit werden afgeschaft, en te weinig rechtbankpersoneel.

In de rechtbank van Rome werd me duidelijk dat een heel nieuwe markt was ontstaan, dankzij de trage procedures. Sinds vijftien jaar bieden zo'n dertig bedrijfjes hun diensten aan de advocaten aan. Ze gaan voor de raadslieden in de rij staan. Katy Mezzano – jurk met zwarte tijgerprint, zonnebril en zilveren slippertjes – verdiende zo de kost. Ze somde haar prijslijst op: wachten voor een normale aanzegging 10 euro. Verkrijging van een opdracht tot inbeslagname 5 euro.

Checken van een zittingsdatum 5 euro. Ze rende van rij naar rij. Hier trok ze nummer 95, daar 107. Het was en is leven en laten leven in het Romeinse recht.

Straffeloosheid

Of je nu in Rome, Palermo, Milaan, of in een klein provinciestadje een rechtszaal betreedt, het beeld is altijd hetzelfde, zo vertelde de Turijnse officier van justitie Bruno Tinti me in 2008. Hij en de magistraat Davigo, die ik in Milaan sprak, publiceerden in 2007 ieder een boek dat de juridische wantoestanden bekendmaakte bij een groter publiek. Tinti's boek verhaalde van de minstens tien en vaak twintig advocaten die rustig in schoolbankjes op hun beurt wachtten om hun cliënt te verdedigen. Tegenover hen de rechter, die vanachter hoge stapels papier vocht tegen de tijd, wetende dat hij elke dag weer de meeste zaken moest uitstellen. Beklaagden vertoonden zich zelden in de rechtszaal. En waarom zouden ze ook komen? Ze werden toch bijna nooit veroordeeld, zo stelde de Turijnse magistraat in zijn *Toghe rotte* (Verscheurde toga's, 2007).

De wanhoop gezeten achter een schrijftafel, zo voelde hij zichzelf als rechter gespecialiseerd in de bestrijding van wittenboordencriminaliteit. Hij probeerde de afgelopen decennia menig belangrijke rechtszaak in goede banen te leiden. Maar na veertig jaar dienst was hij alle vertrouwen in de rechtspraak verloren. Hij kon er niet meer tegen, besloot een boekje open te doen over de misstanden en stapte over naar de journalistiek.

Ook volgens Tinti bestaat er geen zekerheid van straf in Italië, omdat velen dat niet willen. Miljardenbedrijven als Mediaset van Silvio Berlusconi of Fiat kunnen volgens hem voor tientallen miljoenen frauderen zonder ook maar een strafprocedure te riskeren. Maar elke sloeber die nep-Louis Vuitton-tassen op straat verkoopt kan rekenen op een straf van een tot zes jaar. Van rechtsgelijkheid is geen sprake.

Tinti somde in zijn boek de concrete gevolgen van de juridische verloedering op. Elke vorm van milieucriminaliteit, maar ook boekhoudkundige fraude, belastingontduiking, alle delicten met betrekking tot mishandeling in de familie, valse getuigenissen, bedrog, benadeling van de staat: 'Al deze delicten en te veel andere om op te noemen zullen nooit worden bestraft als de verdachten genoeg geld hebben om hun advocaat het proces te laten rekken.' Misschien iets overdreven – Berlusconi moest een paar maanden ouderen verzorgen vanwege tientallen miljoenen belastingontduiking – maar in de kern is het waar.

Davigo wees me in Milaan op een uitspraak die aan oud-premier Giovanni Giolitti (1842-1928) wordt toegeschreven: 'Wetten past men toe op de vijanden en interpreteert men voor vrienden.' Davigo wilde er maar mee zeggen dat de ziekte waaraan het Italiaanse rechtssysteem lijdt niet van gisteren is. De kwaal dateert van heel lang geleden en de 'belangrijkste remedie zit hem uiteindelijk niet in het wijzigen van deze of die wet, maar in het opnieuw een serieus volk worden'. Davigo dacht in de jaren negentig met zijn collega's een forse bijdrage te leveren aan hernieuwd respect voor de wet. Maar operatie Schone Handen (*Mani Pulite*), waarbij 3500 van corruptie verdachte politici, ondernemers en ambtenaren werden vervolgd, en waardoor vijf van corruptie doordrenkte politieke partijen omvielen, is volgens hem mislukt. Ze bracht niet de gedroomde afrekening met corruptie, maar stond juist aan de basis van nog meer rechteloosheid.

De strafprocessen boden begin jaren negentig weliswaar een uitlaatklep voor de volkswoede over de dramatische situatie waarin het land ook toen verkeerde: devaluatie van de lire, een staat met geldgebrek, de lonen van ambtenaren die gevaar liepen. Maar daar bleef het bij. 'Ze hebben ons rechters ervan beschuldigd een revolutie te ontketenen, maar in werkelijkheid hebben we die voorkomen,' aldus Davigo, die voordat hij naar de Hoge Raad in Rome kwam ook jarenlang als officier van justitie in Milaan corruptie bestreed.

Slechts 2 procent van de in de jaren negentig voor corruptie veroordeelde personen draaide uiteindelijk de cel in, blijkt uit zijn boek *La corruzione in Italia* (De corruptie in Italië, 2007). De meerderheid van de verdachten werd niet veroordeeld, omdat hun zaken verjaarden, zoals we hebben gezien. Mani Pulite toonde aan dat politici roofden. Er waren talrijke bekentenissen van mensen die belangrijke politieke en economische functies hadden bekleed. Maar de politiek wilde niet begrijpen wat ze moest doen om haar geloofwaardig te herwinnen: de corruptie stoppen. Dat is niet gebeurd. Hervormingen bleven uit onder de regeringen-Berlusconi. En ook tijdens de kabinetten van diens centrumlinkse rivaal Romano Prodi, wiens regeringscoalities te instabiel waren om hervormingen succesvol door te voeren. Mario Monti regeerde vervolgens te kort om op dit gebied iets te bereiken. Enrico Letta ook. Aan Renzi nu dus de eer om de dekens grondig op te schudden en de ramen open te zetten. Maar Davigo is zoals gezegd sceptisch. De regering beschikt volgens hem niet over de wil, de kracht en de capaciteit om dit voor elkaar te krijgen.

Terugkijkend kwam Davigo in zijn Milanese appartement tot een paradoxale en ook wrange conclusie over de operatie Mani Pulite in de jaren negentig, deze ultieme justitiële actie tegen machtsmisbruik, omkoping en bedrog. Juist de hardheid en effectiviteit van het corruptieonderzoek van het Openbaar Ministerie van Milaan destijds leidde volgens hem uiteindelijk tot nog meer schaamteloze wetsovertredingen, al was dat nooit de opzet. Davigo vindt dat hijzelf en zijn Italiaanse collega-magistraten onbedoeld een zware verantwoordelijkheid dragen: 'We hebben de sluier van de hypocrisie die Italië bedekte laten scheuren.' Tot hij en zijn collega-magistraten begonnen met Mani Pulite wist niemand precies wat er mis was in Italië, omdat het grotendeels verborgen bleef. De zaken verliepen zoals in het buitenland. Er werd gestolen. Soms werd iemand betrapt en bestraft, maar de corruptie bleef grotendeels toegedekt. Onopgemerkt door justitie verleenden de wetsovertreders lippendienst aan de rechtsstaat, waardoor die enigszins geloofwaardig kon blijven omdat hij leek te functioneren. Het was een rechtsstaat die standhield, omdat hypocrisie de waarheid toedekte. Of zoals Davigo het formuleerde: 'De hypocrisie was als een eerbetoon van de ondeugd aan de deugd.'

Toen na de operatie Mani Pulite naar buiten kwam dat vrijwel iedereen in de politiek stal, en uiteindelijk bijna alle politici ongestraft weer op hun stoel terugkeerden – deels geholpen door het berlusconisme, dat de situatie alleen maar verergerde –, toen werd de sluier van de hypocrisie verscheurd. Toen bleef enkel de schaamteloosheid:

in de wetenschap dat iedereen de wet overtrad, en dat je dat zelf dus ook kon doen, aldus Davigo. Hij lachte er ook nog bij, nadat hij deze cynische analyse had gegeven. Het was een bittere lach, dat wel. Enerzijds was hij vervuld van trots over zijn inzicht, maar zeker ook verbolgen over de implicaties ervan: 'Het zal,' zo herhaalde hij, 'op zijn minst nog decennia duren eer Italië zichzelf verlost uit zijn morele crisis, als het ooit al gebeurt.'

Juridische bedelstand

Tot wat voor kaalslag deze cynische situatie heeft kunnen leiden bleek me niet alleen in 'de stad van het recht', Rome, maar vooral ook in de periferie. In Enna bijvoorbeeld, op Sicilië. De hoogst liggende provinciehoofdstad van Italië, waar officier van justitie Calogero Ferrotti de wanhoop nabij was toen ik hem in 2010 bezocht.

Enna was toevallig ook de plek waar de Siciliaanse maffia aan het eind van 1991 samenkwam om een plan te smeden bedoeld om 'het leven in het land te destabiliseren' via aanslagen en moorden. Deze 'historische' bijeenkomst zou hebben geleid tot de bomaanslagen in Florence, Milaan en Palermo waarbij doden vielen en die Italië schokten. Ook de moord op de rechters Falcone en Borsellino zou hieruit zijn voortgevloeid. Allemaal maffiose agressie om de staat te dwingen de straffen tegen maffiosi te verlichten. Deze misdaadcampagne en de onderhandelingen tussen staat en maffiosi die erop zouden zijn gevolgd zijn nog immer onderwerp van onderzoek van justitie.

Zeventien jaar later trof ik dus officier van justitie Calogero Ferrotti in Enna, helemaal alleen in het immense paleis van justitie. Zijn vier plaatsvervangers waren allemaal vertrokken en niet vervangen, maar Ferrotti vocht in zijn eentje door. Zijn moed en vasthoudendheid zijn exemplarisch voor die van veel andere officieren van justitie en rechters. Of het nu gaat om Nicola Gratteri, die al jaren in Calabrië tegen de 'Ndrangheta vecht en permanent onder bewaking staat. Of Nino di Matteo, die keer op keer wordt bedreigd door de gevangen maar nog altijd actieve maffiabaas Totò Riina. Of officier van justitie Lucia Musti in Modena, die zonder veel bescherming de strijd tegen de maffia-infiltraties in Noord-Italië voortzet. De passie voor het recht van al deze magistraten is voor mij ongeëvenaard, en dat terwijl ze vaak moeten werken met zeer beperkte middelen. Ze knokken door, met een verbetenheid als die van AC Milan-verdediger Gennaro Gattuso, die in 2006 met zijn team de wereldbeker won. Ferrotti toonde diezelfde *grinta* als Gattuso, waarmee hij voor de overwinning – en alleen de overwinning – ging.

Op het kantoor van deze Calogero Ferrotti ontbrak in 2010 alles: wetboeken, computers, personeel. Ik besloot een dag met hem mee te lopen om te zien hoe hij onder deze omstandigheden nog kon werken. Tijdens de zittingen werd hij steeds weggeroepen in verband met spoedgevallen. Het proces viel dan stil. In zijn eentje moest hij de zevenduizend strafzaken die jaarlijks binnenkwamen zien te beoordelen en verwerken. 's Avonds en in het weekend bereidde hij de processen voor. 'Ik voel me als in een ziekenhuis zonder artsen,' zei hij. Als hij 's avonds laat naar huis ging moest hij zelf het licht uitdoen en afsluiten.

De situatie van Ferrotti was typerend voor de abominabele staat van het Openbaar Ministerie in Zuid-Italië in 2010: 30 tot 40 procent van alle posten was vacant, in kleinere rechtbanken soms zelfs 75 tot 80 procent. De recente samenvoeging van rechtbanken heeft het probleem iets verminderd. Maar de successen die justitie boekte tegen de maffia zijn nog steeds vooral te danken aan de enorme werkkracht en professionaliteit van degenen die wel op hun post bleven. Eigenlijk precies zoals in de gezondheidszorg, functioneert het chaotische en vermolmde systeem alleen nog dankzij de wilskracht van welwillende professionals.

Rechter Elisabetta Mazza van Enna bijvoorbeeld vertelde me in 2010 dat ze haar werk met vijf in plaats van de benodigde tien collega's moest doen. Ze had 440 rechtszaken onder haar hoede. Ter illustratie van het verval van justitie liet ze me de raadkamer zien. Er stonden vijf verschillende soorten stoelen rond een tafel, waarvan de modernste uit de jaren zestig dateerde. De computer had geen toetsenbord, geen printer en geen internetverbinding. De serie boeken waarin jaarlijks de jurisprudentie werd bijgehouden, stopte in 1994 –

toevallig het jaar waarin Silvio Berlusconi de politieke arena betrad, maar ze wilde niets zeggen over de onophoudelijke strijd van Berlusconi tegen de rechterlijke macht. Ze betaalde de nieuwe wetboeken en cd's met jurisprudentie gewoon uit eigen zak.

Gemiddeld zouden er volgens haar in Zuid-Italië 20 procent meer rechters moeten zijn. Maar die kwamen maar niet. De staat vertrouwde op de overuren die de rechters maakten, hun bereidheid in het weekend door te werken. Maar zonder extra personeel, zo waarschuwde ze, 'moeten we stoppen, omdat een rechter niet het vooronderzoek en de rechtszaak mag doen'. Ze was zelf ook geschokt door de toestand: 'Nog nooit was het zo erg.'

De consequenties lieten zich inderdaad raden. Door de haast werden er bij het OM meer vormfouten gemaakt. Processen sleepten zich jaren voort. In het stadje Enna verjaarde in 2009 20 procent van de strafzaken. Burgers, zo zei Mazza, verloren hierdoor het vertrouwen in justitie. Iets wat de vaak vervolgde Berlusconi wellicht niet slecht uitkwam, maar voor de rechtsstaat uiterst schadelijk was. Ook buitenlandse bedrijven zagen dat ze in Italië steeds moeilijker hun recht konden halen en vertrokken steeds vaker. Ze investeerden niet meer, omdat ze niet wisten wanneer en of ze hun investering veilig konden terugverdienen. In Enna duurde een strafzaak in eerste aanleg gemiddeld drie jaar en drie maanden, maar er waren ook vele uitschieters naar boven. Je moest sowieso al drie jaar wachten voordat een zaak daadwerkelijk diende. 'Als je hier geld tegoed hebt van een bedrijf dat failliet is kun je beter je huis verkopen of een extra hypotheek aanvragen, want je krijgt jaren later maximaal 40 procent – áls je al iets krijgt,' vertelde advocaat Alessandro Messina. Verzekeringsmaatschappijen speculeerden volgens advocaten op dit soort situaties. Ze zouden na een schadegeval nog slechts 20 procent bieden van waar iemand recht op had. Ze wisten immers dat het slachtoffer dat wel moest accepteren, omdat hij anders jaren uitzichtloos moest procederen.

Toen de eenzame magistraat Ferrotti in Enna in 2010 uit protest tegen de justitiële afbraak met pensioen dreigde te gaan, antwoordde minister van Justitie Angelino Alfano, die onder premier Renzi sinds

2014 vicepremier en minister van Binnenlandse Zaken is: 'Als de hoofdofficier het niet meer ziet zitten om de noodtoestand te lijf te gaan, dan moet hij maar van zijn pensioen gaan genieten.' Ferrotti bleef echter aan, en streed voort: 'Een kapitein verlaat een zinkend schip nooit voortijdig,' zei hij.

Dankzij protestacties van hem, van burgers en van de orde van magistraten kreeg Ferrotti een halfjaar later drie net afgestudeerde rechtenstudenten toegewezen. Dankzij de samenvoeging van rechtbanken (die sinds 2013 niet meer op maximaal een dag reizen te paard van elkaar hoeven te liggen) leidde hij op zeventigjarige leeftijd weer een OM met negen vervangers. Een zeer positieve ontwikkeling, maar een druppel op een gloeiende plaat in een land waar nog heel veel moet gebeuren. En waar het Openbaar Ministerie er anno 2014 niet eens in slaagt om in beslag genomen onroerend goed of auto's van criminelen langdurig in bewaring te nemen. Paradoxaal genoeg ontbreken het geld en het apparaat om deze geconfisqueerde goederen te bewaken en te beheren. In arren moede wordt het toezicht hierop met regelmaat toevertrouwd aan de oorspronkelijke eigenaar, de verdachte, de maffiabaas. In totaal heeft justitie 30 miljard euro aan geld, gebouwen en goederen afgepakt van de georganiseerde criminaliteit, maar het lukt nog steeds niet dit zo te exploiteren dat justitie efficiënter kan worden gerund.

Geen wonder dus dat nergens in Europa het vertrouwen in de politiek lager is dan in Italië. Geen wonder dat Italianen als ze kunnen de belasting ontduiken en zo ruim 90 miljard euro aan de fiscus en de gemeenschap onttrekken, omdat ze denken dat ze het geld zelf beter kunnen besteden dan de overheid. Geen wonder dat ze wantrouwend zijn als politici – die jarenlang het meest verdienden van alle politici in Europa – nu nog plannen lanceren voor grote hervormingen.

Italianen kregen de afgelopen twee decennia bevestigd wat ze eigenlijk al generaties lang weten: van de overheid moet je het niet hebben. Hun machthebbers zijn de meest cynische van Europa. Ze hoorden hun zevenvoudig premier Giulio Andreotti ooit antwoorden op de vraag wat macht voor hem betekende: *Il potere logora chi non c'e l'ha* (Macht verslijt degene die er niet over beschikt). Vanwege de op eigen gewin gerichte politieke klasse, vertrouwen Italianen liever op de eigen clan, de eigen beroepsgroep, de eigen familie. Daarom ook verzetten ze zich tegen een vrije markt die de beschermingswallen wil afbreken die beroepsgroepen en vakbonden wisten op te werpen. Advocaten, notarissen, architecten, maar ook journalisten, rechters, apothekers, taxichauffeurs – allemaal hebben ze hun eigen markt afgeschermd tegen nieuwkomers. Een jonge afgestudeerde Italiaan moet aan duizenden eisen voldoen om een kans te maken tot die werelden toe te treden en meestal lukt dat alleen via een kruiwagen of zoals Italianen die wel noemen: *un santo in paradiso* (een heilige in het paradijs).

En die jongeren, die groeiende groep Italianen die niet meer wordt beschermd, noch door de overheid, noch door de clans en corporaties, trekken deze wandeldag door de stad, zoals ze dat ook al deden in december 2010, in oktober 2011, en het ook weer zouden doen in december 2013 en eind 2014 in Milaan, toen daar werd gedemonstreerd tegen de toestroom van migranten. Soms verloopt het vreedzaam, soms liep het gierend uit de hand. Zij willen, eisen, kunnen niet anders dan verlangen naar verandering.

Italië staat voor de keus. Of in het algemeen belang en met het oog op de jeugd grote hervormingen doorvoeren, of in ieders vermeende eigenbelang conservatief blijven vasthouden aan wat men voor zichzelf heeft weten te veroveren en afrasteren. Kiezen voor de ommezwaai en erop vertrouwen dat die slaagt, of vasthouden aan wat er op het eigen erf nog aan lekkers en vertrouwds beschikbaar is, vanuit de gedachte 'beter iets dan niets'. Wellicht iets minder geprononceerd ligt diezelfde keus in heel Europa voor. Het dilemma is groter dan ooit. Kiezen voor Europa en de euro? Of tegen? Voor de globalisering en de migratie, of tegen? De onderhuidse spanning loopt op, in Italië, in Europa. Maar, zoals we zagen, in tijden van nood melden zich (ook in Italië) altijd weer 'redders', moedig, meeslepend, fascinerend, en in staat om (al dan niet voor even) nieuwe hoop te bieden.

DERDE AKTE:

DE TOEKOMST

19.00 uur

Piazza San Pietro – Vulkaan van het Vaticaan

Ik verlaat de Tiber via de Via della Conciliazione (Weg van de verzoening), en laat me omarmen door de colonnades van het Sint-Pietersplein, de plek waar zondaars altijd weer om absolutie kunnen smeken. Achter de Leonische muren werkt paus Franciscus aan zijn eigen operatie Schone Handen.

Er is nog niets van de aanstaande Franciscusrevolutie zichtbaar als ik het Sint-Pietersplein op deze novemberdag in 2012 betreed. De colonnades staan in de steigers, mensen wachten in de rij bij de metaaldetector, ik sluit aan. Nog een halfuur en de basiliek zal sluiten, net genoeg tijd om de in marmer en schoonheid uitgedrukte almacht van het opperwezen weer eens tot me te nemen.

Voor het graf van paus Johannes Paulus II prevelen Poolse pelgrims hun gebeden. Iets verderop staat de *Pietà* van Michelangelo achter glas. Nieuwsgierigen fotograferen er hoe Jezus in al zijn gebeeldhouwde pracht levenloos in de schoot van Maria hangt. De perfecte metafoor voor de toestand waarin de Italiaanse streken en ook de kerk zich onder Benedictus bevonden. De ledematen van Jezus bungelen krachteloos. Wachtend op nieuwe impulsen. Maar welke?

Ik daal af in de crypte onder het baldakijn dat Urbanus VIII hier liet oprichten. Wat lollige Zuid-Amerikanen schuifelen moppen tappend achter hun gids aan langs de tombes. Voor het graf van Petrus lijkt een pelgrim op een visioen te wachten, maar niemand kan zich de komst van paus Franciscus al voorstellen.

Toch zouden er vier maanden na deze rondgang ineens twee pausen zijn: een nieuwe en een emeritus: Franciscus en Benedictus. Nog een jaar later werd Franciscus door het Amerikaanse blad *Time* uitverkozen tot Man of the Year en stond hij zelfs op de cover van *Rolling Stone*. De eenvoud en compassie van de nieuwe kerkleider sloegen ook in Italië aan, waar na elke noodtoestand weer plaats is voor een verlosser. Heiligen, zaligen, maar ook wereldse helden worden hier keer op keer op het schild gehesen, zij het niet altijd met even gelukkige afloop: Mussolini, Berlusconi, Monti...

In dezelfde periode dat Renzi zou komen bovendrijven uit de tegenstroom die in dit land altijd ondergronds borrelt, meldde zich nu dus ook een nieuwe pauselijke verlosser. Een vernieuwer, zo hoopten veel Italianen, die misschien een einde zou kunnen maken aan de als verstikkend ervaren greep van het Vaticaan op de Italiaanse politiek en het Italiaanse leven. Liberale wetsvoorstellen sneuvelden hier het afgelopen decennium keer op keer. Samenlevingscontracten, homohuwelijken, elke vorm van euthanasie, maar ook reageerbuisbevruchting bleven op aandringen van de kerk verboden bij wet. Veel Italianen zouden wel graag wat meer moderne souplesse zien, maar de politiek meende het Vaticaan nodig te hebben om de macht te veroveren en te behouden. Die wilde de geestelijkheid nooit tegen de haren in strijken. Het was een gordiaanse knoop voor de Italianen, die zich geremd voelden door de kerk maar wel miljarden euro's dienden af te dragen aan de geestelijkheid. Zo betaalde de Italiaanse staat de salarissen van vele duizenden godsdienstleraren die door de bisschoppen waren aangesteld op lagere scholen. Vrijwel elke Italiaan draagt jaarlijks 8 promille van zijn inkomen af aan het Vaticaan. Alles bij elkaar verleent de staat de kerk jaarlijks, zoals al geconstateerd, naar schatting 4,5 miljard euro subsidie.

Steeds meer Italianen zagen niet in waarom ze het Vaticaan op deze manier zouden moeten steunen, terwijl deze kerk hun verlangen naar moderne samenlevingsvormen afkeurde. De komst van de Argentijnse paus Jorge Bergoglio, die koos voor de naam van de patroonheilige van Italië, Franciscus (van Assisi), kon dit negatieve oordeel mogelijk veranderen.

Afscheid van een Duitser

Op 11 februari 2013 troffen donder en bliksem de gouden bol boven op de koepel van de Sint-Pieter – de foto's van dit wonderlijke natuurverschijnsel gingen de hele wereld over. Een dag later klonk pianospel uit het pauselijk appartement boven het Sint-Pietersplein, zo wist de lokale pers te melden. Benedictus XVI, liefhebber van Mozart, zou er achter zijn instrument rust en harmonie hebben gezocht, na de door hem een dag eerder veroorzaakte schok: de aankondiging van zijn aftreden. Voor het eerst sinds zeshonderd jaar trad een paus terug. Achter zijn piano bereidde de vertrekkende kerkvorst zich voor op een tweede mokerslag die hij zou uitdelen, op Aswoensdag.

Bij de ceremonie voor het begin van de vastenperiode, tijd van boetedoening en zuivering, haalde Benedictus venijnig uit naar de prelaten en de misstanden in de rooms-katholieke kerk. Gekleed in de boetekleur paars zaten ze voor hem in de Sint-Pietersbasiliek en moesten ze zijn preek aanhoren. Zonneklaar werd dat Benedictus niet alleen vanwege zijn afnemende krachten, maar ook door de Vaticaanse intriges tot zijn besluit was gekomen om terug te treden. Tot zijn gehoor van 3500 gelovigen, bisschoppen en kardinalen en tot alle gelovigen en niet-gelovigen die hem op tv volgden zei hij in zijn laatste grote preek als paus: 'We moeten nadenken over hoe het aanzien van de Kerk van tijd tot tijd wordt ontsierd door aanvallen op de eenheid van de Kerk en door verdeeldheid binnen het Lichaam van de Kerk. We moeten individualisme en rivaliteit overwinnen.' Benedictus veroordeelde de 'religieuze hypocrisie'. 'De echte discipel dient niet zichzelf of het publiek, maar God,' zei hij. Na deze pontificale donderpreek bleef het eerst stil. Toen zwol een lang applaus aan, waarbij de aanwezigen zich ongetwijfeld afvroegen aan welke misstanden de paus zojuist allemaal had gerefereerd.

Tot nu toe heeft niemand de hofintriges in die tijd achter de muren van Vaticaanstad volledig weten te ontwarren. Vaticaan *watchen* is een vak apart. Zeker is wel dat Dan Brown, schrijver van *Het Bernini Mysterie*, de vele machinaties voorafgaand aan de pauswisseling niet eens had kunnen verzinnen. Zo complex waren ze, en zo gesloten was het instituut. Naast de affaires rond seksueel misbruik van kinderen door geestelijken waren er twee grote schandalen die de laatste jaren opvielen. *Vatileaks*, het lekken van honderden geheime documenten vanuit het pauselijk appartement door butler Paolo Gabriele, die hiervoor inmiddels was vergeven door de paus. En de felle machtsstrijd rond de bank van het Vaticaan, het Instituut voor Religieuze Werken, dat al decennialang berucht was vanwege zijn wat minder religieuze werken: het faciliteren van belastingontduiking, het doorsluizen van steekpenningen, het bieden van een veilige haven voor maffioos geld. Geen van deze schimmige zaken werd definitief bewezen, mede omdat het Vaticaan samenwerking met de Italiaanse justitie vaak frustreerde, verwijzend naar zijn soevereiniteit als zelfstandige staat.

Terug naar de butler. Niemand geloofde dat deze alleen opereerde bij het lekken van persoonlijke documenten van de paus. In de Italiaanse pers werd gesuggereerd dat een groep – waarschijnlijk Italiaanse prelaten – hem hiertoe zou hebben aangezet, omdat men het niet eens was met de uitverkiezing van Benedictus tot paus, en omdat diens benoemingsbeleid werd afgekeurd. Met name de aanstelling in 2006 van Benedictus' vertrouwenspersoon Tarcisio Bertone als staatssecretaris – de feitelijke bestuurder van de aardse zaken van het Vaticaan – zou veel kwaad bloed hebben gezet bij andere Italiaanse kardinalen. Bertone was de man die we in L'Aquila tegenkwamen, toen hij zalvende woorden sprak voor de slachtoffers van de aardbeving. Deze man was minder geliefd dan die dag leek. Hij bemoeide zich volgens andere kardinalen te veel met de Italiaanse politiek. Hij zou ook te veel met zakenlieden in gesprek zijn geweest. Zijn tegenstanders vonden hem lomp. Hij raakte verwikkeld in een felle vete met kardinaal Bagnasco, de voorzitter van de Italiaanse bisschoppenconferentie. Een curieuze lastercampagne over en weer was in 2009 het resultaat. Niet de heren zelf, maar de hoofdredacteuren van de door hen gecontroleerde kranten gingen voorop in de strijd. Bertone controleerde de Vaticaanse krant *L'Osservatore Romano*. Bagnasco was als voorzitter van de bisschoppenconferentie de eindverantwoordelijke voor *L'Avvenire*. De hoofdredacteur van deze laatste krant werd verweten dat hij homoseksueel was en dat hij in het verleden zou zijn vervolgd voor mishandeling. De bron voor deze beschuldiging, zo werd later gesuggereerd, zou de hoofdredacteur van *L'Osservatore Romano* zijn geweest, die dus nauwe banden had met Tarcisio Bertone, de bekritiseerde staatssecretaris van de paus. Deze beschuldiging lekte uit via een van de Vatileaks van de butler.

In januari 2012 kwam naar buiten dat de baas van het Vaticaanse ministerie van Economische Zaken tegen zijn wil door Bertone zou zijn weggepromoveerd. En dat terwijl deze weggestuurde bestuurder in het eerste jaar van zijn aanstelling 41 miljoen euro zou hebben weten te bezuinigen op de uit de hand gelopen begroting van het Vaticaan. Hoezeer de kritiek op de ondoorgrondelijke kardinaal Bertone hierna ook publiekelijk aanzwol, Benedictus bleef hem steunen. 'Der Mann bleibt,' zou hij een keer hebben uitgeroepen, aldus de Italiaanse pers. Volgens sommigen kon Benedictus niet anders dan kardinaal Bertone blijven steunen, omdat diens ontslag ook gezichtsverlies voor de paus zelf zou betekenen, die hem immers had aangesteld. De macht van Bertone werd uiteindelijk zo groot dat deze zelfs durfde in te gaan tegen de transparantie die Benedictus in 2010 onder druk van de Raad van Europa van de bank van het Vaticaan had geëist. Een commissie moest de bank controleren, zo had de paus verordend. Maar Bertone ontnam deze commissie een deel van haar autonomie, en zorgde ervoor dat ze aan hem moest rapporteren. In mei 2012 werd de president van de bank van het Vaticaan plotseling ontslagen. Drie jaar eerder was hij aangesteld om schoon schip te maken. Opnieuw werd gesuggereerd dat Bertone achter dit ontslag zat. De bankpresident zou zo veel transparantie hebben nagestreefd dat hij te lastig was geworden voor Bertone en diens kliek van *gentiluomini* (heren van de paus die goede zaken deden dankzij hun contacten met het Vaticaan).

Hoe heftig het eraan toeging bleek tijdens een huiszoeking bij de ontslagen bankpresident van het Vaticaan. De man zou in doodsangst hebben verkeerd, zo vermoedden agenten die het onderzoek deden. Ze vonden er een geheim dossier dat openbaar had moeten worden gemaakt als de bankpresident was vermoord. Het bestond uit rapporten vol geheimen over het Vaticaan die die dag in handen van de Romeinse justitie kwamen. Het Vaticaan eiste echter dat de verkregen documenten niet openbaar zouden worden gemaakt, omdat die toebehoorden aan een andere staat: Vaticaanstad. Veel duistere intriges dus, waarvan (nog) niets definitief werd bewezen, maar die aantoonden dat het flink etterde binnen de muren van het Vaticaan. En die ook lieten zien dat geld en invloed daarbij een grote rol speelden, en dat de leer van de kerk in die kwesties zeker niet altijd leidend was.

Heel opvallend bij dit alles was dat paus Benedictus direct na de aankondiging van zijn aftreden snel nog een nieuwe directeur voor de bank van het Vaticaan benoemde: de Duitse advocaat Ernst von Freyberg. Volgens de woordvoerder van de paus, Federico Lombardi, had Von Freyberg van de paus de opdracht gekregen het bankbeleid aan te passen aan de internationale financiële regelgeving. Maar de vragen rondom deze benoeming bleven rondzoemen. Wilde Benedictus zijn toekomstige opvolger verlossen van dit hoofdpijndossier, of had Bertone er belang bij dat hij deze benoeming nog veiligstelde, voordat hij de pauselijke bescherming van de aftredende Benedictus zou verliezen? Italiaanse kranten suggereerden dat deze laatste actie van Benedictus plaatsvond onder druk van twee zeer machtige internationale broederschappen: de Amerikaanse Ridders van Columbus, die 80 miljard dollar aan verzekeringspolissen beheren, en de achthonderd jaar oude Ridders van Malta, die tijdens de kruistochten de christenen in het heilige land verdedigden – en in welk gezelschap nu Duitse bankiers als Ernst von Freyberg grote invloed hebben. Deze twee kapitaalkrachtige katholieke lobbygroepen zouden besloten hebben dat de Italiaanse kardinalen er een potje van hadden gemaakt in de Vaticaanse bank. Ze zouden hebben ingegrepen omdat de bank met haar gigantische en onontwarbare internationale netwerk voor hen veel te belangrijk was om ten onder te laten gaan aan Italiaanse intriges. De parallel is hier te frappant om niet te noemen: zoals de Europese markten en instellingen Berlusconi pootje lichtten toen hij de stabiliteit van de EU bedreigde, zo zouden machtige internationale kapitaalkrachtige katholieke genootschappen hebben ingegrepen toen het in de Bank van het Vaticaan volgens hen gierend uit de klauwen dreigde te lopen.

Had Dan Brown het beter kunnen verzinnen? Ik denk het niet. Deze op basis van Italiaanse dag- en weekbladverhalen gebaseerde reconstructie van de Vaticaanse werkelijkheid heeft vooralsnog ook een fictionele kant, omdat er weliswaar aanwijzingen voor zijn maar niemand de bewijzen tot nu toe boven tafel wist te krijgen.

Benedictus liet het donderdag 28 februari 2013 allemaal achter zich. Rond vijf uur in de middag steeg hij per helikopter op vanuit de tuinen van het Vaticaan. Biddend wachtte hij in zijn zomerresidentie te Castelgandolfo af tot het acht uur was en de Heilige Stoel sede vacante werd. Het conclaaf en de Heilige Geest die tijdens deze kardinalenvergadering traditioneel rondwaart moesten toen een oplossing zien te vinden voor al dit geschutter en mensenwerk in het huis van God.

Komst van een Argentijn

Een jaar later, op 22 februari 2014, was ik getuige van een ongekend historisch moment. In de Sint-Pieter, waar we nu zijn aanbeland, ontmoeten twee pausen elkaar voor het eerst in het openbaar. Benedictus knielde voor Franciscus en nam zijn hoofddeksel af. Wat had ik graag geweten wat er toen door het hoofd van die twee pausen ging. Was Benedictus blij met zijn opvolger en zijn besluit om terug te treden? Had Franciscus er wel vertrouwen in dat hij de puinhopen binnen het Vaticaan kon opruimen, en de kerk die wankelde weer kon stutten? Franciscus glimlachte. Hij stond op het punt negentien nieuwe kardinalen te benoemen. Kardinaal Bertone was inmiddels afgezet als staatssecretaris. Franciscus had in ieder geval de eerste slag gewonnen. Terwijl Benedictus altijd achter de feiten aan liep en zich keer op keer moest verdedigen, gunden de media de goedlachse en warme Franciscus zijn eerste successen. Voor het eerst sinds lange tijd kon een leider van de rooms-katholieke kerk weinig fout doen. Er was kortom weer hoop, zicht op iets van toekomst voor de moederkerk die zich als eeuwig presenteerde, maar het laatste decennium wel erg snel haar kerkgebouwen in het Westen had zien leeglopen.

Die nieuwe toekomst heette dus Jorge Bergoglio. De man die 'van het einde van de wereld' kwam, zoals hij zelf zei toen hij als paus Franciscus I het balkon van de Sint-Pieter betrad. 'Buonasera' was het eerste wat hij zei. Normale woorden, menselijke woorden, nederige woorden. Hij koos de naam van Franciscus, die vooral bekendstond als beschermheer van de armen, en die met alles en iedereen de dialoog aanging: vogels, andersgelovigen, moslims. Binnen enkele maanden voltrok zich in 2013 'het wonder van Franciscus', zoals zijn fans het wel noemden. De sfeer rond het Sint-Pietersplein veranderde op slag met zijn komst. De paus zag af van de luxe pauselijke appartementen, verplaatste zich in een Ford Focus, bezocht vluchtelingen op Lampedusa, waste de voeten van gevangenen, waste de oren van maffiosi in het zuiden die hij met excommunicatie dreigde. Franciscus liet zelfs een kleuter spelen op zijn pauselijke zetel toen hij de audiëntiezaal toesprak. Hij trok, toen hij over een vol Sint-Pietersplein reed, een bekende uit het publiek zijn pausmobiel in. Ineens had de rooms-katholieke kerk een paus die immens populair was en die begreep dat de kerk meer oog moest hebben voor de problemen van de mensen.

Het eerste jaar bleef nog onduidelijk of hij ook echt anders dacht dan zijn voorganger over de kerkleer inzake seksualiteit en gezinsleven. De rol van vrouwen in de kerk was nog niet groter geworden, de hertrouwde gescheiden mensen mochten nog steeds niet ter communie, al had hij dat zelf als kardinaal in Argentinië altijd wel oogluikend toegestaan. Ook de positie van homo's veranderde dat eerste jaar niet wezenlijk: de kerk bleef tegen het homohuwelijk. Maar het verschil met Benedictus was wel meteen dat Franciscus de leer nooit nadrukkelijk vooropstelde. Waar Benedictus juist wel stellig de doctrine van de kerk uitdroeg, zei Franciscus op 28 juli 2013, terugvliegend van zijn bezoek aan Brazilië tegen de meegereisde journalisten: 'Als een persoon *gay* is, en hij de Heer zoekt en van goede wil is, wie ben ik dan om hem te veroordelen?' Dit was een eerste teken dat er misschien ook ruimte kon komen voor homoseksuelen, en anderen die zich niet konden en wilden houden aan de leer van de rooms-katholieke kerk. De leerstelligheid van Benedictus was uit. Barmhartigheid gepredikt door Franciscus was in.

Benedictus opereerde als een Noord-Europeaan, een calvinist, zou je bijna kunnen zeggen: hij beklemtoonde het woord, de regel, de wet.

Hij analyseerde en doceerde, en legde uit waar de doctrine van de kerk voor stond en waarom. Voor hem bestond er één waarheid, die van zijn kerk. De misstanden in die kerk adresseerde hij, maar altijd weifelend en vertraagd. Het instituut mocht niet beschadigd worden. Hij fileerde ook de islam en zijn relatie met geweld op zo'n rationele wijze dat hij in groot conflict met de moslimwereld kwam na zijn rede aan de universiteit van Regensburg in september 2006.

Dat zou Franciscus nooit overkomen. Hij beklemtoonde de verschillen tussen mensen en tussen geloven nooit. En al helemaal niet op momenten dat dit politiek gevoelig lag. Franciscus bleek al snel een politieke paus. In tegenstelling tot Benedictus beklemtoonde hij niet de ideologie, maar een weg, de katholieke weg: de weg van de barmhartigheid via de aai voor de vluchteling, de speelruimte voor het kind op zijn stoel, en de wassing van de voeten van de gevangene. 'Jezus,' zo zei hij in het bijzijn van Benedictus tijdens de benoeming van de negentien kardinalen in februari 2014, 'is niet gekomen om een ideologie te doceren, maar een weg te wijzen, een straat om te bewandelen met hem, en je leert de weg kennen door hem te volgen, al wandelend.'

Door op deze warme en menselijke manier naar buiten te treden werd hij snel zeer populair en maakte hij de kerk weer iets interessanter voor de velen die er door het kille, als hypocriet beschouwde dogmatisme van zijn voorganger afstand van hadden genomen. In zijn pauselijke aansporing *Evangelii Gaudium*, die kan worden beschouwd als Franciscus' beleidsplan, presenteerde hij de wegen om te gaan. Hij bekritiseerde niet enkel het doorgeslagen kapitalisme, maar sprak zich ook uit voor een hervorming 'op alle niveaus van de kerk', met in de toekomst meer invloed voor leken en vrouwen en meer decentralisatie. Maar dat moest allemaal nog gerealiseerd worden, en het kon dus altijd nog bij mooie woorden blijven.

In juli 2014 ontving Franciscus zes slachtoffers van seksueel misbruik in het Vaticaan. Hij sprak met alle zes een halfuur individueel. Achter gesloten deuren. Er sijpelde weinig over naar buiten, behalve dat hij om vergiffenis had gevraagd voor wat er was gebeurd en voor de fouten die de kerkleiding had gemaakt. De paus, zo zei zijn woordvoerder pater Lombardi achteraf over de bijeenkomst, 'heeft willen aantonen dat luisteren helpt om te begrijpen, en om de weg te vinden naar een hernieuwd vertrouwen dat de wonden helpt genezen. De daders moeten verantwoording afleggen, zei de paus.' Maar hoe? Dat had hij nog niet duidelijk aangegeven. Wel stelde hij een commissie ter bescherming van de minderjarigen in, die zich daarover zou gaan buigen. Hij zette een bisschop in Peru af na verdenking van seksueel kindermisbruik. En hij liet aartsbisschop Wesolowski, nuntius in de Dominicaanse Republiek, in 2014 arresteren in het Vaticaan, omdat deze werd verdacht van het misbruiken van kinderen.

Franciscus trad intern hard op tegen corruptie en machtswellust. Hij riep op de 'oorlogen binnen het volk van God te beëindigen' (ofwel in het Vaticaan). Hij sprak zich uit tegen 'intriges, geklets, voortrekkerij en voorkeursbehandeling'. 'Hofgedrag' noemde hij dit. En vlak voor de kerst van 2014, tijdens de traditionele ceremonie van de uitwisseling van de kerstwensen, veegde hij de Roomse curie helemaal de mantel uit, toen hij de vijftien ziektes van het Vaticaan benoemde: zich onsterfelijk en onmisbaar voelen; excessief veel werken; mentale en spirituele verstening; excessieve planning; slechte coördinatie en niet willen samenwerken; spirituele alzheimer; rivaliteit en verwaandheid; existentiële schizofrenie; geklets, gemopper, geroddel; vergoddelijking van de bazen; onverschilligheid naar anderen; begrafenisgezichten; accumuleren van aardse goederen; leven in gesloten kringen waar bij de groep horen belangrijker is dan horen bij Christus; wereldse winst en exhibitionisme. Ziektes die volgens de Italiaanse krantencommentatoren ook woekerden in de Italiaanse partij-, ministerie- en bedrijfskantoren.

Franciscus startte zijn eigen operatie Schone Handen in een poging het Vaticaan te zuiveren en riep geestelijken op net als hij sober te leven. Zo ontsloeg hij de Duitse 'bling bling-bisschop' Franz-Peter Tebartz-van Els, die 31 miljoen euro had besteed aan een woning, met een privékapel van 2,9 miljoen euro en een bad van 15.000 euro. Hij stuurde een monseigneur de laan uit die was gearresteerd vanwege het witwassen van geld via het Instituut voor Religieuze Werken, de bank van het Vaticaan. Hij verwijderde Italiaanse prelaten die te zeer vervlochten waren met de corrupte buitenwereld, die altijd lonkte naar het geld van het Vaticaan. Want het kapitaal van de wereldkerk was nog altijd enorm. De kerk, zo werd herhaaldelijk gesteld in de Italiaanse pers, zou 20 procent van alle gebouwen in Italië bezitten, al wist niemand dat zeker en kon niemand dat bewijzen. Wereldwijd zou de kerk volgens de wildste schattingen – die van de Italiaanse onderzoeksjournalist Concita de Gregorio – zelfs direct en indirect een patrimonium van 2000 miljard controleren: via aandelen, onroerend goed, 125.000 gezondheidsinstellingen, 200.000 scholen, 450.000 katholieke kerken, parochiegebouwen, kloosters en missieposten. Allemaal katholiek onroerend goed dat moest worden geëxploiteerd en onderhouden. Onder meer het geld dat daarmee gemoeid was zou de laatste jaren tot de ruzies tussen Italiaanse kardinalen hebben geleid en later dus ook tot de ingreep door Amerikaanse en Duitse katholieke machtsblokken. De machtsstrijd had mede aan de basis gestaan van de 'overgave' van Benedictus, die nooit grip op dit spel had gekregen, en die ervan walgde, omdat hij in eerste instantie een moreel baken wilde zijn en minder geïnteresseerd was in het wereldse besturen en vieze handen maken.

Een van de eerste dingen die paus Franciscus deed was dat hij een commissie van acht wijzen – de G8 van het Vaticaan – installeerde die de reorganisatie van de kerk moest begeleiden en de macht van de voorheen kibbelende Italiaanse prelaten moest beperken. Hij stelde ook een 'commissie van vijftien' aan, met acht kardinalen en zeven leken die het financieel beheer van het Vaticaan en de katholieke kerk moest herstructureren.

De terugkeer van Jezus

Paus Franciscus leek dus te hebben begrepen wat hem te doen stond. Om de Italianen en andere katholieken voor de kerk te winnen en haar in het Westen te redden, moet ze meer aansluiten bij het moderne leven en bij het simpele gebod 'Wat gij niet wilt dat u geschiedt, doe dat ook een ander niet'. Veel tijd om dat alles te bereiken is hem op zijn leeftijd waarschijnlijk niet gegeven. Zeker op het gebied van de modernisering van de kerk is haast geboden. Om dit proces te versnellen riep hij al in zijn tweede jaar als kerkvorst een bisschopssynode bij elkaar, die moest nadenken over de spanning tussen de moderne familie en de leer van de kerk. Hij stuurde een vragenlijst naar alle bisdommen om te onderzoeken in hoeverre de leer van de kerk inzake seksualiteit en gezinsleven in de praktijk en in de parochies nog werd nageleefd. Uit de bekendgemaakte resultaten bleek dat de botsing tussen leer en praktijk groot is en dat er een wens bestaat om die tegenstellingen te overbruggen.

Het dichten van de kloof, zo weet Franciscus, is pure noodzaak voor de kerk, die de familie altijd zag als het evangelisatie-instrument pur sang. Via de sacramenten als het vormsel en het kerkelijk huwelijk domineerde de kerk eeuwenlang het leven van de gelovigen. Uit alle macht probeerde ze via doop en communie de kinderen en de jeugd aan zich te binden om zich te verzekeren van een toekomst. Maar nu steeds meer families bestaan uit eenoudergezinnen, uit *extended families*, uit homostellen met kinderen, uit ongehuwden, die volgens de doctrine van de kerk allemaal in zonde leven, zijn er steeds minder gezinnen waaruit de kerk kan putten om via haar sacramenten de overdacht van het geloof van generatie op generatie te garanderen.

Franciscus beschouwt deze problematische relatie van de kerk met de moderne familie en de geïndividualiseerde burger juist daarom misschien wel als zijn grootste uitdaging. Tijdens de bisschoppensynode over gezin, huwelijk en seksualiteit wilde hij samen met de bisschoppen een oplossing zoeken voor dit dilemma. Hoe moet de kerk zich in een wereld met nieuwe gezinsverhoudingen en sterk toegenomen individualisme tot de familie verhouden om haar eigen voortbestaan in de toekomst te garanderen? Welke geboden en verboden op het gebied van seksualiteit en relaties is de kerk bereid te versoepelen in haar poging weer meer zieltjes te winnen?

Lange tijd bleef onduidelijk hoe ver Franciscus zou durven gaan. Zou hij – daartoe al dan niet gedwongen door de hardliners – uiteindelijk net als zijn voorganger voor de harde lijn kiezen vanuit de gedachte 'liever een kleine maar fijne en pure kerk, dan een brede, amorfe en hypocriete moederkerk'? Of zou de barmhartigheid zegevieren?

Het bleef moeilijk om de gedachtewereld van de paus te doorgronden, schreef Vaticaan-watcher Sandro Magister na een jaar Franciscus in zijn wekelijkse column in *L'Espresso*. 'Zijn woorden zijn als een patroon voor een mozaïek waarvan het ontwerp niet meteen duidelijk is.' Zo hard en rationeel als Benedictus de leer verdedigde, zo zou Franciscus het nooit doen, dat was al wel duidelijk. Magister: 'Hij zegt wel harde dingen, maar nooit op momenten dat ze conflicten kunnen veroorzaken.' Franciscus zei vaak: 'Het woord van de kerk is bekend, en ik ben de zoon van de kerk.' Maar hij verkondigde de doctrine nooit met harde stem en zweeg waar Benedictus zich zou uitspreken. Toen in België in 2014 de wet op euthanasie voor kinderen werd ingevoerd, zweeg Franciscus. Toen miljoenen Fransen tegen het homohuwelijk demonstreerden, bleef hij stil. En ook toen de VN het Vaticaan opriepen het beleid inzake seksualiteit, abortus en de familie te hervormen, reageerde Franciscus niet meteen. Hij nam de tijd.

In een open brief aan de gezaghebbende Italiaanse journalist en atheïst Eugenio Scalfari schreef Franciscus in september 2013 al wel: 'Ik zou niet willen spreken over "absolute" waarheden, zelfs niet voor gelovigen... Waarheid is een relatie.' Franciscus zei ook tegen Scalfari: 'Er zijn kerkelijke regels en zienswijzen die ooit effectief waren, maar die nu waarde of betekenis hebben verloren. De leer van de kerk zien als een monoliet die zonder nuance of andere inzichten verdedigd wordt, is fout.' In de aanloop naar de bisschoppensynode van eind oktober 2014 reageerde de hele wereld verrast op een tussendocument dat door zijn meest naaste medewerkers was voorbereid. In deze *Relatio Post Disceptationem* stond: 'Homoseksuelen hebben gaven en kwaliteiten te bieden aan de christelijke gemeente. Zijn we in staat deze te verwelkomen en ze een broederlijke ruimte in onze gemeenschap te bieden?' Ook was er aandacht voor het versimpelen van de kerkelijke procedures om een huwelijk nietig te verklaren en er was een voorstel om te onderzoeken of hertrouwde katholieken de hostie mogen ontvangen.

Na een fel debat tussen de bisschoppen tijdens de synode werden in het slotdocument *Relatio Synodi* cruciale delen van deze vooruitstrevende tekst teruggedraaid. Zo werd 'verwelkomen van homoseksuelen' veranderd in 'pastorale aandacht voor personen met een homoseksuele oriëntatie'.

Maar Franciscus toonde zich niet uit het veld geslagen. Tijdens zijn slottoespraak omarmde hij heel verstandig de felle discussie en de wijzigingen in het slotdocument. Hij zei allerlei neigingen te hebben waargenomen in de felle discussie tussen de bisschoppen. De verleiding van de vijandige verharding. De neiging tot traditionalisme. De verwoestende neiging tot goeiigheid. En die van het byzantinisme, het gebruik van een minutieuze, gladde taal 'om daarmee veel dingen en niets te zeggen'. Maar, zo zei de paus: 'Ik zou bezorgd zijn als iedereen het eens was geweest in een valse vrede.' Hij beklemtoonde vervolgens, scherpslijper Benedictus slim citerend, dat de eerste taak van de priesters is de nood van de gelovigen te lenigen en verloren schapen en zonen terug te brengen naar de kudde: 'Zachtmoedig richting de zwaksten, de kleinsten, de simpelen en de zondaars.' Ofwel: barmhartigheid boven leerstelligheid.

Pas in de loop van 2015 zullen de bisschoppen zich opnieuw in een synode buigen over dezelfde kwesties om tot een slotconclusie te komen. Of er een akkoord mogelijk is, moet dan blijken. Maar uiteindelijk, zo liet de paus in zijn slotdocument van oktober 2014 voelen en weten, zou hij en hij alleen het eindoordeel vellen. Hij, de paus, als, zoals hij zelf heel pontificaal zei, 'garantie voor de gehoorzaamheid en de conformering van de Kerk aan de wil van God, aan het evangelie van Christus, en aan de traditie van de Kerk, daarbij elk persoonlijk oordeel opzij schuivend, ook al is hij – bij wil van Christus zelf – de hoogste herder en heler van alle gelovigen, en geniet hij de volledige uitvoerende macht die boven alles, volledig, onmiddellijk en universeel is in de Kerk'. Kortom: er is er maar één de baas – al is Franciscus de man er niet naar om in zijn eentje te dicteren hoe het moet. Ruimte is voor hem ondergeschikt aan tijd. Ruimte innemen om snel, groots en meeslepend een standpunt te ventileren en een oordeel te vellen is in zijn ogen minder effectief dan de tijd nemen om een standpunt in gemeenschap te laten groeien.

Uiteindelijk blijft het dus afwachten wat de paus zal beslissen. Maar wat een wijze oom, al zestig jaar missionaris in Brazilië, in die dagen tegen me zei, illustreerde de hoop die de synode had versterkt: 'De paus heeft de deur in Rome op een kier gezet, en als die deur eenmaal open is, dan krijgen ze die nooit meer dicht.'

De kracht van Franciscus grenst sinds zijn aantreden aan het ongelooflijke. 'De man is een vulkaan,' zeiden ze al meteen in het Vaticaan. Maar zijn strategie blijft die van de zuidelijke *ammorbidezza*, zachtheid en compassie, misschien ook wel de strategie van *ed/ed*, (en/en). Een levenswijze die zo eigen is aan de mediterrane wereld en waarin onvergelijkbare grootheden, dingen die niet met elkaar te verenigen lijken, veel makkelijker (tijdelijk of langer) naast elkaar kunnen bestaan dan in Noord-Europa. Of Franciscus deze levenshouding en zijn boodschap van compassie en barmhartigheid daadwerkelijk zal weten te laten beklijven in de wereld, Italië en de kerk, zal moeten blijken. Dat die boodschap nodig was, daar twijfelde niemand aan op de dag dat ik al wandelend terechtkom bij het graf van Petrus. En al helemaal niet de populaire en excentrieke priester Don Gallo, decennialang de Italiaanse luis in de pels van het Vaticaan: een geestelijke die stad en land afreisde om de revolutie tegen het Vaticaan en Berlusconi te prediken.

In 2010 reed ik met hem mee van Genua naar Savona, met aan het stuur zijn secretaresse, een ex-verslaafde. Hij hield toen een klaagzang van drie kwartier tegen de Duitse paus Benedictus en de kerk van Rome, die me altijd is bijgebleven. Don Gallo hield de kerk verantwoordelijk voor de systeemcrisis waardoor Italië was getroffen. Hij eindigde zijn litanie als volgt: 'Er is een diepe vertrouwensbreuk tussen de gelovigen en de Kerk. Christus heeft weinig meer te zoeken in de Sint-Pieter…'

Diezelfde avond, tijdens de presentatie van zijn tiende boek, greep deze krakende priester met zijn droef stemmende analyses over kerk en staat zijn toehoorders in de boekhandel bij de strot: 'Ik weet het,' zei hij, 'hier spreekt de laatste gek van een bisdom in Genua. Oud, moe en een beetje ziek. Dit is mijn schreeuw. Onze paus Benedictus zegt Jezus te volgen. Maar waar vind je die als je hem niet onder de armen vindt? Hoe kan een paus zalig worden als hij de kinderen niet beschermt?' Al stierf Don Gallo te vroeg om Franciscus te zien aantreden, hij had de onvermijdelijkheid van diens komst voorvoeld. En hij verwoordde die bij elk optreden dat hij gaf opnieuw met dezelfde mop.

De Heilige Geest, God de Vader en Christus de Zoon zitten in de hemel en vervelen zich een beetje. De Heilige Geest zegt: 'Laten we op vakantie gaan naar de aarde.' Jezus antwoordt: 'Geen denken aan. Ik weet al hoe het er daar aan toegaat. Ik ben er al geweest.' Maar de Heilige Geest dringt aan: 'Kom op. Ik ga. Jij toch ook, God?' God antwoordt dat Hij gehoord had dat de mensen op aarde ook paradijzen hadden: de Seychellen, Hawaï, de Caymaneilanden. Daar wilde hij wel eens gaan kijken. Uiteindelijk weten God en de Heilige Geest Jezus over te halen naar de aarde te gaan. 'Vooruit dan maar,' zegt Jezus, 'dan ga ik naar Rome.' De andere twee elementen van de heilige Drie-eenheid weten niet wat ze horen. 'Naar Rome?' Jezus: 'Ja, naar het Vaticaan.' God en de Heilige Geest: 'Maar waarom dan?' Jezus: 'Omdat ik er nog nooit ben geweest.'

Met Franciscus is volgens zijn fans ook Jezus eindelijk geland in het Vaticaan. Als de Italianen over vijf jaar niet meer lachen om de grap van Don Gallo, is Franciscus daadwerkelijk een wonderlijke boodschapper. Maar zoals Jezus het volgens het verhaal nooit had gered zonder Maria, zo slaagt een kerkvorst niet zonder de hulp van de Italiaanse vrouw...

20.00 uur

Piazza della Cancelleria – Lorella, de vrouw

Op televisie leest een nieuwslezeres met botoxlippen het journaal voor. Ze doet me terugdenken aan Romeinse schooljuffen die jonge meisjes proberen op te voeden. En aan Pinerolo in Piemonte, waar Lorella Zanardo droomde van een nieuw soort Italiaanse vrouw, en tot actie overging.

Na een dag wandelen is het tijd voor een pizza en het nieuws op het achtuurjournaal. Ik besluit deze pauze te nemen op de Piazza della Cancelleria, naast het gigantische Palazzo della Cancelleria. Dit stadspaleis werd rond 1500 gebouwd in opdracht van de machtige kardinaal Rafaelle Riario, die volgens geruchten de bouwsom voor zijn paleis in één nachtje gokken bij elkaar had gespeeld. Grappig dus dat juist hier de Vaticaanse rechtbank, la Sacra Rota, is gevestigd: het hoogste beroepsgerechtshof van de katholieke kerk met rechters die door de paus zelf zijn aangesteld. Katholieke huwelijken kunnen hier nietig worden verklaard. Niet ontbonden, want wat God verbindt, dat kan de mens niet verbreken. Maar als het huwelijk 'niet geconsummeerd' is, kan de kerk het als 'nooit bestaand' nietig verklaren. Een prachtige sluipweg die bedacht is in andere tijden, toen machtige koningen ook al vonden dat de leer van de kerk te zeer klemde en te weinig meebewoog met de promiscue praktijk van alledag.

Aan de ene kant van het pleintje staat dus dit strenge gebouw met een imposante binnenhof en drie colonnades; een instituut waar normen uit vroeger tijden zo goed en zo kwaad als het kan worden gehandhaafd. Aan de andere kant, bij de pizzeria, zie ik op de buis het journaal zoals het door met botox behandelde presentatrices elke dag weer wordt voorgelezen.

Nota bene ik, een journalist, vond het Italiaanse tv-nieuws eigenlijk niet geschikt voor de ogen van mijn kinderen. Ik probeerde ze te beschermen tegen de *cronaca nera*, het kwartiertje nieuws over moord, overvallen en doodslag aan het slot, bedoeld om de kijker af te leiden van de corruptie van de machthebbers. In de laatste jaren van mijn correspondentschap kwam daar ook nog eens het nieuws bij rond de smachtende dansmeisjes die politici probeerden te verleiden. Niet alleen via soaps, tv-shows en quizzen kwamen de *babes* hunkerend de huiskamer in, maar nu ook via het achtuurjournaal. De Ruby's, Barbara's en Noemi's drongen zich in die dagen in alle standjes op, goedgekeurd door de eindredacties van nieuwsprogramma's die aan hun kijkcijfers dachten. Het was Ruby – de minderjarige prostituee van Berlusconi – voor en Ruby na, en dan met letterlijk heel weinig om het lijf. Begrijp me goed, er is natuurlijk niets mis met vrouwelijk schoon, en op zich gaan half ontklede jongedames en de Italiaanse tv al jaren samen. Maar het werd wat mij betreft toch anders toen ik nauwelijks meer kon voorkomen dat mijn jonge kinderen ermee geconfronteerd werden. Toen zelfs het journaal in de slotjaren van (en dankzij) Berlusconi niet meer zonder leek te kunnen.

Dante

Dit was nu niet bepaald het vrouwbeeld dat wij onze dochters wilden meegeven. Hoe moest je je als ouders verweren, vroegen we ons af. Elk gezin in Italië stond voor dit dilemma. Ik besloot poolshoogte te nemen bij de school van mijn oudste dochter, die toen twaalf was. Hoe zouden de leraressen omgaan met de snelle seksualisering van de tv-beelden al vroeg op de avond?

De *professoressa* Italiaans keek me die middag in 2010 toen ik het haar vroeg enigszins hulpeloos over haar ouderwetse brilletje aan. Ze stelde dat de kinderen gedesoriënteerd waren. Jongeren van twaalf, dertien, veertien bleken geneigd alles wat ze zagen voor waar en juist aan te nemen. Als lerares moest ze neutraal blijven: politiek bedrijven in de klas is niet toegestaan. Discussie met ouders, zoals ik die nu met haar voerde, over de Ruby's en Berlusconi was op de school van mijn kinderen niet gebruikelijk. Docenten beschouwden dat soort gesprekken zelfs als gevaarlijk. Ouders stapten al om het minste of geringste naar de rechtbank, bijvoorbeeld als hun kind niet overging. De school en de docenten verscholen zich als representanten van de staat dus het liefst aan hun kant van de muur. De ouders stonden aan de andere kant op het schoolplein om hun kinderen op te wachten, maar kwamen onderling evenmin tot een serieuze discussie over de snelle veranderingen in de samenleving, op tv, en het beeld van de vrouw zoals dat daar werd getoond.

Dat ik toch in gesprek wist te komen met de juffen over dit onderwerp, was vooral te danken aan het feit dat ik een buitenlandse journalist was. De lerares was bereid in abstracto haar strategie in de strijd tegen de seksualisering uit te leggen. Ze vermeed in de klas directe discussies over de zaak-Ruby. 'Gevoelige politieke materie die we liever indirect behandelen,' zei ze. Ze koos ervoor de klassieke literatuur in stelling te brengen, met zinnen als: 'O geknecht Italië, herberg van ellende, schip zonder stuurman ten prooi aan woeste stormen, geen meesteres over de volkeren, maar een schaamteloze hoer!' Met dit citaat uit *La divina commedia* van Dante Alighieri kwam mijn twaalfjarige dochter thuis. 'Dante leefde zevenhonderd jaar geleden, maar was heel actueel,' zei ze. Italië zat nu nog een beetje in dezelfde situatie als toen, had ze in de les opgestoken. De naam Berlusconi was even genoemd. De juf had kort gesproken over Ruby, de minderjarige prostituee die bij de premier op bezoek ging. Ze had beklemtoond: 'Er is niets bewezen, omdat er nog geen vonnis is.'

De methode om Italiaanse klassiekers te gebruiken tegen de moderne platheid bleek school te hebben gemaakt onder de docenten. Een andere lerares vertelde me dat ze de *Decamerone* van de veertiende-eeuwse Boccaccio in stelling had gebracht tegen de dansmeisjes en Berlusconi. Een personage in het boek zei dat híj alle mooie vrouwen zou nemen, en dat alle lelijke schepsels voor zijn tegenstander waren. Een jongen reageerde spontaan: 'Ah, net als Berlusconi.' Op die manier leerden de kinderen nadenken, meende de lerares.

Ze deden hun best, de juffen. Maar het was een ongelijke strijd, zo erkenden ze – allen ruim boven de vijftig. De beelden van de schaars geklede Ruby en haar soortgenoten schokten de kinderen namelijk niet meer. Voor velen was het normaal, voor sommigen zelfs een te volgen voorbeeld. Als ouders hun kinderen naar die blote meiden lieten kijken zonder het er met ze over te hebben, konden de juffen niet anders dan het onderspit delven, zeiden de docenten. Ook al zetten ze literaire kanonnen als Dante en Boccaccio in. Bovendien waren er in Italië nu eenmaal veel ouders die juist hoopten dat hun dochters zouden doorbreken als dansmeisjes: ze namen ze mee op sleeptouw naar talentenjachten, schoonheidswedstrijden en castingbureaus in de hoop dat hun kind zich via tv of modewereld kon ontworstelen aan een anoniem bestaan. Precies zoals het ook het vrouwelijke icoon van Italië, Sophia Loren, was gelukt, en al die andere jongere vrouwen die het als pin-up wisten te schoppen tot voetbalvrouw of concubine van een politicus.

Maar de juffen streden voort. Een van hen had op de dag van ons gesprek nog een passage over de Trojaanse held Hector geciteerd, die zijn zoon opdroeg een eervol leven te leven: 'Je probeert te zaaien wat je kunt, maar we zijn wel vaak heel moe,' bekende ze.

Lorella

Onvermoeibaar in deze strijd tegen de vernedering van de vrouw op tv was Lorella Zanardo. Zij gaf een enorme impuls aan de discussie en gebruikte daarbij een nieuw medium: internet. Ik ontmoette haar voor het eerst in het Noord-Italiaanse Pinerolo, aan de voet van de Alpen, een halte op haar tournee door Italië om haar woord in dienst van de vrouw te verkondigen. Koud en nevelig was het die avond in het voormalige garnizoensstadje op dertig kilometer van Turijn. Binnen in het buurthuis was het bloedheet. Zanardo slaagde die avond in wat volgens de eerder geciteerde journalist Antonio Gambino zo moeilijk is in Italië: een publieke ruimte creëren waar echt wordt gediscussieerd en naar elkaar geluisterd. Tweehonderd opeengepakte vrouwen en mannen keken naar Zanardo's videopamflet 'Il corpo delle donne' (Het lichaam van de vrouwen). De compilatie van beelden die Zanardo had verzameld van de Italiaanse tv knalden van het filmdoek. Dansmeisjes – het ene nog sexier dan het andere – gaven zich liggend, balancerend, kroelend over aan de gynaecologische standpunten van camera's. De lenzen zoemden in op bilnaden, boezems en dijen. Oude kalende presentatoren wierpen knipogend blikken in indrukwekkende decolletés. De vrouw in al haar verleidelijkheid en (volgens de katholieke moraal) in al haar zondigheid werd bespioneerd door de camera's.

Een schaars geklede blondine kroop in een perspex kooi onder een tafelblad. Ze was tafelpoot en ze lachte. De presentator ontkende dat er sprake was van vernedering. 'Ze kan toch ademen,' zei hij. 'Er zitten toch ventilatiegaten in het perspex.' Telkens als er een vrouw van boven de veertig in beeld verscheen, had die een uitdrukkingsloos gezicht en opgeblazen lippen van de botox.

Vijf miljoen mensen hadden dit j'accuse van Zanardo al op internet bekeken. Op haar blog *ilcorpodelledonne.it* discussieerden ouders, meisjes en docenten fel over de 'verwording'. Zanardo werd overal uitgenodigd om in scholen en gemeenschapshuizen over de degeneratie van de Italiaanse publieke en commerciële televisie te praten. En zo was ze deze avond in Pinerolo terechtgekomen.

'Waarom?' vroeg de commentaarstem van Lorella Zanardo in de film. 'Wat verbergen deze gezichten? Waarom mogen vrouwen niet meer met hun echte gezicht op tv verschijnen?' En hup, daar duwde een presentatrice een jonge vrouw in strak T-shirt een douchecabine in. Water stroomde. De camera zoemde in op de volle boezem. De tepels zochten zich van achter het textiel een weg naar de lens. Het publiek in de tv-studio applaudisseerde enthousiast…

Maar in die zaal in Pinerolo bleef het die avond stil. De gezichten van de tweehonderd toeschouwers lichtten verdrietig en grauw op in de flikkerende aftiteling van de film. Dit, zo wisten ze, was waar zij en hun kinderen dag in dag uit naar keken. De vragen die Zanardo aan het eind van de film stelde dreunden na in hun hoofden: 'De overleving van onze identiteit staat op het spel. Waarom reageren we niet? Waarom accepteren we deze voortdurende vernedering? Waarom komen we niet op voor onze rechten? Waar zijn we bang voor?' Vragen die je eigenlijk bij alle misstanden in Italië kunt herhalen.

Ook de bezoekers vroegen zich af hoe het zover had kunnen komen, zo bleek tijdens de discussie die volgde. Ze voelden zich vooral machteloos. Moesten ze de tv uitzetten? Nee, vond Zanardo. Dan veranderde er niks. Ze wilde kinderen leren waar ze naar keken, waarom het zo werd gemaakt, en dat er andere manieren bestonden om vrouw te zijn. Met dat doel maakte ze een tweede film die ze op scholen liet zien. En waarin ze uitlegde hoe televisie wordt gemaakt, welke verborgen boodschappen en stereotypen er over de rol van de vrouw en de man in zijn verwerkt.

Zanardo was brandmanager Europa bij Unilever in Milaan en Parijs. Ze werkte voor de EU in Oost-Europa. Ze was *diversity manager* in de VS en consultant in Italië. Maar ze gaf haar internationale carrière op. 'Ik denk niet meer, ik doe,' vertelde de elegante vrouw van vijftig die haar rimpels niet liet strak spuiten, na afloop van de bijeenkomst in Pinerolo. Plotseling had ze dankzij internet haar plek in het publieke debat weten te veroveren, om zich met verbazingwekkend succes uit te spreken tegen de misstanden en de traditionele machtsverhoudingen tussen man en vrouw. Ze bleek weer zo iemand uit de Italiaanse onderstroom, die jarenlang ondergronds alles incasseerde, maar uiteindelijk tot actie overging.

Met haar pamflet 'Il corpo delle donne' raakte Zanardo een open zenuw van het moderne Italië. Twee dingen waren daarbij doorslaggevend. Allereerst dat ze lang in het buitenland had gewoond en gezien had dat een publiek debat mogelijk was. Daarnaast het feit dat ze internet tot haar beschikking had, waardoor ze buiten de traditionele media en machthebbers om haar beweging kon starten. Ze had tijd nodig gehad om tot actie over te gaan. Elke keer als ze met vakantie terug in Italië was, ergerde ze zich als ze de tv aanzette en die vulgaire beelden zag, waarin de vrouw vrijwel naakt en passief was. De bevrijding van de vrouw, waarvan iedereen in de jaren zestig, zeventig en tachtig de mond vol had was ver weg, concludeerde ze. En in 2009 besloot ze zich boos te maken en bleef ze kijken. Ze belde vrienden en zei: 'Sorry, ik kijk tv en er is een jonge vrouw die onder een tafel zit. Als tafelpoot.' Wie ze ook belde, zelfs haar vader en moeder, ze antwoordden allemaal: 'Tja, zo is de tv nu eenmaal.' Zanardo dacht echter: dat is hier zo, maar in andere landen niet.

Toen ze vriendinnen over haar idee vertelde om een film te maken, gebeurde er iets vreemds. Ze vroegen haar keer op keer of ze niet bang was. Ook haar moeder zei dat ze voorzichtig moest zijn omdat ze kinderen had. Zanardo was verbaasd. Bang? Waarom? Maar toen de vraag voor de zoveelste keer werd gesteld, begon ook zij te twijfelen. Ze vroeg haar vrienden en vriendinnen waarom ze dan bang moest zijn. En zij zeiden: je bekritiseert de tv en dat hoort niet in Italië, want die is van Hem, van Berlusconi.

Dit stimuleerde haar juist om door te gaan. Tijdens de kerstvakantie sloot ze zich met twee vrienden op met drie computers en opnameapparatuur. Ze namen de hele dag tv op, vijf weken lang: vierhonderd uur in totaal. Het was een schok. Na een paar dagen werd ze bevangen door triestheid, meer nog dan door kwaadheid. Toen ze een vrouw naast een ham aan een vleeshaak zagen hangen, terwijl een man een keurmerk op haar bil drukte, overwogen ze zelfs te stoppen. Het idee dat voor 80 procent van de Italianen de tv de enige informatiebron was deprimeerde enorm.

Meteen na de opnamen schreef Zanardo de tekst bij de beelden, de aanklacht waar ze nog altijd trots op is. Ze had toen ze schreef steeds het idee dat zij aan de vleeshaak hing, onder de tafel zat en vernederd werd. Ze stelde haar vragen. Waarom accepteren we deze vernedering, waarom protesteren we niet, en de slotvraag: waar zijn we bang voor?

La mamma

Er zijn veel antwoorden op de vraag waarom Italiaanse vrouwen zo graag behagen en zich daarbij laten vernederen, vertelde Zanardo me in Pinerolo. 'Het is heel makkelijk met ons de draak te steken in het buitenland, maar we hebben werkelijk te maken met veel obstakels.'

Allereerst werken Italiaanse vrouwen volgens haar twee uur meer in huis en op het werk dan de gemiddelde Europese vrouw. Ze willen een klassieke *mamma* zijn. Complete maaltijden serveren, geen diepvriesrommel. Ze willen dat het huis spic en span is, en ook zelf willen ze er perfect uitzien. Kortom: ze willen voldoen aan de moderne eisen die aan de werkende en zelfstandige vrouw worden gesteld en proberen tegelijkertijd het traditionele familiebeeld in ere te houden. Daarom werken ze vaak tien uur per dag buitenshuis, strijken ze zich daarna suf, helpen ze de kinderen met hun huiswerk en vinden ze dat ze hun man moeten behagen, ook als ze daar de puf niet meer voor hebben. Door al die drukte is er te weinig tijd voor de kinderen, die vervolgens onbegeleid naar de vrouwenvleesshow op tv kijken.

Italiaanse vrouwen, vertelde Zanardo, leven met een permanent schuldgevoel. 'We hebben het Vaticaan in huis. Het zondebesef zit in ons bloed.' Zelfs voor wie niet katholiek zegt te zijn, geldt dat: de mentaliteit in het land is nu eenmaal overwegend katholiek en het zondebesef blijft actueel.

Nog altijd werkt maar 46 procent van de vrouwen, tegen 64 procent van de mannen. De crisis bevordert deze ongelijkheid, vooral in het zuiden. De lonen zijn zo laag dat het voor veel vrouwen niet meer loont om te werken. De 800 euro per maand die ze in een callcenter of elders kunnen verdienen, is net genoeg om de oppas te betalen. De helft van de redelijk en goed opgeleide vrouwen zou volgens een groot vrouwenblad, op zoek naar minder stress, er weer voor kiezen om alleen een goede moeder, echtgenote en huisvrouw te zijn en het professionele leven waarvoor ze diploma's haalden over te laten aan de man. Deels zou deze geschetste drang terug naar *la famiglia* zijn geboren uit het besef dat twee van de drie steunpilaren van de Italiaanse naoorlogse samenleving in crisis zijn – de economie en de kerk. Als zo vaak is de Italiaanse reflex opnieuw dat alleen je familie je beschermt in een land dat corrupt en in crisis is, en dat geen echte publieke ruimte kent waar onbevooroordeeld de problemen worden geanalyseerd. De familie blijft ondanks de individualisering tegen wil en dank haar vangnetfunctie uitoefenen: opa's en oma's nemen adolescente kleinkinderen in huis en passen op de kleintjes. Ze delen hun pensioen met hun werkloze kinderen. En die kinderen proberen in ruil voor die steun in de buurt te blijven als hun bejaarde ouders te oud worden om voor zichzelf te zorgen. Nog altijd woont 50 procent van alle Italianen van wie de ouders nog leven binnen een straal van een kilometer van hen, en 70 procent binnen een straal van tien kilometer. Geen volk in Europa dat zijn ouders vaker ziet dan de Italianen, al zijn er zoals gezegd ook vele duizenden jonge Italianen die juist afstand nemen en hun geluk beproeven in het buitenland.

De vraag is nu of de crisis de Italianen verder terug naar de familie drijft of dat structurele technologische ontwikkelingen als internet een nieuw veilig publiek domein creëren waarbinnen de misstanden gezamenlijk kunnen worden besproken en aangepakt. Dat laatste is wat de komiek Beppe Grillo probeert te realiseren en waar ook premier Renzi op zijn manier voor pleit: meer gezamenlijke verantwoordelijkheid. De keuze die de Italianen maken op die tweesprong is medebepalend voor de rol van de vrouw in de toekomst. Wordt het opnieuw de familie, dan zullen vrouwen zich waarschijnlijk weer meer moeten voegen in hun ondergeschikte rol.

Meisjes zullen dan net als vroeger niet echt worden uitgenodigd zich te manifesteren als verstandige, wijze, ontwikkelde personen. Dienstbaarheid, ja knikken, beschikbaarheid, braaf zijn, consciëntieus zijn, mooi zijn, daar gaat het dan om, met als gevolg dat ze zich op tv met diezelfde eigenschappen terug zullen blijven zien.

Excelleren op andere terreinen is dan minder belangrijk; het is en blijft de man die de baas is. De man van boven de zestig die de afgelopen decennia altijd de macht behield, met Berlusconi als boegbeeld. Zulke mannen, of ze nu rechts of links zijn, zo stelde Zanardo, voelen zich sterk als ze vrouwen kunnen verleiden. Als geëmancipeerde vrouw ervoer ze zelf meerdere malen hoe dat in de praktijk werkt. 'Geen Italiaanse mannelijke journalist durfde me tijdens een interview aan te kijken op een normale manier. Ze hebben allemaal problemen met een gelijkwaardige relatie tussen man en vrouw.'

Oudere mannen kunnen zich volgens haar alleen als stoere verleider tot de jongere vrouw verhouden. 'Hé meidje, hoe gaat het met je? Wat heb je nodig?' Zodra hij zich niet meer als jager kan gedragen, weet de oudere Italiaanse man niet wat hij moet doen. Dit viel Zanardo pas op nadat ze jaren in het buitenland had gewerkt, waar volgens haar wel gelijkwaardiger verhoudingen tussen man en vrouw mogelijk zijn.

Dat de Italiaanse man nog altijd een superioriteitsgevoel heeft ten opzichte van vrouwen is ook weer niet helemaal verbazingwekkend in een land waar eerwraak tot 1981 was toegestaan, een vrouw tot 1975 haar eigen achternaam niet mocht gebruiken, en overspel van een vrouw tot 1968 een misdrijf was. De man is zeer gehecht aan zijn machtspositie in de familie en in het openbare leven en die geeft hij niet zomaar op.

Ook als Berlusconi ooit het politieke toneel definitief verlaat, wordt Italië geen Zweden op dit gebied, beklemtoont Zanardo. Het berlusconisme, de wereld van uiterlijk vertoon, vriendjespolitiek, vrouwonvriendelijkheid, hypocrisie en *perdono* (vergeving) is daarvoor een te breed verspreide mentaliteit. De homepages van rechtse maar ook linkse kranten illustreren het dagelijks. Links op de pagina tref je de nieuwsartikelen en de handtekeningactie tegen seksisme aan. Rechts op de site worden de kalenders met de nieuwste playgirls in hun slipje aangeprezen.

De wijze waarop de linkse pers het verhaal van Ruby vertelde was volgens Zanardo ook tekenend. De kranten hadden de ogen van het minderjarige meisje van een balkje voorzien. Door in de krant alleen haar enorme rode mond te laten zien en haar grote borsten werd het kind een lustobject. Dat moest wel zo, was het argument, omdat Ruby minderjarig was en niet herkenbaar in beeld mocht, maar volgens Zanardo hadden de kranten ook een kleine foto kunnen afdrukken. 'Dat deden ze niet, omdat ze niet geïnteresseerd waren in het meisje, maar slechts in een deel van haar.'

Bello – Brutto

Het gesprek met Zanardo riep zoals zo vaak weer die vraag op: wat is dat toch met Italië? Het is het mooiste land van Europa. Je kunt er het lekkerst eten, het heerlijkst op vakantie, de helft van het cultureel werelderfgoed is er geconcentreerd. Hoe is het mogelijk dat een land dat zo veel schoonheid heeft geproduceerd ook zo veel smerigheid voortbrengt?

Zanardo vond het een moeilijke vraag. Ze wees, zoals ook anderen, op de pas jonge eenheid van het land. Italië bestaat pas anderhalve eeuw. Ze citeerde de beroemde Siciliaanse schrijver Leonardo Scascia, die decennia geleden al constateerde dat in het verenigd Italië helaas de smerigheid van de maffia oprukt naar het noorden. De hoop dat het noorden het zuiden moraliteit zou bijbrengen en het zuiden het noorden met nog meer schoonheid zou overspoelen is tevergeefs gebleken, constateert Zanardo. 'Het zuiden nam onze lelijkheid over en wij hun corruptie en maffia. Kijk naar wat er in het parlement gebeurt: cliëntelisme pur sang, het heeft niets met moraliteit te maken.'

Volgens Zanardo is schoonheid in Italië iets voor de elite geworden. Buitenlandse reizigers treuren ook nog mee om het verval van Pompeï en van andere kunstschatten, maar gewone Italianen hebben het oog voor la bellezza verloren. Er zijn steeds minder tv-programma's die er aandacht voor hebben. Op tv is een bevallig meisje de enige esthetische norm die echt telt. En op de scholen die Zanardo veelvuldig bezocht, neemt het niveau volgens haar ook af. In Zuid-Italië verlaat al een kwart van de leerlingen de school voortijdig. Dat is veel meer dan elders in West-Europa. 'De culturele ravage is dramatisch en gevaarlijk.'

Zanardo wijt deze ontwikkeling deels aan de globalisering en het liberalisme, ontwikkelingen waar Italië volgens haar geen goed antwoord op had. Het vrijhandelstelsel dat van buiten kwam was geen Italiaanse uitvinding, maar een Angelsaksische. In Groot-Brittannië en de vs houdt het laissez-faire daar halt waar het de fundamentele rechten van de mens schaadt, meent Zanardo. Bedrijven hebben zich er onder druk van de publieke opinie reclamecodes laten opleggen. Ontblote vrouwen mogen in Groot-Brittannië alleen worden gebruikt in reclames als dat ontblote lichaam een relatie heeft met het aangeboden product. Zo werd een reclamecampagne van het Italiaanse merk Diesel in 2010 in Engeland verboden. Het betrof een foto van een meisje dat op een ladder naar een bewakingscamera klom en voor de lens haar blote borsten toonde. De – niet altijd consequent toegepaste – regel in Groot-Brittannië luidt: wel toestemming voor een ontblote vrouw bij de verkoop van zeep, maar niet bij telefoons, spijkerbroeken of parfum. In Italië bestaat zo'n code niet, aldus Zanardo. Als de waterverkoper meer verkoopt met een naakte vrouw, dan zet hij die ernaast. Als de nieuwsshow *Striscia la notizia* op Berlusconi's belangrijkste commerciële net beter wordt bekeken wanneer er twee *veline* (dansmeisjes) bevallig op het bureau van de presentatoren zitten, dan worden die vrouwen daar voor de camera gezet.

En dat in het thuisland van de rooms-katholieke kerk. Die greep nooit in tegen het seksisme. De kerk had via mannen als paus Benedictus en kardinaal Bertone een verbond gesloten met Berlusconi. Il Cavaliere steunde de kerkleer inzake abortus, in-vitrofertilisatie en euthanasie. Berlusconi promootte de familiewaarden, althans in woord, en beloofde de kerk, zoals we zagen, belastingvoordelen en ook in de toekomst invloed op onderwijs en zorg. De kerk had zoveel te winnen met Berlusconi dat ze zijn platte tv gedoogde. Pas toen bleek dat het maatschappelijk en internationaal verzet groeide tegen zijn omgang met Ruby en tegen de orgies die hij organiseerde, nam ook de kerk afstand. Maar toen was het berlusconisme, de wereld van glitter en glamour, van gewillige meisjes, al diep verankerd in het wezen van de Italianen. Zozeer dat zelfs Ruby, kind van een immigrant, concludeerde dat dit de manier was om aan een toekomst te bouwen in Italië.

Ruby

Ze was het kind van een Marokkaanse straathandelaar op Sicilië, weggelopen van huis. Op een missverkiezing ontmoette ze de bijna zeventigjarige nieuwslezer van Berlusconi's zender Rete 4, Emilio Fede. Deze trouwe journalist van Berlusconi – die nu met hem is gebrouilleerd, omdat hij wel en Berlusconi niet is veroordeeld in de zaak Ruby – nodigde haar uit om naar Milaan te komen. Ze vond er een baantje als buikdanseres in een nachtclub. De nieuwslezer liet haar kennismaken met een impresario van Berlusconi die dansmeisjes ronselde voor nachtclubs en voor Berlusconi's tv-kanalen. De twee die haar met hem in contact brachten zijn nu veroordeeld als leveranciers van prostitu-ees. Berlusconi was in eerste aanleg tot zeven jaar cel veroordeeld, maar werd later verrassend vrijgesproken.

Karima El Mahroug, alias Ruby, van *rubacuori* (hartendief), heeft in de jaren erna nooit bekend seks te hebben gehad met Berlusconi, die haar waarschijnlijk goed beloond heeft voor haar uiteindelijke zwijg-zaamheid. Maar op haar mobiele telefoon en in haar agenda vond jus-titie aanwijzingen dat ze tussen 14 februari en 2 mei 2010 vijftien nach-ten had doorgebracht in de villa van Berlusconi. Ze zouden 66 keer hebben gebeld, zo meldden Italiaanse kranten op basis van justitiedos-siers. In de loop van maart 2010 hoorde ze van de andere meisjes die Berlusconi bezochten, zoals Marystell, Iris, Imma en Barbara, dat zij een huurflat hadden gekregen in de wijk die hij in de jaren zeventig had gebouwd. De huur was vijf jaar vooruitbetaald. Dat wilde Ruby ook wel, zo'n woning. Om een huis op haar naam te krijgen moest ze echter wel eerlijk haar naam, geboorteplaats en -datum vertellen aan Berlus-coni, die nog dacht dat ze vierentwintig was en uit Egypte kwam. Ze be-sloot dat te doen, zo zei ze tegen de officier van justitie. 'Ik vertelde hem de waarheid: ik was minderjarig en ik had geen verblijfsdocumenten.' Berlusconi maakte volgens haar geen bezwaar. Als ze maar zou vertellen dat ze het nichtje van de Egyptische president Hosni Mubarak was. Dat zou dan ook meteen verklaren waarom ze zo veel geld en sieraden had, zo citeerden de kranten uit het juridisch dossier. Ruby leek binnen. Ze had haar toekomst veiliggesteld, maar bracht onbedoeld die van de Ita-liaanse premier in de problemen. Waarschijnlijk werd ze er vervolgens (al dan niet met geld) van overtuigd haar woorden terug te nemen tij-dens de rechtszitting. Justitie onderzoekt ook na de definitieve vrij-spraak van Berlusconi nog of hij de meisjes had omgekocht.

Lorella Zanardo verzet zich, zoals we zagen, tegen deze cultuur die Ruby, en veel andere meisjes, roem maar ook problemen bracht. In-middels is ze na vijf jaar strijd moe, vertelde ze me in februari 2015 aan de telefoon. Moe, omdat ze geen financiële medewerking van de overheid krijgt bij haar poging om de jongeren anders naar tv te laten kijken. En dat terwijl docenten zich met honderden tegelijk bij haar melden om bijgeschoold te worden. Ze is op zoek naar fondsen. Maar het is moeilijk, zegt ze, zelfs voor een vrouw met jaren managerservaring, zoals zij. Het land probeert te veranderen. 'Maar er is weinig lef.' Een bedrijf of partij zou zich enorm kunnen onderscheiden met haar project, dat investeert in jongeren, onderwijs en scholen, maar niemand durft het aan.

Dit land, zo zei ze me eerder, dat aan de basis stond van de Renaissance, van het humanisme, is nu bang voor innovatie. Zowel op links als op rechts doen politici weinig tot niets voor wie niet tot hun entourage behoort. 'Al zou je zo geniaal als Einstein zelf zijn, een politicus helpt je alleen als je je aan hem onderwerpt.' Twintig jaar tv-dictatuur, zoals Zanardo het noemt, heeft tot een gigantische culturele verwoesting geleid. In arme wijken, in steden en vooral in het zuiden zijn mensen afgestompt doordat ze enkel nog tv-kijken. Het zal heel veel tijd kosten om dat te veranderen.

Maar ze zet de strijd voort. Ze denkt dat ze ambitieuzer is dan Berlusconi en alle andere politici. Hun type macht stelt niet veel voor in vergelijking met wat Italië groot heeft gemaakt, meent ze. Ze gebruikt op scholen altijd het voorbeeld van hertog Visconti van Milaan. Die riep in 1500 een architect bij zich en zei: 'Ik wil een Dom in het hart van mijn stad Milaan.' De architect kwam, liet een tekening zien en zei: 'Dit is de dom, hij wordt heel mooi.' Visconti vroeg: 'Hoe lang duurt het om hem te bouwen?' 'Vijfhonderd jaar,' zei de architect. 'Prima,' zei hertog Visconti. Hij zette zijn handtekening en de architect begon. Toen Visconti stierf had hij slechts de fundamenten gezien en een zuil van de kerk.

In onze tijd ontbreekt het vaak aan deze instelling om te plannen voor volgende generaties, meent Zanardo. Dat wil zij wel doen. Zanardo is er niet zeker van dat ze resultaten zal zien, geeft ze toe. Maar ze gelooft dat ze íets zal zien. Daarvoor zijn haar ervaringen met leerlingen op scholen te positief. Ze denkt dat we getuige zijn van een historische verandering. De meest grove vrouwonterende beelden zijn sinds haar aanklacht al van tv verdwenen. Er zijn interessante reacties onder de jonge meisjes die soms e-mailbombardementen organiseren tegen bedrijven die te veel bloot in hun advertenties gebruiken. 'Maar het zijn moeilijke jaren. We moeten ons verzetten, verzetten, verzetten, en ons niet laten stoppen.'

21.00 uur

Via Vittorio Veneto – Roberto, de moedige

In de Via Vittorio Veneto stapt een van de moedigste Italianen uit een gepantserde auto. Het is schrijver Roberto Saviano, auteur van de verfilmde succesroman *Gomorra*. Nooit zal hij zich neerleggen bij de groeiende macht van de maffia. Maar hij betaalt daar een hoge prijs voor.

Dit is een mooi tijdstip om eens een kijkje te nemen in de Via Vittorio Veneto, de straat waar de Italiaanse vrouw, la dolce vita en de maffia samenkomen. In de jaren vijftig en zestig kwamen filmsterren uit de hele wereld hiernaartoe om er te proeven van het zoete leven. Overdag werkten ze aan nieuwe dromen in de filmstudio's van Cinecittà aan de zuidkant van de stad. 's Avonds verschenen ze hier in de hotels, clubs en restaurants met namen als Café de Paris, Harry's Bar, The Westin Excelsior. Actrices, regisseurs en modegoeroes als Audrey Hepburn, Anita Ekberg, Anna Magnani, Orson Welles, Jean Cocteau en Coco Chanel flaneerden er. Paparazzi cirkelden om hen heen om dit tableau vivant van het Italiaanse economisch wonder vast te leggen, een poppenkast die op humoristische wijze werd doorgeprikt door Federico Fellini in *La dolce vita* uit 1960. Marcello Mastroianni deed als journalist Marcello Rubini verslag van de escapades rond de Via Vittorio Veneto van de lokale adel, de nieuwe rijken, de sterretjes en alles wat daar weer omheen hing aan bewonderaars, profiteurs en managers. Hij volgde samen met zijn fotograaf Paparazzo de lichtheid van hun bestaan en twijfelde aan de zin van het zijne. Die twijfel culmineerde in de misschien wel bekendste scène uit de Italiaanse filmgeschiedenis: Anita Ekberg die als Sylvia de verliefde Marcello de koude Trevifontein in lokt: '*Marcello, come here, hurry up.*' Marcello twijfelt, maar komt. 'Ja, ja, Sylvia, ik kom ook. Je hebt gelijk. Ja, ja, je hebt gelijk, ik doe alles verkeerd, we doen alles verkeerd.'

Deze gelauwerde film had net zo goed een parodie kunnen zijn op het decadente Milaan waar Silvio Berlusconi carrière maakte in de jaren zeventig en tachtig, of een verhaal over de jetset die in het nieuwe millennium graag met haar superjachten in Sardinië aanmeert. De film *La grande bellezza* uit 2013 was zeker ook schatplichtig aan *La dolce vita*. In navolging van Fellini liet regisseur Paolo Sorrentino journalist Jep Gambardella de kijker meenemen door Rome om de schoonheid en decadentie van de eeuwige stad te tonen. Het is dus niet voor niets dat toeristen die van Italiaanse film houden de slingerende Via Vittorio Veneto, icoon van het inmiddels al lang vervlogen zoete leven, nog altijd opzoeken. En de uitbaters van de etablissementen proberen de herinnering aan deze vervlogen gouden tijden krampachtig levend te houden.

Maar die illusie werd in 2009 hard ingehaald door de werkelijkheid, toen bleek dat Café de Paris in bezit was van een clan van de 'Ndrangheta uit Calabrië. De maffia gebruikte de kassa van dit etablissement om zwart geld wit te wassen, zoals zo vaak gebeurde in uitgaansgelegenheden in Rome en Milaan. Er ging een schok door Rome. Dat de misdaadorganisatie die we nog kennen van San Luca en de zesvoudige moord in Duisburg op deze symbolische plek haar tentakels had uitgeslagen, vond men ongehoord en angstaanjagend.

Twee jaar voor deze ontdekking ontmoette ik op diezelfde plek Roberto Saviano, een van de meest geëngageerde jonge Italianen. Een man die uitgroeide tot het nationale symbool van de strijd tegen de maffia. Hij waarschuwde tijdens ons gesprek voor de penetratie van de maffia in Midden- en Noord-Italië, én in Noord-Europa. Hij bleef dat in de jaren erna herhalen en kreeg het daarom aan de stok met de minister van Binnenlandse Zaken Roberto Maroni van de Lega Nord, de noordelijke partij die de zuiderlingen lui en onbetrouwbaar vond.

De noorderlingen waren volgens Maroni daarentegen eerlijke en harde werkers die de aanwezigheid van de maffia zeker niet zouden tolereren. Maar de vele arrestaties van maffiosi in het noorden toonden Saviano's gelijk aan. Niet alleen in het zuiden maar ook in het noorden zijn gemeentebesturen op non-actief gesteld omdat ze geïnfiltreerd waren door de 'Ndrangheta en de Camorra. En de overheid heeft de grootste moeite gehad om de infiltratie van de maffiaclans in de bouw van de wereldtentoonstelling Expo 2015 in Milaan te bestrijden.

De ontmoeting met Saviano maakte me duidelijk wat voor consequenties het kan hebben als je het op wilt nemen tegen de destructieve, egocentrische en cliëntelistische krachten. Als je besluit je proteststem luid en publiekelijk te laten horen tegen de maffia. Saviano had geen vaste verblijfplaats toen ik hem ontmoette. Hij liet altijd pas op het laatste moment weten waar hij zou opduiken. Dat was zo toen ik hem in 2007 trof en ook toen ik hem in 2009 opnieuw sprak. De eerste keer was bij de ingang van bioscoop Barberini. Een gepantserde limousine kwam voorrijden. Een lange en een dikke lijfwacht stapten uit en inspecteerden de omgeving. Daarna volgde pas Saviano: net achtentwintig jaar, nog maar pas doorgebroken als schrijver, maar nu al bedreigd door de meedogenloze Napolitaanse maffia, de Camorra, vanwege zijn in mei 2006 gepubliceerde roman *Gomorra*, de aanklacht tegen die maffia.

Hij gaf me een hand. Aan die hand twee ringen, een om de wijsvinger, een om de pink. Aan zijn linkerhand nog een ring om de wijsvinger: 'De heilige drie-eenheid,' zo legde hij uit. Een oude traditie in zijn geboortestreek. Hij liet me instappen in de kogelvrije bolide. Ik trok het zware portier van de gepantserde wagen dicht en nam plaats naast zijn toenmalige vriendin. We reden slechts honderd meter verder. Toen stopten we bij een restaurant op de hoek van de Via Vittorio Veneto. Eén beveiliger ging met ons mee naar binnen. De andere volgde zijn vriendin, die wat wilde gaan winkelen. Het was een vreemde ervaring. Die honderd meter op de leren achterbank van de gepantserde wagen, samen met deze jongeman met stoppelbaard. Het maakte me triest dat in Italië zo'n welbespraakte en eerlijke man permanente politiebewaking nodig had omdat hij de waarheid had geschreven, terwijl anderen zich toen vaak nog hulden in stilzwijgen, in *omertà*.

De last die de jonge successchrijver droeg was ook bij onze tweede ontmoeting in december 2009 van zijn gezicht af te lezen, toen hij ruim een uur te laat, begeleid door vier carabinieri, de geheime locatie binnenstapte. Zijn oogleden hingen zwaar over de vermoeide donkere ogen. Hij droeg een zwart colbertje en een zwarte blouse. Zijn hoofd was vrijwel kaalgeschoren, zijn baard drie dagen oud. Hij had die nacht maar drieënhalf uur geslapen, vertelde hij. 'Ik slaap weinig. Het is een moeilijke tijd.' De ontmoeting mocht maximaal anderhalf uur duren. Langer zou om veiligheidsredenen onverantwoord zijn. Daarna dook de schrijver weer onder. Mails beantwoordde hij niet. De telefoon nam hij niet op. Maar tijdens het gesprek was hij een en al concentratie.

Ik vroeg hem hoe hij zich staande hield onder de enorme druk en het gevaar. Hij zei dat hij zijn leven spartaans, evenwichtig en gedisciplineerd had georganiseerd. Zijn strategie was veel in de media komen om zichzelf te verdedigen. 'Wie mij raakt, raakt alle personen die in me geloven,' zei hij. Maar het was eenzaam, zo erkende hij. 'Ik heb bondgenoten die in me geloven, alleen zie ik ze niet. Mijn vijanden daarentegen weten me wel te vinden. Ze vallen me aan, klagen me aan. Ik probeer ermee te leven.'

Zijn privéleven omschreef hij als een ramp. Hij zei niemand meer te vertrouwen en het gevoel te hebben dat iedereen iets van hem wilde. Er was niks meer van over, geen wandeling, geen bioscoopbezoek, geen feest. Niks. Hij probeerde 'strategieën te ontwikkelen' voor zijn privéleven. Hij trainde, bokste veel, want het is belangrijk om fit te blijven, zei hij. Hij deed dit in de kazernes waar hij vaak verbleef, alleen, met zijn bewakers. 'Het is eenzaam,' herhaalde hij.

De tweede keer dat ik hem zag, vertelde hij dat het uit was met zijn vriendin. Hij had ervaren dat het moeilijk was voor een geliefde om met hem te leven. Hij zei: 'Het lijkt mooi, romantisch, moedig, maar na een week oordeel je er heel anders over. Mijn soort leven maakt me tot een onmogelijk mens, met een gesloten karakter, nerveus, boos en altijd verdrietig. Ik ben steeds op mezelf gericht. Op wat ik moet zeggen en schrijven. Ik moet altijd op mijn hoede zijn, in strategieën denken en op mijn werk geconcentreerd zijn.' In een interview met de Spaanse krant *El Pais* bekende hij in 2014 dat hij door de druk waaronder hij leefde antidepressiva was gaan gebruiken. Op de vraag wat geluk voor hem betekende, antwoordde hij in 2009 dat hij daar een heel ander idee over had dan toen hij nog een jongen was. Toen was geluk: doen waar je zin in hebt, de wereld rondreizen, belangrijke dingen doen. 'Nu ik dat alles heb bereikt, voel ik me niet gelukkig. Eerst had ik niks en kon ik alles. Nu heb ik alles en kan ik niks.'

Waarom besluit een jongeman zover te gaan voor zijn land als dit de consequenties waren: bedreiging, eenzaamheid, ongeluk?

Roberto Saviano was twaalf jaar toen hij onderweg naar school in Casal di Principe, ten noorden van Napels, voor het eerst een lijk zag. Daarna ging hij altijd kijken als er weer iemand was vermoord, net als de andere kinderen uit de buurt. Hij vertelde: 'Ik zie het nog voor me. Dat vuurrode gezicht, helemaal opgeblazen. De dikke man lag in een enorme ketel vol buffelmelk waar ze mozzarella van maken. Ze hadden hem erin verdronken. Ik vond het helemaal niet rot om dat te zien.'

Volgens Saviano is dit een universele reactie. Wie foto's bekijkt van omstanders op plekken waar misdrijven hebben plaatsgevonden, ziet vaak kinderen op de eerste rij. Vooraan staan is voor kinderen een manier om zich groot te voelen. 'Het is als een eerste sigaret roken. Voor het eerst de liefde bedrijven. Het is een overgangsritueel van kleine jongen naar de wereld van de volwassene.'

Van zijn ouders kreeg Saviano nadrukkelijk mee dat wat hij op straat zag niet normaal was. 'Ik heb een joodse moeder. Die heeft me enorm gestimuleerd om de zaken diep te doorgronden en te observeren.' Door haar ging hij filosofie studeren. Zijn vader legde hem uit wie de maffiabazen waren, en wie hun vrouwen. Hij hielp Saviano de harde werkelijkheid rond Napels te duiden. 'Hij leerde me het riool te herkennen.'

Als jonge twintiger, afgestudeerd filosoof, begon Saviano zijn jeugdervaringen op te schrijven. Uit woede over alles wat hij had gezien. En met de ambitie om een groot schrijver te worden. Bijna vijf jaar werkte hij aan *Gomorra*. Hij observeerde, hij participeerde, hij wilde begrijpen. Hij nam een baan als hulpje van een fotograaf die reportages maakte van de huwelijken van maffiabazen. Zo kon hij hun privéleven van dichtbij meemaken. Hij volgde een maandlang de maffiaoorlog in Scampia en Secondigliano in Noord-Napels. Als er weer een moord was gepleegd, was hij vaak al vóór de politie ter plekke.

Toen zijn ouders ervan hoorden, vroegen ze hem waarom hij zich met zo veel slechtheid bezighield. Er was toch ook zo veel moois om over te schrijven? De publicatie van *Gomorra* verwoestte hun leven, zo zei hij zelf. Zijn broer moest emigreren. Zijn ouders kregen politiebescherming. Na verschijning van het boek zag hij zijn vader niet meer. 'Ik kan niet naar hem toe in mijn geboortestreek. Hij wil er niet vandaan om mij ergens anders te ontmoeten,' zei hij in 2009.

Gomorra werd uiteindelijk een wereldwijde bestseller. Miljoenen exemplaren zijn er in vijftig landen van verkocht. Wie het boek leest, wordt meegezogen in een vreselijke werkelijkheid. Je kunt niet denken 'het is maar een roman', want alles is gebaseerd op de werkelijkheid, op politiedossiers en op persoonlijke ervaringen, zo benadrukt Saviano. *Gomorra* rammelt de lezer door elkaar. De ene scène is nog wreder dan de andere. Gezichten van 'verraders' en vijanden worden kapotgeschoten. Een hoofd wordt met een decoupeerzaag afgezaagd. Een container in de haven van Napels zweeft door de lucht en schiet open, tientallen lijken van Chinezen vallen eruit.

Met zijn boek en met de verfilming zette Saviano zijn geboortestreek ten noorden van Napels en de verschrikkingen die er plaatsvonden op de kaart. Een gebied waar de staat volstrekt de controle kwijt was, waar de machtige clan van de Casalesi de wet voorschreef. En de plek waar de landbouwgronden zijn vervuild door illegaal gestort kankerverwekkend industrieel afval. De Camorra-clans waarover hij schreef, lieten geen gelegenheid ongemoeid om Saviano duidelijk te maken dat hij ten dode was opgeschreven.

Juist die bedreigingen en de bewaking die hij nodig had en heeft, versterkten Saviano's rol als symbool van de strijd tegen de maffia. Terwijl zijn net afgestudeerde leeftijdgenoten vaak nog op zoek waren naar een eerste baan, groeide hij uit tot held van veel Italianen. Als hij op tv verscheen, trok hij miljoenen kijkers. Hij toonde met zijn aanklacht aan dat een moedig individu het verschil kan maken, ook in Italië. Hij inspireerde vele anderen om te strijden tegen onrecht en corruptie. Meer dan honderd onbekende regionale journalisten verzetten zich net als hij met gevaar voor eigen leven tegen de misdaadsyndicaten. Velen staan inmiddels ook onder politiebewaking. De strijd van Saviano, van moedige rechters en kritische komieken, en daarnaast het falen van de heersende klasse, ondermijnden langzaam de ijzeren greep waarmee Berlusconi en zijn clientèle het land jarenlang in hun greep hielden. Het optreden van moderne partizanen als Saviano, Beppe Grillo (over wie later meer), Lorella Zanardo en vele anderen voedde de kritische onderstroom die in Italië altijd aanwezig was geweest, maar twee decennia lang machteloos was gebleven.

Of die tegenstroom ook sterk genoeg is om het tij in Italië definitief te keren? Saviano is erg terughoudend en wantrouwend als het gaat om de mogelijkheid om Italië te zuiveren en te veranderen. De behoudende krachten zijn sterk. De meeste Europeanen hebben volgens hem een eenzijdig beeld van Italië. Zij komen in de zomer, zien het ideale vakantieland met relaxte mensen, prachtige natuur, mooie kunst en goed eten. Ze komen niet op de pleinen in de buitenwijken waar de Camorra de scepter zwaait. In werkelijkheid, vertelde Saviano, is Italië 'kwaadaardig, gemeen en slecht'. Iedereen is er volgens hem bang, omdat het moeilijk is gerechtigheid te vinden: 'Wie het gevoel heeft dat de staat hem niet beschermt, wordt gemeen en kiest voor zichzelf en zijn familie. Alles is hier een privilege geworden, alles draait om gunsten vragen. En gunsten vragen betekent in het krijt staan bij anderen. En gechanteerd worden.'

Sinds hij zich uitsprak werden in het gebied waar hij vandaan kwam, maar ook elders, veel maffiabazen gearresteerd. Toch betekent dit volgens Saviano niet dat de staat en de tegenstroom van kritische burgers definitief aan de winnende hand zijn. 'Daarvoor zouden het economische systeem en de regels veranderd moeten worden.' De politiek richt zich volgens hem nog altijd te zeer op de maffia, zoals ze zich richt op multinationals. 'De maffia blijft leidend. Ze lobbyt en oefent druk uit, zoals General Motors, Mercedes en Shell en willekeurig welk ander groot bedrijf dat doet. Het is steeds meer de criminele economie van de maffia die de politiek dicteert,' zei hij in 2009 – en dat vond hij in 2014 nog steeds.

Volgens Saviano is er niet per se meer slechtheid in Italië dan in Nederland, de vs of Frankrijk, het is alleen zichtbaarder en kan meer zijn gang gaan omdat Italië geen echt ontwikkelde democratie is. 'De maffia legt haar dictatuur op aan hele gebieden. De helft van het land is niet vrij.' Hij schetste in ons gesprek ook een zeer cynische werkelijkheid als hij over Noord-Europa sprak. De politiek en de magistratuur in Nederland, Duitsland, Groot-Brittannië en België willen volgens hem het gevaar niet zien. Nederland, meende hij, steekt de kop in het zand, omdat het daar belang bij heeft. 'Centrum van de hasjhandel zijn, betekent dat er dagelijks kapitalen Nederland binnenstromen.' Geld dat wordt witgewassen en wordt geïnvesteerd in de bouw, in de horeca. Geld dat werkgelegenheid en groei creëert. 'Zolang landen geen last hebben van criminaliteit op straat, kan het ze niks schelen waar al dat geld vandaan komt. De Camorra weet dat en vermijdt in het belang van de handel overlast gevende criminaliteit in Nederland.'

Nederland, zo stelde Saviano vast, is een open haven voor de hasj in Europa. Nederland zou volgens hem moeten erkennen dat liberalisering van softdrugs geen zin heeft als je als land alleen staat. De Camorra maakt dankbaar gebruik van die liberale softdrugspolitiek. Bij alle grote onderzoeken van de laatste jaren naar drugshandel door de Camorra vanuit Napels bleek Nederland betrokken te zijn. De 'Ndrangheta profiteerde volgens hem ook volop van de mogelijkheid om in Nederland brievenbusmaatschappijen op te zetten die werden gebruikt bij het witwassen van crimineel geld. In september 2013 werd in Nieuwegein een belangrijke clanbaas gearresteerd uit San Luca, het maffianest in Calabrië dat we eerder bezochten. Deze Francesco Nirta was in Italië bij verstek veroordeeld tot levenslang voor moord en speelde in Nederland de vriendelijke buurman in een galerijflat waar hij veertig kilo cocaïne verborg.

En hij was niet de enige, zo valt te lezen in *Maffia export* (2009) van

Francesco Forgione. In 2004 pakte de politie in Amsterdam drugshandelaar Nicola Polito op, afkomstig uit Locri, het Calabrese plaatsje waar de arts Francesco Fortugno werd vermoord. Polito had 600.000 euro op zak. In 2005 werd Sebastiano Strangio uit San Luca ingerekend in Amsterdam, verdacht van drugshandel en deelname aan een maffiose organisatie. In 2006 werden in Amsterdam de 'Ndranghetisti Antonio Ascone, Gioacchino Bonariggo, Francesco Strangio en Giancarlo Polifroni gearresteerd, jaren voortvluchtig, gezocht voor moord, drugshandel en deelname aan een maffiose organisatie. In 2009 was het in Hoofddorp de beurt aan Gianluca Racco, een van de honderd gevaarlijkste voortvluchtige criminelen van Italië, die jaren in Nederland had gewoond. Ook in 2009 liepen in Amsterdam Giovanni Strangio en Francesco Romeo uit, opnieuw, San Luca tegen de lamp. Strangio werd beschouwd als een van de daders van de zesvoudige moord in Duisburg. Op Aruba is verder sinds eind jaren tachtig de Siciliaanse Cosa Nostra-clan Cuntrera-Caruana actief. Op Sint-Maarten opereert een clan uit het Siciliaanse Catania die er de gokwereld mede domineert. En naast Sicilianen en Calabrezen wisten ook Camorra-maffiosi uit de buurt van Napels Nederland te vinden.

'Helaas interesseert het Europese politici niet,' zei Saviano me. Duitsland hield zich even met de maffia bezig na de moord op zes maffiosi in Duisburg. Maar daarna verslapte de aandacht weer. Onbegrijpelijk, aldus Saviano. 'Toen ik klein was, zeiden ze bij ons in het dorp al: Duitsland en Spanje zijn van ons, daar investeren we. We kunnen er doen wat we willen. De politie heeft er geen macht.' Nederland zou volgens Saviano moeten begrijpen dat de Camorra en de 'Ndrangheta niet enkel een Italiaans probleem vormen. Het fenomeen heeft invloed op de economie van veel andere landen. Infiltratie door de maffia betekent aantasting van de vrije economie en van de democratie. Navraag bij het OM in Rotterdam eind 2014 leidde niet tot een vergelijkbaar beeld. Er wordt wel eens een Italiaan gepakt, maar het gaat veel vaker om andere nationaliteiten, zei de persofficier, al zou het mogelijk kunnen zijn dat Italianen niet in beeld komen, omdat ze zoals Saviano stelt, in stilte aan de touwtjes trekken en zich hoofdzakelijk bezighouden met in alle rust zwart geld investeren in de bovenwereld.

Hoe deze penetratie in de bovenwereld kan functioneren blijkt duidelijk uit een Noord-Italiaanse zaak die de journalisten Gian Antonio Stella en Sergio Rizzo beschreven in *Se muore il sud* (2013). Het betrof het callcenter Bluecall in Cernusco sul Naviglio, een mooi bedrijf met 872 werknemers en een omzet van 14 miljoen euro. Alles liep goed totdat de twee eigenaren besloten om zich voor een grote lening niet te richten tot de bank – die steeds minder krediet wilde verstrekken – maar tot de clan van de Bellocco uit het Calabrese plaatsje Rosarno, een erkend 'Ndrangheta-nest. De maffiosi gingen meteen in op het verzoek om een lening en vroegen als onderpand 30 procent van het bedrijf. In een mum van tijd hadden ze de hele onderneming in bezit.

'Wat zo verbazingwekkend was,' schreven de Italiaanse antimaffia-onderzoekers, 'was de oppervlakkigheid waarmee de ondernemers hun keuze maakten. Ze waren ervan overtuigd dat ze met de 'Ndrangheta konden samenleven en dat ze zich er – als het zover was – van konden bevrijden door de lening terug te betalen en te bedanken voor de bewezen diensten.' Niets bleek minder waar. Met bloedige aframmelingen en het mes op de keel dwongen de maffiosi de ondernemers binnen de kortste tijd het meerderheidspakket met aandelen af te staan. De criminelen waren in het geheel niet geïnteresseerd in de reguliere activiteit van het callcenter. Ze waren uit op een kassa met wit geld die ze vulden met hun zwarte geld, en waarmee ze de maffiafamilies onderhielden, de gevluchte maffiosi in het buitenland en een heleboel andere types 'zonder competenties en zonder professionaliteit'. Van de 872 werknemers van het callcenter verloren er binnen twee jaar 600 hun baan. Zo ging het al heel lang in Zuid-Italië, maar zo ging het nu ook in de noordelijke Italiaanse streken Lombardije, Emilia-Romagna, Piemonte en Ligurië.

Alleen al in Lombardije zouden minstens 26 kringen van 25 'Ndranghetisti actief zijn, zo bevestigde justitie in 2013 tegenover Stella en Rizzo. Al die kringen beschikten over de mogelijkheid zelfstandig zaken te doen, uiteraard illegaal. Al die *locali* waren met elkaar verbonden in een netwerk waarvan de interne regels waren vastgesteld door een centraal bestuur dat als een grondwettelijk (maffioos) hof kon worden beschouwd.

Het grote geheim van het succes van deze zuidelijke maffiosi in de noordelijke wegenbouw, in de horeca, op markten, in supermarkten, bij de voorbereiding van de Wereldtentoonstelling 2015 in Milaan, zit hem dus hoofdzakelijk in het feit dat ze over een enorme hoeveelheid geld beschikken: drugsgeld. Noordelijke ondernemers die geen lening van de zuinige banken konden krijgen, richtten zich in de crisisjaren steeds vaker tot de clans van de maffia. Zodra ze de maffiosi binnenlieten golden niet meer de regels van de Italiaanse wet, maar de voorschriften en sancties van de maffia: bedreiging, woekerrentes die niet op te brengen waren, vernieling en totale overname. Eenmaal in het bezit van de bedrijven waren de maffiosi oneerlijke concurrenten van de legale bedrijven die wel belasting betaalden. Een ondernemer in de wegenbouw bij Modena vertelde me in 2012 dat sinds een aantal jaren bedrijven 40 tot 50 procent goedkoper konden werken dan hij. Hoe konden zij het voor dat geld doen, vroeg hij. Het enige antwoord was: omdat het de maffiosi niet ging om de winst die ze in de wegenbouw maakten. Ze gebruikten de overgenomen bedrijven simpelweg om hun zwarte drugsmiljoenen wit te wassen, via de kassa, via de boeken. Hetzelfde gebeurde met supermarkten. Die draaiden altijd bonnetjes, ook als er geen klanten waren. Het geld dat binnenkwam was niet dat van de klanten, maar zwart drugsgeld dat moest worden witgewassen. De bonnetjes rechtvaardigden vervolgens het witte saldo van de maffiosi op de bank.

En zo, waarschuwde Saviano, zal het ook gaan in Noord-Europa als er niet wordt ingegrepen. 'Cammoristi en 'Ndranghetisti zien zichzelf als zakenlieden. Ze respecteren wetten zolang deze winst bevorderen. De maffiose onderneming heeft volgens hen altijd gelijk en mag alles uit de weg ruimen wat de winst in de weg staat.' Politici willen vaak doen geloven dat maffia buurtcriminaliteit is. 'Maar het is kapitalisme in zijn puurste vorm. Dat moet men inzien.' Daarom begreep Saviano niet waarom de Noord-Europese politici niet wakker worden: 'Waarom halen ze zwart drugsgeld binnen via brievenbuskantoren als ze weten dat het schadelijk is voor een samenleving?'

Saviano bleef zijn boodschap jaar in jaar uit herhalen. Hij schreef het boek *Zero Zero Zero*, vijfhonderd bladzijden over de internationale cocaïneroutes. Maar veel veranderde er niet. Ook de Nederlandse overheid put zich altijd nog uit in verklaringen om te verdedigen dat ons permissieve drugs- en belastingsysteem het beste is.

Op de vraag of de resultaten die hij met zijn noodkreet bereikte opwegen tegen zijn isolement, antwoordde Saviano pijnlijk helder. 'Het zou hypocriet zijn als ik zei dat het allemaal de moeite waard was. Dan zou ik liegen. De beledigingen, de haat en het wantrouwen zijn soms zo enorm dat ik me wel eens afvraag waarom ik het allemaal heb gedaan. En soms zijn de omhelzingen en de steunbetuigingen zo talrijk dat ik denk, potverdorie, zie je wel, de mensen waarderen het allemaal. Maar het is duidelijk dat mijn boek *Gomorra* mij niet meer dierbaar is. Ik verloochen het niet, ik blijf het verdedigen, maar het heeft mijn leven vernietigd. Met de kennis van nu, weet ik niet of ik het had geschreven. Zoals gezegd: eerst had ik niks en kon ik alles. Nu heb ik alles en kan ik niks.'

Toch is er ook enig goed nieuws te melden. Gelijktijdig met Saviano kwamen steeds meer burgers in verzet tegen de maffia. De groep Addiopizzo (Weg met beschermingsgeld) in Palermo verzet zich al sinds 2004 tegen afpersing. De jeugdbeweging Ammazzatecitutti (Dood ons allemaal) ontstond na de eerder beschreven moord op de arts Fortugno in Locri. Door heel Italië zijn door de antimaffiagroep Libera corporaties opgezet die op geconfisqueerde grond van de maffia 'maffiavrije' olie, jam, wijn en brood produceren. En in de Via Vittorio Veneto, waar we nu staan, werd Café de Paris, ooit in handen van de 'Ndrangheta, een centrum van de antimaffiabeweging. Ook in deze bar en dit restaurant zijn enige tijd olie, wijn en pasta verkocht die waren verbouwd op voormalige maffiagrond. Bezoekers konden er toosten met wijn van de antimaffiacoöperatie Centopassi uit het maffianest Corleone. Toosten op de hopelijk in de toekomst slechte gezondheid van de maffia, die nog altijd springlevend is. Hoe kwetsbaar die mooie signalen zijn en hoe alert men moet zijn voor de maffia blijkt uit het feit dat Café de Paris begin 2014 weer moest sluiten, na brandstichting, mogelijk veroorzaakt door maffiosi die de eerdere inbeslagname niet konden verkroppen.

22.00 uur

Piazza San Giovanni –
Beppe, de opstandige

Op de Piazza San Giovanni presenteert zich de volgende revolutionair: Beppe Grillo. Van komiek en waarzegger tot volkstribuun en politieke factor van formaat. Maar voor hoe lang nog? Is hij werkelijk de motor achter de veranderingen?

Vanaf de Via Vittorio Veneto is het een flink eind lopen naar de Piazza San Giovanni, het plein dat elke Italiaan koppelt aan massademonstraties. Hier zou ik vier maanden na deze wandeling getuige zijn van een van de meest glorieuze momenten van komiek en politiek activist Beppe Grillo. Deze stormram voor verandering organiseerde er een verkiezingsbijeenkomst die zich kon meten met de grootste demonstraties die ooit op dit protestplein plaatsvonden, en die culmineerde in een historische verkiezingsoverwinning. Maar dadelijk meer over deze moderne verlosser, eerst even iets over dit plein waar ook de kerk zo nadrukkelijk haar stempel op drukte.

Vandaag is het er leeg en bijna angstaanjagend stil. Ik kijk omhoog naar gigantische beelden boven op de façade van de Sint-Jan van Lateranen. Ik zie Christus de Verlosser, Johannes de Doper en Johannes de Evangelist. Ze worden geflankeerd door de kerkvaders, en ze zijn majestueus uitgelicht. Ik voel me klein voor het 130 meter brede godsgebouw op deze voor rooms-katholieken zo heilige plek. Al in 313 na Christus werd de Sint-Jan gebouwd in opdracht van de eerste christelijke Romeinse keizer, Constantijn de Grote. Paus Gregorius XI riep de kerk in de veertiende eeuw uit tot de moeder aller kerken, zoals onder aan de gevel nog te lezen valt: *Sacrosancta Lateranensis ecclesia omnium urbis et orbis ecclesiarum mater et caput* (de allerheiligste kerk van Lateranen is van alle kerken in deze stad en ter wereld de moeder en het hoofd). De Sint-Jan van Lateranen is de officiële zetel van de bisschop van Rome, de paus. In de praktijk wordt de kerk overgelaten aan een plaatsvervanger die het bisdom Rome namens hem bestuurt.

Aan de overkant van de weg is nog meer heiligheid waar te nemen: la Scala Sancta (de Heilige Trap). Jezus zou zelf over deze trappen zijn gelopen toen hij werd voorgeleid aan Pontius Pilatus in diens hoofdkwartier in Jeruzalem. Driehonderd jaar later zou de moeder van keizer Constantijn de trappen naar Rome hebben verscheept. Sindsdien onderwerpen rooms-katholieke gelovigen zich er aan de hogere machten. Ze beklimmen de heilige trappen op hun knieën, biddend op elke tree. Ze hopen zo een volle aflaat te verkrijgen, een ticket naar de hemel, voor henzelf of hun geliefden.

Iets vergelijkbaars hoopte de messias van de ontevreden Italianen, Beppe Grillo, op 22 februari 2013 ook te verdienen op dit plein: een ticket, weliswaar niet naar de hemel, maar naar het walhalla van de macht in Italië. Aan het einde van zijn 'Tsunamitour', een verkiezingstour langs 77 steden, kwam hij hier aan met zijn bus, hopend op verkiezingswinst op 24 en 25 februari. Ook ik was er, benieuwd naar de kracht van deze nieuwe factor in de Italiaanse politiek die ik ook al eens in 2003 zag en interviewde, toen hij nog gewoon een cabaretier was. Op deze 22ste februari wilde ik zelf zien of het volk werkelijk in hem geloofde, of hij de man kon zijn die de Italianen een veilig platform kon bieden om in onderling overleg en in gesprek met de staat een alternatief traject voor Italië te realiseren. Toen de demonstratie al anderhalf uur bezig was, riep Grillo over het plein: 'Nee, ik ga het niet zeggen. Als ik het zeg, denken ze dat ik jullie heb gefotoshopt en met copy-paste over het plein heb verspreid: we zijn met 800.000 en nog 150.000 volgen ons via de livestream op internet! Ik ben ontroerd! Italië zag nog nooit zo'n demonstratie.'

Het was inderdaad erg druk hier op de Piazza San Giovanni. Het plein was deze avond niet met kinderkopjes, maar met volwassen hoofden geplaveid. Zo druk als in 2003, toen de vakbonden hier meer dan een miljoen mensen samenbrachten, of in 2007, toen Silvio Berlusconi hier als oppositieleider zijn spierballen liet rollen, was het misschien niet. Maar uniek aan deze bijeenkomst met Beppe Grillo was dat de mensen op eigen gelegenheid waren gekomen, zonder dat de vakbond gratis bussen inzette, of dat Berlusconi geld betaalde aan wie met hem kwam demonstreren. Beppe Grillo had de mensenmassa op deze dag met zijn passie, zijn kwaadheid en zijn welbespraaktheid op de been gebracht. En met zijn wil de corrupte politieke klasse omver te werpen.

Grillo keek uit over de gigantische mensenmassa en schreeuwde voor de 77ste keer in een paar weken zijn longen uit het lijf: 'We bombarderen de instituties! Alle politici naar huis!' En toen volgde de oerkreet. De schreeuw die hij een week eerder in Milaan slaakte en die in heel Italië grote indruk maakte: 'Politici: geef je over! Jullie zijn omsingeld!'

Wie is deze man die met zijn charisma zo veel Italianen op de been kreeg, vroeg ik me af. Waar komt deze bonk energie vandaan die de onderstroom liet borrelen en dampen? Hij werd geboren als zoon van een industrieel uit Genua. Hij volgde een opleiding als boekhouder, waaraan hij een fascinatie voor statistieken overhield. Tijdens zijn eerste baan ontdekte Grillo dat mensen vaak om zijn grappen moesten lachen. Hij koos voor een carrière als zanger en later cabaretier en werkte een aantal jaren voor satirische televisieprogramma's. Totdat hij midden jaren tachtig in een grap suggereerde dat de socialistische premier Bettino Craxi corrupt was. Dat kostte hem zijn tv-loopbaan. Ruim twee decennia werd hij van het scherm geweerd. En dat terwijl tijdens het steekpenningenschandaal Tangentopoli in 1993 bleek dat Grillo gelijk had. Craxi, de politieke beschermheer van Berlusconi in Milaan en peetoom van Berlusconi's dochter Barbara, werd in 1994 tot achtenhalf jaar gevangenisstraf veroordeeld, maar was toen al lang naar zijn villa in Tunesië gevlucht, waar hij later stierf.

De wijze waarop de machthebbers Grillo als komiek probeerden uit te schakelen vergeleek hij in een interview dat ik in 2003 met hem had met hoe de inquisitie in de Renaissance de filosoof Giordano Bruno tot de brandstapel veroordeelde. 'Bruno had net zo veel publiek als de kerk en dat stoorde de kerk. Daarom werd hij vermoord,' aldus Grillo. 'Tegenwoordig hoeft de machthebber de criticus, satiricus of filosoof niet meer te doden. Het volstaat hem de toegang tot het medium met het grootste bereik te ontzeggen, de televisie.'

Maar die opzet van de machthebbers mislukte. 'Aan de censuur door Craxi heb ik mijn grote publiek te danken,' zei Grillo, die niet eens meer op tv wílde, ingeklemd tussen reclameblokken, producten bij uitstek van het systeem dat hij bestreed. Hij werkte liever, en succesvol, in de theaters. Zijn aanhang groeide enorm, omdat hij nog al eens meer bleek te weten dan de kranten en de tv te melden hadden. In mei 2001 bijvoorbeeld voorspelde hij in zijn show de ineenstorting van de melkmultinational Parmalat. Hij had als liefhebber van cijfers uitgerekend dat die 'louche onderneming een schuld van 7 miljard euro' had. Justitie ontdekte pas in de kerstperiode van 2002 dat het twee keer zo erg was. Het werd het grootste faillissement ooit in Italië. Grillo moest zich zelfs melden bij de officier van justitie die de zaak Parmalat onderzocht. Waarom hij in 2001 wel, en de Centrale Bank, de financiële pers en de investeerders niet wisten dat Parmalat op de rand van de afgrond stond? Hij bleek zijn informatie van een oud-directeur van het bedrijf te hebben gekregen. Deze vertelde Grillo na een van zijn optredens dat hij de melkmultinational had verlaten omdat de werkwijze in Parma hem niet beviel. Grillo werd steeds vaker benaderd door zulke 'anonieme bronnen'. Mensen vertrouwden de komiek meer dan de pers, als ze een misstand aan de kaak wilden stellen.

Tot zijn eigen verbazing werd Grillo – die in het verleden vaak was genegeerd in de pers – na de Parmalat-zaak zelfs uitgenodigd bij de internationale persclub in Rome, la Stampa Estera. De voorzitter heette hem welkom met woorden die de absurditeit van de hele situatie goed weergaven: 'Na de voorzitter van de werkgeversorganisatie, belangrijke economen en de minister van Europese Zaken konden we niet anders dan ook u, Beppe Grillo, uitnodigen om uw licht te laten schijnen over de Parmalat-zaak.'

Grillo lachte toen ik hem er in 2003 aan herinnerde. 'Mijn rol is gênant. Ik loop het risico dat ik mezelf al te serieus ga nemen. Als een komiek gaat geloven in wat hij zegt, ontstaat het gevaar dat hij iets verschrikkelijks wordt: een waarzegger.' Hij moest zichzelf constant voorhouden dat hij een komiek was. Maar mensen kwamen steeds meer naar zijn shows omdat ze nieuws wilden. In zijn eigen woorden: 'Ik gooi het publiek van alles voor de voeten. Dingen die de mensen willen weten, waarvan ze eigenlijk al voelen dat het bestaat, maar waarvan ze niet weten hoe de bewijzen te verzamelen. Ze komen bij mij omdat ik onafhankelijk ben. Ik ga drie maanden op tournee, na zeven maanden bronnenonderzoek.'

Het was fascinerend om in die tijd zijn shows te bezoeken. Wat een energie, wat een wervelwind en wat een maatschappelijke betrokkenheid! Duizenden mensen wachtten op Grillo in het gigantische Palasport van Rome. Daar klonk zijn stem in het duister. De cabaretier en satiricus kwam van achter uit de zaal met een kandelaar in zijn hand naar voren. Woest rossig haar, baardje, shabby zwarte kleding: 'Zijn we klaar? Ik ben hier. Hierachter. Ik begin op deze manier, in het donker. Dit is een metaforisch begin. Het is een metafoor voor wat wij zijn geworden. We beleven een black-out van de intelligentie. Het einde van de ideeën. Niet lachen, vertrouw ook mij niet. Ik begrijp niet eens meer wie ik ben en wat mijn werk is. Italië is een grote etalage, maar als je achter de vitrine kijkt, blijkt er geen winkel meer te zijn. Er is iets vreemds aan de hand. Dus ik ben gekomen om met jullie wat licht op deze zaak te werpen.' Niemand in die zaal, niet eens hijzelf, hield er toen rekening mee dat hij tien jaar later een politieke factor van belang zou worden met zijn Movimento 5 Stelle, zijn Vijfsterrenbeweging.

Tijdens zijn shows verspreidde de komiek vaak documenten onder het publiek. Lijsten met de Italiaanse bedrijven die de grootste schulden hadden. 'Heb ik opgevraagd bij de Centrale Bank. De beursautoriteit zei die informatie niet te hebben, toen heb ik het maar voor ze geregeld.' De voornaamste schuldigen aan de duisternis die over Italië was gevallen, zei Grillo al in 2003, waren de 'banken en de bazen van de grote ondernemingen'. Het modehuis Prada maakte volgens hem zelf de valse Prada's die op straat werden verkocht. Over Fiat zei hij: 'Ik bracht laatst een Duitse wagen naar Fiat-hoofdstad Turijn en vroeg: maak dit voor me. Ze keken me vragend aan. Is dat een auto?' Toen hief hij zijn armen in de hoogte en riep: 'God! Als je me hoort, kom naar beneden! Maar stuur niet je zoon, want dit is geen kinder-spel!'

Grillo ontwikkelde zich in die periode tot de meest uitgesproken vertegenwoordiger van een lange traditie in Italië: komieken die de maatschappelijke misstanden aan de kaak stellen. Schrijver en filmer Pier Paolo Pasolini waarschuwde al in de jaren zestig en zeventig voor de gevaren van het uit de hand lopende kapitalisme. Dario Fo, de theaterschrijver en Nobelprijswinnaar, presenteerde in 2004 zijn *L'Anomalo bicefalo* (De abnormale tweehoofdige) met allemaal ont-boezemingen over Berlusconi. Toen het theaterstuk op tv zou worden uitgezonden, werd op het laatste moment het geluid weg gefilterd. Nanni Moretti, acteur en regisseur, bracht in 2006 de tragikomische film *Il caimano* uit, waarin hij zelf Berlusconi speelde, die met zijn verleidingskunsten Italië te gronde richtte. Regisseur en acteur Ro-berto Benigni, bekend van de Oscarwinnende film *La vita è bella*, ver-toonde zich vanaf het einde van de jaren nul op tv met zijn humoris-tische aanvallen op Berlusconi. In zalen reciteerde hij urenlang Dantes *La divina commedia*, op tv uitte hij directe kritiek op het he-dendaagse Italië. En rond de kerst van 2014 behandelde hij de tien ge-boden in uren durende, zeer goed bekeken televisiemonologen. Dit in een poging de Italianen op humoristische wijze de weg te wijzen uit het immorele moeras van het berlusconisme.

Al deze kunstenaars hadden bewonderaars en volgelingen. Allen organiseerden ze de afgelopen jaren politieke bijeenkomsten. Moretti probeerde Berlusconi in 2001 en 2002 te verslaan met massale pacifis-tische 'rondedansen' rondom publieke gebouwen, die hij zo figuur-lijk wilde beschermen tegen de corrupte politici. Dario Fo probeerde burgemeester van Milaan te worden, maar slaagde daar niet in. Ze probeerden van alles, maar geen enkele komiek zette zo door en wist zoveel teweeg te brengen onder de Italianen als Beppe Grillo. Waar-om?

Het antwoord moet volgens mij gezocht worden in de analyse die de journalist Antonio Gambino maakte in zijn eerdergenoemde *Inventario Italiano*, een onderzoek naar de gewoonten en mentaliteit van Italianen. Gambino concludeerde dat het in Italië ontbrak aan een publieke ruimte, een platform, waarop daadwerkelijk vrij van de invloed van machthebbers, de kerk en maffiabazen gediscussieerd kon worden over alternatieven voor het land, en oplossingen voor problemen. Politieke partijen waren verworden tot van hogerhand gedirigeerde apparaten waar alles draaide om de machtsposities en het elkaar toespelen van voordelen en baantjes.

Beppe Grillo bood de Italianen weer een nieuw platform voor debat. Hij deed dat al in zijn theatershows, maar zijn grote vondst was zijn blog beppegrillo.it, dat snel uitgroeide tot een van de tien meest bezochte blogs ter wereld. Al in 2003 had Grillo een internetsite voor discussies over schoon consumeren en non-profitdoelen. Wie tips had over zaken die niet deugden kon ze via deze site melden. Grillo zocht het uit en verwerkte het in zijn show. In ons gesprek zei hij dat hij bij zijn volgende tournee aandacht zou besteden aan lokale problemen en onderwerpen.

In 2005 bood hij zijn aanhang de mogelijkheid om zich via de Amerikaanse website meetup.com op te geven voor Vrienden van Beppe Grillo-clubs. Via internet kwamen mensen in steden en dorpen bij elkaar om te praten over de vraag hoe het anders zou moeten. Of zoals Grillo deze door hem geëntameerde ontmoetingen omschreef: bedoeld om zich te vermaken, samen te zijn en ideeën te delen voor een betere wereld, te beginnen in de eigen stad en gebruikmakend van de suggesties van Grillo. Er ontstonden binnen die groepen werkgroepen die zich bezighielden met technologie en innovatie, persdienst en communicatie, kritisch consumeren, financiële analyse, en er was een groep tegen vuilverbranders.

In 2007 zette Grillo zijn volgende stap. Via zijn blog organiseerde hij de eerste v-day, *Vaffanculo-Day* (Sodemieteropdag) in Italië. Twee miljoen mensen in 180 Italiaanse steden en Italianen in 25 landen kwamen voor de gemeentehuizen samen. Nooit eerder waren via mond-tot-mondreclame en internet zo veel mensen bij elkaar gekomen. Tijdens de bijeenkomsten projecteerde men de namen van 24 parlementariërs die veroordeeld waren voor misdrijven als corruptie, belastingontduiking en aanzetten tot moord. Grillo startte een handtekeningenactie voor een initiatiefwet met als doel veroordeelde parlementariërs uit hun functie te zetten, een maximum van twee ambtstermijnen voor parlementariërs in te voeren, en hij eiste de herintroductie van voorkeurstemmen, zodat er weer op personen en niet alleen op lijsten kon worden gestemd.

Het succes van Grillo's blog en die meet-ups was revolutionair en kreeg wereldwijd aandacht in de pers. Het was een gigantische breuk met het beeld van Italianen als individualisten die alleen aan de eigen familie en de eigen clan denken, en die alleen maar kunnen kankeren op de staat, maar zelf maatschappelijk niets willen bijdragen, zoals Gambino dat in 1998 analyseerde.

Toen op 24 januari 2008 het tweede kabinet-Prodi viel, kondigde Grillo aan dat hij via zijn blog actieve politiek zou gaan bedrijven. Op 4 oktober 2009 lanceerde hij in Milaan zijn Vijfsterrenbeweging. Burgers die politiek actief wilden worden, konden zich inschrijven. Als eigenaar van de naam en het logo schonk Grillo de burgerinitiatieven het gebruiksrecht van zijn naam als ze voldeden aan een aantal eisen. Kandidaten, zo stelde hij, mochten niet definitief veroordeeld zijn, geen lid van andere partijen zijn, niet meer dan twee termijnen in het parlement hebben gediend. De beweging accepteerde geen verkiezingsvergoedingen van de staat, die in de tientallen miljoenen konden lopen. Allianties met andere partijen waren taboe en er konden geen politici worden gekandideerd voor de provincie, omdat Grillo en de zijnen die wilden afschaffen. De vijf sterren stonden voor de belangrijkste speerpunten: milieu, transport, ontwikkeling, diensten aan de burgers, en water (dat in publieke handen moest blijven en niet geprivatiseerd moest worden). Op de website staat: 'De Vijfsterrenbeweging is een vrije vereniging van burgers. Het is geen politieke partij en wil dat ook niet worden.' Ze wil 'geen linkse of rechtse ideologieën, maar ideeën'. Ze wil een 'efficiënte en effectieve uitwisseling van opinies realiseren, een democratische ontmoeting buiten de verbonden van verenigingen en partijen en zonder de bemiddelingen van sturende of verkozen organen'. Ze staat voor directe democratie: ze erkent 'aan de totaliteit van de burgers de rol om richting te geven en te regeren, iets wat normaal aan weinigen wordt uitbesteed'. Kortom: de publieke ruimte die de journalist Gambino zei te missen werd gerealiseerd.

In 2010 leverde de beweging bij verkiezingen acht gemeenteraadsleden en vier regioparlementsleden. In 2011 kwamen er 34 gemeenteraadsleden bij, vooral in het noorden. Op 6 en 7 mei 2012, toen er weer in een aantal steden lokale verkiezingen werden gehouden, wist de beweging tot ieders verrassing op veel plekken meer dan 15 procent van de stemmen te halen. En ze bemachtigde ook vier burgemeestersposten, waaronder die in de provinciehoofdstad Parma, een stad die door corruptie en maffia-infiltratie met een schuld van 700 miljoen euro zat en zo goed als failliet en onbestuurbaar was. Daar werd een ICT-consulent, Federico Pizzarotti, in de tweede ronde met 60 procent van de stemmen tot burgemeester gekozen. Ineens beheersten burgers buiten de partijnomenclatuur en de old boys networks om een stad, en moesten ze een gemeenteapparaat aansturen zonder enige ervaring.

Op 10 oktober 2012 zwom Grillo van het vasteland van Italië naar Sicilië om ook daar met zijn beweging voet aan wal te krijgen. Het was een symbolische actie die veel aandacht trok en bijdroeg aan het succes dat daar bij de regionale verkiezingen werd behaald: de Vijfsterrenbeweging veroverde vanuit het niets vijftien van de negentig zetels. Maar de grote klapper kwam twee dagen na de grote demonstratie hier op de Piazza San Giovanni op 22 februari 2013. Met zijn Vijfsterrenbeweging behaalde hij met 25,5 procent van de stemmen een ongekende zegen. In het Huis van Afgevaardigden werd zijn partij zelfs de grootste, maar niet de grootste lijstverbinding, omdat anderen vooraf akkoorden hadden gesmeed met elkaar. Daarom mocht Grillo niet zelf gaan formeren. Die eer viel te beurt aan de winnaar die eigenlijk een verliezer was: Pier Luigi Bersani, leider van de centrumlinkse lijstverbinding aangevoerd door de Democratische Partij. Bersani probeerde Grillo te verleiden tot samenwerking, maar Grillo weigerde. Hij vond Bersani's Democratische Partij 'verrot'. Na koortsachtig en ongebruikelijk lang onderhandelen slaagde Enrico Letta, een partijgenoot van Bersani, er wel in een coalitie te vormen. De Democratische Partij sloot de handen ineen met de teruggetreden premier Mario Monti en met ex-berlusconiaan Angelino Alfano. Ook regelde Letta gedoogsteun van Silvio Berlusconi, die ondanks alles toch weer verrassend goed had gescoord bij de verkiezingen. Samen droegen ze een grote coalitie die Grillo uit het centrum van de macht hield. Monti werd geen premier meer, omdat slechts 10 procent van de Italianen op hem had gestemd. Enrico Letta, de jonge, zeer ervaren maar wat kleurloze centrumlinkse politicus, moest de kar gaan trekken.

Beppe Grillo greep dus naast de stuurknuppel, maar was in één klap fors vertegenwoordigd in het parlement. Daar maakten zijn mensen al snel een wat destructieve indruk, omdat ze op geen enkel punt wilden samenwerken met de regering. Onder hen waren veel schreeuwlelijken, die ook nog eens zoekende waren naar hoe ze zich moesten verhouden tot de grote inspirator. Grillo zelf bleef buiten het parlement, omdat hij niet aan de door hemzelf gestelde eis kon voldoen dat een politicus niet veroordeeld mocht zijn. Hij was in het verleden schuldig bevonden aan dood door schuld nadat hij een verkeersongeluk met dodelijk afloop had veroorzaakt.

In Parma begon het gemeentebestuur, geleid door Grillo's beweging, voortvarend de begroting op te frissen en opnieuw te onderhandelen met schuldeisers. Daarbij moesten compromissen worden gesloten en op dat punt kwam de lokale beweging in botsing met leider Grillo, die zich overal en altijd compromisloos opstelde ten opzichte van de andere politieke partijen. De kritiek op de voorman die steeds vaker van binnenuit was te horen, leidde sindsdien met regelmaat tot het royeren van kritische personen door Grillo. Meer dan twintig parlementariërs verlieten de partij of werden eruit gezet. Gebeurtenissen die hem kritiek opleverden. De beweging kampte zoals dat gebeurt met nieuwe partijen die enorm snel groeien met grote interne spanningen. Onduidelijk was of het een kwestie zou zijn van tijd totdat de onvolkomenheden zich zouden oplossen of dat de zaak uit de hand zou lopen.

Grillo maakte de afgelopen jaren de juiste analyse, lanceerde een ongelooflijk succesvol experiment. Hij vulde een vacuüm op dat de in zichzelf gekeerde politieke klasse in Italië eigenlijk al decennia en misschien wel altijd had laten bestaan. Hij creëerde in dat vacuüm een ruimte voor vrij debat van burgers. Maar nu dreigde de leider de bloem die hij had opgekweekt zelf te knakken. Hij leek slachtoffer te worden van het euvel dat alle Italianen parten speelt: ziekelijk wantrouwen. Hij wilde zijn mensen steeds meer controleren en hij durfde het gesprek met andere veranderingsgezinde politici niet aan te gaan. De grote vraag die zich opdrong was of hij nog steeds een vrije open ruimte wilde faciliteren, of dat hij die nu krampachtig wilde domineren, bang dat hij de grip zou verliezen. Kon hij de verleiding nog wel weerstaan om de uitkomst van een open discussie te betwisten als deze hem niet zinde?

Deze vragen werden nog dwingender toen Matteo Renzi premier Enrico Letta in februari 2014 van zijn zetel stootte. Grillo weigerde om in gesprek te gaan met Renzi, die veel van zijn kritiek op het establishment had overgenomen. Zijn achterban hield daarop een referendum op internet en vond dat hij wel moest gaan praten. Grillo ging daarna schoorvoetend het gesprek met Renzi aan. Maar de manier waarop hij dat deed gaf reden tot nieuwe twijfel.

Slechts zeven minuten zaten de twee zelfverklaarde slopers van de oude politiek tijdens de formatie tegenover elkaar. Allebei wilden ze het publiek laten weten dat zij ieder voor zich de enige echte verlosser van Italië waren. Renzi had net de macht gegrepen door 'de te trage en vastgelopen' premier Enrico Letta naar huis te sturen. Grillo wilde zijn niche beschermen door zich als enige echte revolutionair te afficheren.

Grillo koos frontaal de aanval. Hij zei tegen Renzi: 'Je bent heel jong, maar je bent heel oud. De banken, de stille krachten, de rotte macht, het systeem, de oude politici, de industriëlen, ofwel al mijn concrete vijanden, die staan allemaal achter jou.' Renzi kwam er nauwelijks tussen. Hij kreeg de kans niet zijn plannen aan Grillo voor te leggen. De komiek zag Renzi als concurrent, een zoveelste leider met als corebusiness – zoals zo vaak in Italië – wonderen verkopen.

Het korte gesprek tussen de twee werd live gestreamd op het blog van Beppe Grillo. De komiek-politicus had maar één doel: zijn nieuwe jonge concurrent onderuithalen voor het oog van de Vijfsterrenaanhang. Hij brieste: 'Beste Renzi, ik ben geen democraat in de omgang met jou.' Hij boog zich steeds dreigender over de tafel heen en zei: 'Je bent niet geloofwaardig. Jij bent iemand die shows maakt. Welk tv-kanaal ik ook aanzet, ik zie jou. Je plakt en knipt en hebt ons halve programma overgenomen. Ik heb geen tijd meer voor jou.'

Beter had Grillo niet kunnen illustreren hoezeer hij Renzi als concurrent zag in de strijd om de gunst van de gewone man die de oude politiek zat was. Beppe Grillo laadde de verdenking op zich dat het hem in werkelijkheid niet om oplossingen ging, maar om de show en de aandacht. Zijn agressieve opstelling zou hem in mei 2014 bij de Europese verkiezingen veel stemmen kosten. Renzi wist toen te gloriëren.

Tijdens de liveconfrontatie bleef Renzi rustig. Toen echt duidelijk was dat hij er helemaal niet tussen zou komen zei hij: 'Beste Beppe, kom uit dat blog van je. Treed uit die streaming. Dit is een land waar echt pijn wordt geleden door mensen. We moeten reële problemen aanpakken.' Na afloop twitterde hij: 'Het spijt me heel erg voor wie op de Vijfsterrenbeweging heeft gestemd. Jullie verdienen meer, vrienden. Maar ik beloof u dat we Italië zullen veranderen, ook voor jullie.' Was Grillo hiermee afgeserveerd en stond de volgende verlosser alweer klaar om de Italianen te verleiden en te vermaken?

Op de bijeenkomst hier op de Piazza San Giovanni, die ik in 2013 bijwoonde twee dagen voor Grillo's historische verkiezingsoverwinning, had ik al medelijden met de Italianen die verandering wilden, degenen die op Grillo stemden, maar toen ook al zichtbaar twijfelden. Ze waren in gedachten vooral bij hun eigen sores, hun angsten. Dit waren geen revolutionairen maar mensen uit de middenklasse. Veel mannen van tussen de dertig en zestig jaar die hun baan vreesden te verliezen of al hadden verloren. Mensen met een eigen bedrijf dat al een jaar verlies draaide. Afgestudeerde stelletjes die aan het werk wilden, kinderen zouden willen, maar noodgedwongen bij papa of oma op zolder woonden. Ze hadden al hun hoop gevestigd op Grillo als laatste kans, het laatste strand, zoals Italianen het noemen. Maar toen ik ze vroeg of Grillo de puinhopen zou weten te ruimen zeiden ze: '*Magari*' (was het maar waar).

Naast me stond Giorgio, een gepensioneerde man. Hij geloofde niet in de revolutionaire drang van de Italianen. 'De mens is een gewoontedier,' zei hij, en een dier neemt altijd dezelfde weg naar huis. Dat geeft hem zekerheid en daar past geen revolutie bij. Die drang naar vaste gewoontes verklaarde volgens hem waarom Berlusconi altijd weer opnieuw steun wist te vergaren. 'Berlusconi is een soort vaandel voor wie geen verandering wil, voor wie bang is te verliezen wat hij heeft.' Oud-premier Mario Monti, zei Giorgio, moest Italië hervormen, maar hij kon niets veranderen omdat links en rechts het niet wilden. Nee, zei Giorgio, voor een echte revolutie heb je een goede lans nodig. En een goede lans heeft een scherpe punt met daarachter een stok met heel veel massa. Of Grillo die scherpe punt was en of deze honderdduizenden op het plein werkelijk voldoende massa hadden, betwijfelde hij. 'Als jullie Nederlanders een vervuilde gracht zien, maak je hem schoon. Een Italiaan zal altijd vragen: waarom moet ik hem nu schoonmaken?' De publieke ruimte die Grillo had weten te creëren zou daar volgens hem weinig aan veranderen.

Op de achtergrond klonk weer een salvo van Grillo: 'President Napolitano en zijn hofhouding kosten jaarlijks 240 miljoen euro. Het dubbele van wat de presidenten van Duitsland, Engeland en Frankrijk samen kosten. In Italië zet de maffia 160 miljard euro om: alleen al via de gokindustrie en de gokautomaten wassen de Camorra, de 'Ndrangheta en Cosa Nostra 98 miljard euro wit.'

De sceptische Giorgio vervolgde: 'We zitten op een roeiboot met heel veel roeiers. Maar om die boot vooruit te laten gaan moeten we wel dezelfde kant op roeien. Dat vinden wij moeilijk, misschien dat Grillo een richting kan aangeven, maar ik denk het niet.'

Toen kwam Grillo met zijn voorstellen die hij in de jaren erna niet kon realiseren, omdat hij door zijn compromisloze houding vooralsnog geen landelijke bestuursmacht wist te verwerven. 'Een directeur mag maar twaalf keer meer verdienen dan een werknemer, niet 1300 keer zoals nu bij sommige Italiaanse bedrijven. De failliete bank

Monte Paschi di Siena moet genationaliseerd worden. Pensioenen mogen niet hoger zijn dan 4000 euro. Er komt een burgeruitkering voor iedereen die even geen werk heeft.' En toen volgde een mitrailleursalvo aan voorstellen: 'We verdelen het werk, omdat er niet genoeg is. We halveren de werktijd, we halveren het energiegebruik, we halveren de hoeveelheid grondstoffen die we gebruiken. We schaffen de provincies af.' En: 'We willen een referendum over de uittreding van Italië uit de euro. Europa is bang voor ons!'

Giorgio lanceerde zijn ultieme aforisme en ik schrok ervan: 'Hoe slechter het met je gaat, hoe meer je wenst dat het beter met je gaat, maar ook hoe meer je vatbaar bent voor manipulatie: je wordt gestuurd en gecontroleerd.' De hele situatie deed hem denken aan de jaren dertig in Italië en wat erop volgde. Ook toen ging het slechter en slechter, hoopte men op beterschap en was men meer en meer bereid zich te laten leiden en controleren en over te geven aan een verlosser.

De komiek beloofde beterschap voor Italië, maar waarschuwde dat het een lange weg zou zijn naar de genezing. 'Er zullen spanningen zijn, problemen, conflicten, maar de weg is gebaand. We hebben hem gevonden, deze weg, en die brengt ons naar de toekomst, een toekomst die misschien armer is, maar echt en concreet, solidair en gelukkig. Er is een nieuw Italië dat op ons wacht. Het zal prachtig zijn om er deel van uit te maken.'

Het publiek keerde toen al huiswaarts. Het gaf hem in de verkiezingen drie dagen later het voordeel van de twijfel. Maar al snel daarop presenteerde zich dus Matteo Renzi, de volgende verlosser. Om zijn slagingskansen te beoordelen moeten we terug naar het centrum, naar de Piazza Colonna en het Palazzo Chigi, de regeringszetel van de premier.

23.00 uur

Palazzo Chigi – Matteo, de 'sloper'

Het is al donker. Palazzo Chigi, het Italiaanse Catshuis, heeft zijn zoveelste nieuwe bewoner: Matteo Renzi. Is hij de verlosser waar Italië zo naar smacht? Over een twitterende Machiavelli die handelt in hoop maar een wat schimmige relatie met Berlusconi onderhoudt.

In de flaneerstraat Via del Corso is het stil. De rolluiken zijn gesloten. Voor het Palazzo Chigi, de ambtswoning van de premier, blokkeren politiebusjes de toegang. Agenten in blauwe, grijze en zwarte uniforms doden de tijd. Hun helmen en knuppels bungelen losjes aan hun koppelriem. Ze spelen met hun mobieltje. Zouden zij nog altijd wachten op de demonstrerende studenten?

Een van hen komt op me af.

'Dag, u mag hier niet staan.'

'Ik schrijf alleen maar.'

'Wilt u zich verwijderen?'

Het is de zoveelste keer dat ordetroepen zijn opgeroepen om dit regeringscentrum in hartje Rome tegen boze Italianen te verdedigen. Of het nu gaat om arbeiders, werklozen of noordelijke ondernemers, om advocaten, taxichauffeurs of apothekers, de ME sluit dit plein altijd af. Op dit soort spannende momenten stond ik hier vaak. Ik was erbij tijdens de massademonstratie tegen Berlusconi op 14 december 2010, toen jongeren een spoor van vernieling achterlieten in het centrum. Ook op 22 februari 2014 zou ik hier weer zijn: anderhalf jaar na deze wandeling. Toen werd Matteo Renzi, de nieuwe, zelfverklaarde verlosser van Italië, tot premier benoemd.

De Italiaanse politiek was lange tijd niet meer zo fascinerend geweest als in de dagen dat Renzi zich op het schild liet heffen. Zelfs de verkiezingen van februari 2013 leken minder beslissend. De komiek Beppe Grillo scoorde toen weliswaar verrassend goed, zoals we zagen, maar het leidde tot niets anders dan een door premier Enrico Letta geleide politieke surplace, mede bedoeld om de revolutionair Grillo buitenspel te houden. Toen Renzi een jaar later zijn vertrouwen in partijgenoot Letta opzegde, besloot ik vanuit Nederland naar Rome te vliegen. Ik wilde met eigen ogen zien of met Renzi de Italiaanse tegenkrachten definitief waren komen bovendrijven. Ik wilde voelen wat deze jonge politicus uitstraalde en hoe er op hem werd gereageerd. Ik wilde weten of er echt reden tot hoop was, of dat de Italianen zich opnieuw een loer zouden laten draaien door een sluwe politicus die in februari 2014 zonder verkiezingen premier wist te worden.

Ik volgde de korte formatieperiode en de installatie van de nieuwe premier op de tribune in de Senaat, en ik sprak met analisten, voor het paleis van president Napolitano en hier voor het Palazzo Chigi. Weer van achter die dranghekken en opnieuw in de gaten gehouden door de ME. Was dit het moment van de wending ten goede, *la svolta buona*, zoals Renzi het noemde? Was Renzi de redelijke versie van Grillo, ook een sloper, maar dan een die dit met beleid deed en ruimte liet voor discussie met de samenleving?

Matteo Renzi (1975) groeide op in het plaatsje Rignano sull'Arno even buiten Florence, waar zijn vader in de gemeenteraad zat voor de christendemocratische partij. Als jongen was hij actief lid van de katholieke boy scouts. Op negentienjarige leeftijd won hij in de Italiaanse versie van het tv-programma *Rad van fortuin*, op een van Berlusconi's televisienetten, een prijs van 48 miljoen lire (25.000 euro). De media brachten dit feit de laatste jaren vaak als een schattig detail, tekenend voor het geluk dat deze wonderboy toelacht. Maar journalist Davide Vecchi onthulde in november 2014 in *Matteo Renzi, la vera storia* (Matteo Renzi, het echte verhaal) dat Renzi dankzij zijn oom Nicola Bovoli in die show was gekomen. Of zijn winst puur toeval was is niet duidelijk. De oom bleek eind jaren tachtig al stevig zaken te doen met Fininvest en Pubitalia, twee bedrijven van Silvio Berlusconi. Hij zou bovendien goede relaties hebben gehad met Marcello Dell'Utri, de man die Berlusconi's partij hielp oprichten en die nu vanwege relaties met de maffia een gevangenisstraf uitzit.

Al snel na zijn studie rechten werd Matteo politiek actief, in 1996 bij de Partito Popolare Italiano. Dit was sinds het steekpenningenschandaal van 1992 een gedesoriënteerde partij, waar de ambitieuze jongeling zonder veel moeite in 1999 voorzitter kon worden van de provinciale afdeling. Toen de partij opging in La Margherita werd hij in 2003 wederom provinciaal afdelingsvoorzitter. Een jaar later was hij, op 29-jarige leeftijd, dankzij slim opereren al verkozen tot president van de provincie Florence. En in 2009 kozen de inwoners van de stad Florence hem tot burgemeester.

Zijn belangrijkste wapenfeiten in die functie lagen op het terrein van de openbare ruimte: er kwamen meer voetgangersgebieden en vanaf 2016 mogen in de binnenstad van Florence alleen nog elektrische auto's rijden. Renzi wist zich populair te maken. Hij behoorde tot de meest gewaardeerde burgemeesters van Italië. Volgens zijn critici was dat echter niet zozeer vanwege zijn daden als wel vanwege zijn geslaagde strategie gericht op het vergroten van zijn zichtbaarheid. Volgens journalist Davide Vecchi bouwde Renzi als provincievoorzitter een heel systeem van stichtingen om geld in te zamelen en had Renzi al heel vroeg maar één doel: burgemeester van Florence worden. Geld van de provincie zou zijn gebruikt voor Renzi's persoonlijke campagne, zo suggereert Vecchi. De Rekenkamer constateerde in 2011 onregelmatigheden in de bestedingen van de provincie, maar het Openbaar Ministerie in Florence zag geen aanleiding om tot vervolging over te gaan.

Renzi had behalve het talent om veel geld te verzamelen enorm veel charisma, was een indrukwekkend spreker en oefende grote aantrekkingskracht uit op mensen die droomden van een nieuw Italië. Hij organiseerde eind 2010 een bijeenkomst die al die mensen een stem gaf. Net als Grillo creëerde hij aldus een alternatief platform voor publiek debat. Deze denktankbijeenkomst vond plaats in het

Florentijnse treinstation Leopolda. Het was een gigantische operatie met politici, intellectuelen, kunstenaars, schrijvers, zakenlieden, maar ook koks, modeontwerpers en gewone burgers. 800 sprekers en 6800 deelnemers dachten gezamenlijk na over de toekomst van Italië, in de periode dat de regering-Berlusconi haar einde naderde en de traag opererende Democratische Partij was vastgelopen. Zo ontstond de beweging van de *rottomatori* (de slopers), die de heersende klasse op links wilde slopen. Renzi werd het gezicht van die beweging, een stroming die ook als renzisme zou worden omschreven, een concurrent van de Democratische Partij, waar hij toen zelf deel van uitmaakte.

Het was zonder meer revolutionair te noemen, een politicus die parallel aan de normale congressen van zijn partij op eigen kracht een alternatieve denktank opzette. Renzi sprak tot de verbeelding. Hij sprak de taal van de straat. Hij maakte de klachten van de criticasters van de heersende klasse tot de zijne. Hij gooide alle ideeën voor hervormingen in een blender en brouwde er een aantrekkelijk toverdrankje van, dat hij steeds nadrukkelijker als het laatste redmiddel presenteerde.

Maar wie was deze selfmade man? En hoe was het mogelijk dat hij zes jaar na zijn aantreden als onbekend burgemeester van Florence premier kon worden? Was hij wel zo selfmade als hij leek, of had Beppe Grillo gelijk toen hij zei dat Renzi de oude wereld vertegenwoordigde?

Het leek allemaal spontaan, maar was in feite zeer doordacht. Toen hij burgemeester was, richtten zijn mensen opnieuw stichtingen op waar geld in stroomde. Hij organiseerde op Amerikaanse leest geschoeide diners waarvoor industriëlen, adellijke vrienden en modeontwerpers grif betaalden. Geld dat nodig was voor de toekomstige campagne voor het premierschap.

Renzi zette zichzelf nadrukkelijk neer als de leider van een nieuwe generatie op links die verandering wilde. Maar hij bleek ook bereid te praten met politici van andere partijen. Zo bezocht hij in december 2010 zelfs – de aartsvijand van zijn partij – Silvio Berlusconi in diens villa in Arcore bij Milaan. Ze spraken 'over Florentijnse politieke kwesties', zei Renzi achteraf. Voor nogal wat van zijn bewonderaars ging dat te ver. Men begon zich nadrukkelijker af te vragen of hij wel te vertrouwen was. Men suggereerde dat Renzi Berlusconi al eerder en vaker had bezocht. Contactpersoon tussen Renzi en Berlusconi zou Denis Verdini zijn, een man die al diverse keren door justitie is vervolgd, maar nog niet is veroordeeld. Verdini was in 2009 voorzitter van de partij van Berlusconi en probeerde dat jaar Renzi zelfs over te halen tot de partij toe te treden. Renzi weigerde in te gaan op de avances van Berlusconi en de zijnen, maar bleef Il Cavaliere dus wél bezoeken.

Renzi trok zich weinig aan van de verdachtmakingen aan zijn adres. In 2011 herhaalde hij de massale Leopolda-denktank. Er waren vrienden van het eerste uur afgehaakt, maar dat deerde niet. Hij verleidde steeds nieuwe bondgenoten en nog meer bekende Italianen. Dit keer vond het evenement plaats onder de naam 'Big Bang'. Iedereen die wilde mocht vijf minuten op het podium vertellen wat zijn ideeën voor de toekomst van Italië waren. Zo bouwde Renzi in de jaren verder aan zijn ideeën en zijn bekendheid. Als manager verschafte hij zich financiën, als politicus verleidde hij zijn tegenstanders, en als groot communicator wist hij steeds meer harten te raken. En vooral: hij vergrootte de druk op de heersende partijkaders van de centrumlinkse Democratische Partij. Hij had meer kritiek op hen dan op Berlusconi.

In 2012 was er weer een Leopolda-bijeenkomst. President Napolitano had inmiddels Mario Monti aangesteld als premier, hiertoe gedwongen door de financiële markten en Europa. Berlusconi's toekomst was in gevaar en in stilte bereidde diens partij zich voor op de verkiezingen van 2013. In het interne strategiedocument van Forza Italia 'La rosa tricolore per vincere le elezioni 2013' (De driekleurige roos, om de verkiezingen van 2013 te winnen) stond verrassend genoeg: 'Het enige wat we kunnen doen is de man die ons kan laten winnen erbij betrekken: Matteo Renzi.'

Maar Renzi had gekozen voor de Democratische Partij. Hij achtte zich voldoende gesteund om zich in de voorverkiezingen te kandideren voor het voorzitterschap. Alle Italianen konden meestemmen over wie de partij moest gaan leiden. Drie miljoen mensen deden dat. Op 25 november 2012 haalde Renzi ruim een miljoen stemmen, maar hij verloor toen nog van de oude garde, geleid door Pier Luigi Bersani. Een jaar later, op 8 december 2013, slaagde hij wel in zijn opzet. Renzi's verkiezing tot partijvoorzitter leidde onmiddellijk tot grote nervositeit bij zijn opponenten binnen de centrumlinkse Democratische Partij. Ze vreesden dat deze triomf de inmiddels aangetreden regering onder leiding van diens partijgenoot Enrico Letta zou verzwakken. Renzi ontkende dat. Hij beloofde Letta steun. '#Enricorustigmaar' twitterde hij. Hij zwoer pas bij de nationale parlementsverkiezingen in 2017 mee te dingen naar het premierschap.

Maar nog geen drie maanden later, op 13 februari, pleegde Renzi de gevreesde broedermoord op Letta. Hij trok zijn steun in en lanceerde zichzelf als kandidaat voor het premierschap zonder dat er parlementsverkiezingen waren geweest. Een dolkstoot in de klassieke traditie van Brutus en Caesar, bedoeld om 'nieuwe politiek' te kunnen gaan bedrijven. 'Langer wachten was onverantwoord,' aldus Renzi, die duidelijk goed op de hoogte was van de politieke theorie van zijn vijftiende-eeuwse stadgenoot Niccolò Machiavelli. Die zei al in zijn *Il principe*, een werk dat nog altijd door politici, ondernemers en diplomaten wordt geraadpleegd: 'Strijd kan niet worden vermeden. Het kan slechts worden uitgesteld in het voordeel van de ander.' Machiavelli zei ook: 'De mensen wisselen graag van heerser, omdat ze geloven dat ze het dan beter krijgen.' Renzi hoopte dat de Italianen hem zijn ondemocratische greep naar de macht zouden vergeven, omdat hij hun hoop bood. Of zoals Machiavelli schreef: 'Mijn conclusie is dat een republiek die bij acuut gevaar geen beroep kan doen op een dictator of vergelijkbare gezagsdragers in kritieke situaties altijd te gronde zal gaan.'

Renzi hield zich vanaf dat moment precies aan wat Machiavelli voorschreef: 'Regeren is doen geloven.' En: 'Hij [de leider] kan het beste te werk gaan zoals bekwame boogschutters, die wanneer ze het doel dat ze willen raken te ver weg achten omdat ze weten wat de kracht van hun boog is, het mikpunt veel hoger nemen dan het doelwit, niet om met hun pijl zo hoog te komen, maar om met behulp van dat hoge mikpunt hun doel te kunnen bereiken.'

Deze Renzi liep op 22 februari 2014 op dit plein voor het Palazzo Chigi, omringd door cameralieden – misschien ook wel cameraman Carlo die voorheen voor Berlusconi's huis stond. Hij stond op het punt zijn ambtswoning voor het eerst te betreden. Ik bekeek hem eens goed. Een jonge, fitte politicus die de afgelopen nachten telkens in een ander hotel had geslapen, om zich zo, zonder bewaking, door de stad te kunnen bewegen van partijbureau naar ministerie. Een man die geen behoefte had aan bodyguards. Een heel nieuw beeld, na alle bewaking rondom Berlusconi.

Druk was het niet op die zaterdag. Slechts enkele tientallen Italianen hadden zich achter de dranghekken voor het Palazzo Chigi verzameld. En dat terwijl de nieuwe premier zich presenteerde als de redder van het land. Er klonk in de media en op het plein onvrede over de manier waarop Renzi – in wie velen vertrouwen hadden – zich in *pole position* had gemanoeuvreerd. Helemaal tenenkrommend waren de tv-beelden geweest van de machtsoverdracht eerder die dag tussen Letta en Renzi. In zestien seconden was het zilveren belletje dat de premier tijdens de ministerraad gebruikt om orde te houden van eigenaar gewisseld. Geen woorden, geen schouderklopjes, niets. Nooit was de machtsoverdracht zo kil verlopen.

Dat konden de Italianen niet waarderen. Ook achter de dranghekken bij het Palazzo Chigi werd gemord. Ik sprak met de familie Baranno, uit de periferie van Rome. Zij verwoordden met zijn vieren het wantrouwen jegens de man die zei dat alles anders moest: '*Parole, parole*… woorden, woorden,' zei Paula. 'We hebben een schok nodig in dit land, maar de manier waarop hij aan de macht is gekomen bevalt me niet,' zei Ferdinando. 'Kijk,' zei Salvo. Hij wees naar de triomfzuil van Marcus Aurelius, die van 180 tot 192 keizer was. 'Laten we hopen dat Matteo Renzi tot gelijke hoogte zal stijgen.' Hij was daar echter allesbehalve zeker van: 'Silvio Berlusconi zit weliswaar niet meer in het parlement, maar wel achter de schermen. Berlusconi heeft de macht Renzi te laten struikelen.'

De relatie Renzi-Berlusconi was en is inderdaad een fascinerende. Het volk voelde haarfijn aan dat Renzi niet zonder Berlusconi kon en andersom. Wat de afspraken tussen de twee inhielden wist echter niemand precies. Maar dat er op 18 januari, een maand voordat Renzi het premierschap opeiste, een verdrag tussen de twee was afgesloten is een feit. En wel in het hoofdkantoor van de Democratische Partij in Via del Nazareno. Berlusconi was naar het hol van de leeuw gekomen om het Patto del Nazareno te tekenen. Dit verdrag heeft Renzi waarschijnlijk het zelfvertrouwen gegeven om de macht te grijpen.

Tijdens de formatiebesprekingen enkele weken later ontving Renzi Berlusconi opnieuw, terwijl die geen parlementariër meer was maar wel nog de onbetwiste leider van Forza Italia, een politieke machtsfactor van belang. De twee stuurden hun adjudanten op verzoek van Berlusconi zelfs vijf minuten weg, zodat ze onder vier ogen konden praten. Heel Italië leek achteraf te weten wat daar zou zijn besproken: garanties voor Berlusconi op het gebied van justitie en op het gebied van de wetgeving rondom de commerciële televisie.

Berlusconi voorkwam dankzij het verdrag met Renzi verkiezingen waarbij zijn partij wel eens zou kunnen worden gemarginaliseerd. Renzi kocht steun tegen zijn partijgenoot Letta en extra macht ten opzichte van de andere partijgenoten. Berlusconi kreeg nog een cadeau van Renzi: Federica Guidi. Algemeen werd aangenomen dat Berlusconi met haar als minister van Industriële Ontwikkeling niet bang hoefde te zijn dat de regering-Renzi zijn mediaconglomeraat Mediaset pijn zou doen. Al was het maar omdat Guidi vijf dagen voor haar installatie nog bij Berlusconi thuis in Milaan was gesignaleerd. Aan tafel zou Berlusconi volgens de Italiaanse pers herhaald hebben: 'Federica, vroeg of laat moet ik je de lidmaatschapskaart van Forza Italia toch echt overhandigen.'

En toen kwam de dag dat Renzi premier werd. Ik hoorde de muziekkapel het volkslied spelen toen de kersverse premier het Palazzo Chigi voor het eerst binnenwandelde. Een bijzonder moment, zeker. Italië kreeg zijn jongste premier ooit, negenendertig jaar. Slechts één ander lukte het op die leeftijd de macht te grijpen: Benito Mussolini. Maar Il Duce wist het door hem beloofde economisch wonder niet te realiseren. Hij gebruikte een partij om een op zijn persoon gebaseerde autocratische dictatuur te vestigen. Iets waar critici ook voor vreesden, nu Renzi de oude partijkaders door het slijk haalde en sloopte, en mede dankzij gedoogsteun van Berlusconi de macht greep.

Journalist Piero Ostellino formuleerde deze angst eind 2014 in *Corriere della Sera* als volgt. 'De Florentijnse jongen – die we aan het hoofd van de regering hebben, zonder dat we op hem hebben gestemd en die Machiavelli op zijn ergst tot de populaire standaard verheft – is ambitieus, en zo cynisch dat hij op onverantwoordelijke wijze de partij vernietigt waarvan hij zelf de voorzitter is, alsook de weinige bescherming die een werknemer geniet, enkel en alleen om zijn persoonlijke macht zowel in de Democratische Partij als in het land te laten groeien.' Het risico dat de Italianen met Renzi lopen is volgens Ostellino dat het land eindigt in een lachwekkende autocratie. 'De vernietiging van de Democratische Partij en de veronderstelling van een steeds grotere persoonlijke macht van haar voorzitter en van de premier gaan niet in de richting van modernisering van de politieke cultuur op links… Waar we echt geen behoefte aan hebben is een nieuwe duce…'

Hoe dan ook, Renzi's start was revolutionair. Ineens was de helft van de ministers vrouw, eentje was er zelfs zwanger: ongekend in Italië waar, zoals we zagen, vrouwen vooral een traditionele en decoratieve rol werd toegedicht. De gemiddelde leeftijd van het kabinet was maar net boven de veertig jaar. Voorganger Letta had zijn kabinet al verjongd, en Renzi zette die trend door. Hij gaf zo aan dat het afgelopen moest zijn met de gerontocratie, zoals de door vijfenzestigplussers gedomineerde Italiaanse politiek vaak schertsend werd genoemd. Renzi toonde zich een meester in dit soort marketing via symbolen.

Ik was daarvan getuige toen ik op 24 februari op de publieke tribune van de Senaat zat en Renzi de parlementariërs om hun vertrouwen in zijn regering vroeg. Meer dan een uur sprak hij uit het hoofd, met zijn handen in zijn zak! Een affront in de ogen van zijn opponenten, een schending van het decorum in het parlement. Maar vooral een stijlbreuk die doelbewust duidde op moderniteit, puurheid, op de mens als politicus die zich niet liet ondersneeuwen door trage institutionele processen en 'oude politiek'. Dat hoopte hij over te dragen.

Hij beloofde de in elkaar stortende scholen snel te repareren. Kosten 3 miljard. (Na een halfjaar wist hij er een miljard voor vrij te maken.) Hij beloofde 1500 *auto blu*-wagens, auto's met chauffeur die de politici door Rome rijden, te veilen. (In maart 2014 zette hij er 125 op eBay, maar de regering bleek volgens de pers op het punt te staan er 210 aan te schaffen.) In de Senaat zei hij: 'Ik ben met mijn negenendertig jaar te jong om hier zitting te nemen.' Om meteen daarna aan te kondigen dat hij de Senaat wilde afschaffen omdat deze precies hetzelfde werk deed als de Kamer, veel kostte en het politieke proces vertraagde. (Of hij dit ooit zal realiseren is afwachten. Wellicht dat de Senaat zal worden verkleind.) De provincies beloofde hij ook helemaal af te schaffen.

Tijdens zijn speech kreeg hij (slechts) zeventien keer applaus. De politici voelden zich geïntimideerd door deze wervelwind die haast voor de vuist weg zulke revolutionaire, bijna illusionistische plannen presenteerde. Het hardst werd geklapt voor Renzi toen hij de door hem verdrongen premier Letta bedankte. Het was een solidariteitsbetuiging aan Letta. Achteraf mopperden veel verwarde senatoren ook over de vaagheid van de speech, met volgens hen gebrek aan concreetheid: 'Hij sprak alsof hij nog voor de gemeenteraad stond.' Ze wisten niet wat ze aan hem hadden. Was hij een van hen of wilde hij daadwerkelijk met de sloopkogel door de Italiaanse politiek?

De kille en verbazingwekkend wantrouwende sfeer in de Senaat deerde Renzi geen moment. Vanaf de tribune gadegeslagen door zijn jonge vrouw, lerares Agnese Landini, sprak hij namelijk niet tot de senatoren, maar over hun hoofden tot het televisiekijkend publiek thuis. Renzi trachtte een verbond te sluiten met de kijker die al lang massaal was afgehaakt van de politiek. Eigenlijk precies zoals Silvio Berlusconi dat altijd had gedaan. Matteo, zo zei zijn vrouw achteraf, 'heeft in zijn hele leven nog nooit een toespraak voorgelezen en zal daar nu ook niet aan beginnen, omdat de parlementariërs dat willen'. Twee dagen later liet Renzi de tv-kijker toe in zijn ambtswoning, het Palazzo Chigi. De premier leidde een cameraman en een journalist rond door de met goudstikselbehang en schilderijen van Titiaan gedecoreerde vertrekken, een gebaar bedoeld om nieuwe openheid te suggereren.

Via zijn woordvoerder liet Silvio Berlusconi intussen weten dat het optreden van Renzi in de Senaat indruk op hem had gemaakt. 'Hij bevalt me, hij doet als ik. Hij praat tot het land, tot de burgers en niet tot de parlementariërs.' Maar, zo voegde Berlusconi er veelbetekenend aan toe, Renzi moest wel gaan doen wat hij had beloofd. Berlusconi's zoon Pier Silvio noemde Renzi 'de beste communicator – op mijn vader na dan'.

Renzi, zoveel werd duidelijk, is een sloper, maar kent ook heel goed de oude politieke wetten: hij weet wanneer hij compromissen moet sluiten om zijn doel te bereiken. Hij blijkt een zeer behendige alliantiebouwer, hij organiseerde steun van links en rechts, gewone Italianen en industriëlen. Hij wist Berlusconi maar ook diens rivaal, de al eerdergenoemde industrieel Carlo De Benedetti, voor zich te winnen. De Benedetti zou zich zelfs bemoeid hebben met de vorming van de regering door een kandidaat-minister te bellen en hem (tevergeefs) te dwingen de functie te accepteren. Kortom: Renzi speelt op de buis de rol van nieuwe revolutionaire politicus, maar achter de schermen blijft het machtsspel dat hoorde bij de oude politiek – het wheelen en dealen – als vanouds aan de orde. Het is ook op die manier dat hij er in januari 2015 in slaagde om zonder veel problemen Sergio Mattarella tot nieuwe president te laten verkiezen.

Renzi, zo schreef journalist Paolo di Stefano in de *Corriere della Sera*, 'weet alles te mixen en sloopt maar weinig'. Zijn geheim is roeren, mengen, polderen, zouden wij zeggen. Hij mengt hoog met laag en links met rechts. Met de mouwen van zijn overhemd opgestroopt in de stijl van 'we zijn voor Italië aan het werk' mengt hij zelfs Slow Food met Coca-Cola en *local* met *global*, aldus Di Stefano. Renzi 'reed in een Smart naar de president, en smart is hij zelf. Hij is fan van Dolce & Gabbana (veroordeeld tot anderhalf jaar vanwege belastingontduiking) en van *The Simpsons*, van Mandela en Obama, en hij citeert Dante, Botticelli, Leonardo en Michelangelo om de Italianen in te wrijven dat hij uit Florence komt, de navel van de Italiaanse cultuur.

Welbeschouwd vertegenwoordigt Renzi in één persoon de twee hoofdstromen van Italië. De mensen die willen dat het afgelopen is met de corruptie en die vinden dat alles transparanter en eerlijker moet. En de Italianen die zeggen dat je met eerlijkheid nergens komt. Hij bindt ook tegengestelde polen uit het electoraat aan zich en heeft zo de ideale uitgangspositie gerealiseerd om een politieke revolutie tot stand te brengen. Door minder op de eigen partij te rekenen en vooral ook veel rekening te houden met de andere kant. Nu traditionele partijpolitiek in heel Europa een crisis doormaakt, en partijen in crisis zijn, lijkt dit wel de enige manier om in het Westen nog te regeren. Samenwerken in een gedoogsfeer, zoals dat ook in Nederland gebeurt, geleid door politici met voldoende charisma om deze breuk met de ideologie van de eigen partij uit te leggen. In die zin is Italië onder premier Renzi opnieuw een interessant laboratorium voor Europa. Of het succesvol wordt, zal moeten blijken. Bij de Europese verkiezingen in mei 2014 was dit wel het geval.

Zijn partij behaalde dankzij het Renzi-effect een eclatant succes: 41 procent van de stemmen. Zoveel dat zijn partij het grootste smaldeel werd in de fractie van de Europese Socialisten, en zijn partij na de CDU van Merkel de grootste werd in het Europarlement. Hij bleek een machtsfactor van formaat, die Matteo Renzi. Maar de vraag blijft: kan hij Italië daadwerkelijk moderniseren? Zal hij de wil tot verandering weten te kanaliseren? Lukt het hem de remmende nomenklatoera te temmen? Is hij wel die outsider die de achterkamertjespolitiek van de heersende klasse kan doorbreken?

'We zijn vanaf nu de schatbewaarders van de hoop,' zei Renzi na de historische Europese verkiezingsoverwinning tegen zijn partijgenoten in Italië. Hij riep ze op hun vetes bij te leggen en de kans die de kiezer ze had gegeven niet te verspelen. De Italianen, zo zei hij, hebben 'ons niet een overwinning gegeven, maar een kans om iets te realiseren, een enorme verantwoordelijkheid'.

Zeker is dat Renzi zijn reputatie en zijn persoon steeds opnieuw op het spel zet. Ten koste van alles wil hij resultaat boeken. 'Als we niet slagen is het alleen mijn schuld,' zei hij bij zijn aantreden als premier en dat blijft hij maar herhalen. Dezelfde toon hanteerde hij op 2 juli 2014 toen hij als voorzitter van de Europese Raad het Europees Parlement toesprak. Wederom uit het hoofd en in heldere taal: 'Als Europa vandaag een *selfie* zou maken, wat zou dat voor beeld laten zien? Dat zou het gezicht van vermoeidheid zijn, in enkele gevallen van berusting.' Europa moet 'zijn moed en trots hervinden', vond hij. Door meer ruimte te creëren voor groei.

De Duitse bondskanselier Angela Merkel, die hij ambitieus als hij was al bezocht had toen hij burgemeester was, zei bij zijn aantreden vertrouwen in hem te hebben. Zij toonde zich onder de indruk van zijn ambitie: 'Ik ben getroffen door de structurele hervormingen die in Italië in werking zijn gezet: werkelijk indrukwekkend.' Maar ze waarschuwde ook al meteen: 'Het gaat in de goede richting, maar de resultaten zullen op de middellange en lange termijn worden gewogen, over twee of drie jaar.' Met pr alleen kom je er niet, was de boodschap.

De Italianen kunnen niet anders dan afwachten. Ze hopen, bijna smachtend, op economische groei en hervormingen. Maar de economische situatie verslechterde in 2014 alleen maar. Bijna 13 procent van de mannen en ruim 14 procent van de vrouwen is werkloos, en meer dan 43 procent van de jeugd, een sinds de oorlog nooit eerder vertoond percentage. Bijna 5 miljoen Italianen leven onder de armoedegrens, twee keer zoveel als in 2007. En de staatsschuld blijft maar groeien richting de 2200 miljard euro, terwijl het beloofde begrotingsevenwicht voor 2015 onhaalbaar is. De snelle *quick reaction force* van Matteo Renzi blijkt in ieder geval minder snel dan gehoopt en niet al na een jaar in staat om Italië erbovenop te krijgen. Maar Renzi zou Renzi niet zijn als hij niet snel zou anticiperen op die tegenslag. Al na enkele maanden premierschap veranderde hij van strategie en gaf zichzelf niet meer honderd maar duizend dagen de tijd om het land te hervormen, zonder dat hij op deze perspectiefwijziging werd afgerekend.

Commentator Ilvo Diamanti wees er in *la Repubblica* op dat Renzi veel aankondigt en weinig realiseert, maar dat dit de steun aan hem vooralsnog niet schaadt. Volgens Diamanti is dit mede mogelijk doordat Italië, het land met zo veel geschiedenis, leeft in een tijd zonder geschiedenis en zonder toekomst. Het leeft in het nu. En in een maatschappij die in het heden leeft, vergeet men snel: ook de niet-gerealiseerde beloften. Renzi creëert bijna dagelijks een nieuw heden en een nieuwe toekomst. Hij toont zich een meester in het presenteren van kleine stapjes als grote resultaten. Een eerste commissievergadering over de hervorming van de Senaat werd als een mijlpaal gevierd. Hij zorgt dat er elke dag weer een nieuw feit is dat de in het nu levende burger voldoende tevreden moet stellen en niet laat terugkijken. En hij twittert al die volgens sommigen would-besuccessen persoonlijk, het liefst nog voor het parlement erover heeft gedebatteerd. Zo weet hij de consensus rond hemzelf vooralsnog te handhaven en zelfs te laten groeien. Opererend in een tijd zonder tijd, zonder verleden, zonder toekomst. Precies zoals op straat in Rome, waar de klokken allemaal verschillende tijden aangeven. In die context toont Renzi zich snel en veranderingsgezind als een vis in het water, ook als dat uiteindelijk zou betekenen dat hij in werkelijkheid stilstaat, aldus Diamanti.

The Economist stelde eind 2014 dat Renzi lijdt aan een ziekte: dwangmatige proclamitis. Een onstuitbare drang tot het aankondigen van successen, vanuit de wetenschap dat als hij geen successen zou produceren, creëren of fingeren de internationale financiële gemeenschap het vertrouwen kan verliezen met desastreuze gevolgen. Rentes op staatsobligaties zouden dan weer stijgen, de staatsschuld zou onbetaalbaar worden en de val van het land en de regering zou onvermijdbaar zijn, zoals Berlusconi in 2011 al had ondervonden. 'Regeren is doen geloven,' zei Machiavelli en Renzi heeft dat in zijn oren geknoopt. '*Italy is back*,' riep hij op bezoek in het financiële hart van Londen, waar hij internationale bedrijven en banken uitnodigde weer in zijn land te investeren. En hij riep het zo hard en onbeschaamd dat men er in Londen en in heel Europa van onder de indruk was. 2015 wordt het jaar van de waarheid, zo zei hij in januari. En de Wereldtentoonstelling in Milaan, *Expo 2015*, die geheel is gewijd aan eerlijk voedsel, moet Italië weer op de kaart zetten.

Zijn drang tot verandering, het illusionisme waarmee hij de gerealiseerde 'feiten' presenteert, bevredigde het Italiaanse publiek begin 2015 nog enigszins, ook omdat er geen alternatief was. Maar voor hoe lang nog? De opdracht voor Renzi is duidelijk. Voorkom dat Italië, als het over tien jaar terugkijkt op de periode-Renzi, moet concluderen dat men met hem aanbelandde bij een gattopardisme 2.0: het renzisme. Een oer-Italiaanse strategie met als leidraad: alles moet sneller en de hele tijd veranderen, opdat alles altijd hetzelfde blijft.

00.00 uur

Termini – Luca, Matteo en Addi, de toekomst

Het is laat. De wandeling loopt op zijn eind. Italië ook? Op een bankje in Station Termini kijk ik terug en vooruit. Over eeuwige schoonheid, nieuwe kansen en oude ondeugden. En over Europa, dat onmisbaar blijft, ook al wordt het door steeds meer Italianen gehaat.

Daar komen Luca, Matteo en Addi. Geen apostelen, maar middelbare scholieren: de demonstranten die ik de hele dag al verwachtte te zien. Bij Station Termini loop ik ze tegen het lijf. Ze zijn boos: 'Ons land biedt geen ruimte aan jongeren,' klaagt Addi. Alles wordt volgens hem slechter. Zijn vrienden spreken hem moed in. 'We moeten sterk zijn, de moeilijkheden overwinnen.'

Luca wil in het buitenland gaan studeren, zoals duizenden andere talentvolle jonge Italianen al doen. Twee derde van de jeugd is verontwaardigd over de toestand waarin het land verkeert. De meeste jongeren weten wel wat ze willen in de toekomst, maar zijn gefrustreerd omdat ze denken dat hun doelen onbereikbaar zullen blijven. En toch, zo blijkt uit de cijfers, laat de meerderheid zich uiteindelijk niet ontmoedigen door de crisis. Negen van de tien blijven hoopvol. 'Hoop is het laatste wat sterft,' zeggen ook Luca, Addi en Matteo. Ze gaan het complexe Italiaanse schaakspel aan.

Vandaag kijken ze tevreden terug op hun demonstratie. Ineens zag de Piazza Venezia voor het Altaar van het Vaderland zwart van de middelbare scholieren, vertellen ze. De ME had de busjes dwars voor de ingang van de winkelstraat Via del Corso gezet, zodat het parlement en de ambtswoning van de premier onbereikbaar bleven. Politie en jongeren intimideerden elkaar wat, maar het bleef rustig, zoals dat meestal gaat.

Italië, zo kunnen we concluderen, is geen land van echte revoluties. Deze demonstratie is nu ook weer voorbij, een volgende zal zich spoedig aandienen. Ze lijken hoofdzakelijk bedoeld om stoom af te blazen, want dat blijft wel altijd nodig in Italië; een land waar, zo stelde journalist Gambino, de moederlijke mentaliteit en het katholieke principe van vergeving de gang der dingen meer bepaalt dan verantwoording afleggen voor je daden. Vertrouwen op elkaar is er riskant. De overheid is geen betrouwbare scheidsrechter. Alleen de familie en de clan bieden zekerheid.

In dit gecompliceerde dagelijks leven bieden, zoals we zagen, hoffelijkheid, vleierij en de schone schijn van fare bella figura de verdedigings- en aanvalsstrategie bij het omzeilen van de frustrerende bureaucratie. In deze samenleving met een overvloed aan regels, verward als een kluwen spaghetti, zoekt iedereen zijn eigen oplossing. De zwarte economie biedt kansen aan wie even geen mogelijkheden ziet. Het informele, grijze circuit biedt migranten kansen, maar onthoudt ze uiteindelijk de rechtszekerheid waar ze naar verlangen. Ze vinden hier wellicht makkelijker hun weg dan in Nederland, maar ze komen nooit echt aan in Italië, waar regularisering zo moeilijk is.

Wat Nederlanders desondanks van de Italianen kunnen leren is hun volhardendheid en flexibiliteit, hun overlevingskracht. Het besef dat wie maar lang genoeg door een zure appel heen bijt, beloond zal worden. Dat zagen we in het ziekenhuis, waar een naar urine stinkende ontvangstruimte en een arrogante arts slechts hindernissen vormden op weg naar een kraamzorg die uiterst professioneel functioneert. Dat zagen we in de rechtszaal, waar magistraten, ondanks tegenwerking, met hun doorzettingsvermogen justitie draaiende proberen te houden. En we zagen het eigenlijk ook aan Ruby, die als migrante er op een Italiaanse manier in slaagde de premier te verleiden en haar schoonheid in te zetten voor haar welvaart. 'We zijn in

Italië in staat dingen te verzinnen die niemand kan verzinnen,' zei raadsheer Piercamillo Davigo. In Italië, zo stelde antimaffiaschrijver Roberto Saviano, is niet per se meer slechtheid dan elders. Het komt er wel eerder aan de oppervlakte.

Terwijl ik de demonstrerende Luca, Matteo en Addi nakijk, denk ik: toen ik net zo oud was als zij wilde ik ook naar het buitenland. Zo kwam ik in 1987 hier terecht, op Stazione Termini, plek van hoop voor wie er aankomt en voor wie er vertrekt. Die drie dagen in december 1987 raakte ik, wandelend door het zonnige en aangenaam warme Rome, bedwelmd door de schoonheid en grootsheid van de stad. Ik wist ineens wat ik wilde: wonen en leven in Italië. Deel uitmaken van de Europese geschiedenis, wandelen in de voetsporen van de oude Romeinen, van genieën uit de Renaissance, en van ploeterende Italianen.

De nacht voordat ik Rome in 1987 achter me liet, sliep ik op een marmeren bankje in dit station. Het geld was op. Vandaag eindig ik de dag opnieuw op dit bankje en vraag me af wat toekomst in Italië nog betekent. Geen land in Europa lijkt zo geketend door zijn verleden. Voor Rome geldt dat in het bijzonder. Sinds de Tweede Wereldoorlog zijn in het centrum van de stad geen nieuwe gebouwen meer neergezet, omdat elke bouwactiviteit zou leiden tot de vernietiging van een monument barstensvol historie. De bouw van het museum Ara Pacis van de Amerikaanse architect Richard Meier was de enige echte uitzondering, maar zelfs dit gebouw ademt Oudheid. Het is een modern 'afdak' boven een antiek Romeins topstuk: de Ara Pacis (Altaar van de Vrede) dat dateert uit de tijd van keizer Augustus.

Toch was er in dit Rome ook een tijd waarin alles toekomst ademde. Er was zelfs een kunstzinnige en ideologische stroming die de toekomst verheerlijkte: het futurisme. Alles wat machinaal bewoog en snel was, werd in de jaren tien en twintig van de vorige eeuw verheerlijkt en stond voor hoop en toekomst. Totalitarisme, fascisme en de verschrikkingen van de Tweede Wereldoorlog maakten een eind aan deze dagdromen.

De geneugten van de wederopbouw, de auto, de koelkast, de tv en la dolce vita; de films die daaraan refereerden brachten de Italianen weer op prettige wijze in het heden. Ze plukten opnieuw de dag, zoals iedereen in Europa dat met het verstrijken van de decennia in de vorige eeuw deed. Consumeren, individueel genot, vrijheid waren de sleutelwoorden. Allemaal zaken die de Italianen op het lijf geschreven waren. Ze toonden zich creatieve en hedonistische voorgangers als het ging om leven in het heden en het vieren van dagelijks geluk. Ze deden dat aan tafel, maar ook als ambachtslieden die de prachtigste producten wereldwijd aan de man wisten te brengen: 'made in Italy' stond gelijk aan een kwaliteitsgarantie.

Maar nu is dat heden een klem geworden. Steeds meer Italiaanse denkers stellen dat de Italianen met hun buitensporige verheerlijking van het heden het zicht op de toekomst en het verleden hebben laten vervagen. De Italiaanse filosoof Aldo Masullo kwam in het tv-programma *Ballarò* tot de conclusie: 'Het land leeft in het heden en heeft de toekomst al geconsumeerd. Het laat niets meer over aan de jongeren.' Juist vanwege dat gebrek aan toekomst en de enorme schuldenlast die de afgelopen decennia is opgebouwd om iedereen maar tevreden te stellen, raden ook Italiaanse intellectuelen jongeren aan om toch vooral naar het buitenland te gaan en daar hun kansen te grijpen. Of, zoals Masullo over Italië zei: 'Als er weinig water is, kan de eend niet drijven.'

De vraag is of dat zo is. Raakt het levenswater op in Italië? Toen ik er in 2002 aankwam als correspondent, was Berlusconi voor de tweede keer aangetreden als premier. De euro was net ingevoerd en de Italiaanse economie kreeg er de jaren erna een enorme opdonder van. De lire kon voorheen altijd in waarde worden verlaagd als de buitenlandse vraag stagneerde; nu kon dat niet meer. De prijzen verdubbelden, de export liep terug en daar waar het inkomen van Duitsers en Britten tussen 2002 en 2009 ongeveer gelijk bleef, daalde het gemiddelde loon in Italië met ruim 10 procent. Hoe verder het decennium vorderde, des te moeilijker werd het om het woord 'crisis' nog van de voorpagina's van de kranten af te krabben. Die crisis duurt nog altijd voort. Maar het geweeklaag veranderde de laatste jaren. Sinds Italië in 2011 zijn 150-jarig bestaan vierde viel steeds vaker een andere toon te horen. Een onderstroom kwam langzaam naar boven.

Burgers op Sicilië en rond Napels en San Luca waren al begonnen het op te nemen tegen de maffia. Internet bood nieuwe mogelijkheden tot het creëren van een publieke ruimte. Mensen als Beppe Grillo, Lorella Zanardo, Roberto Saviano, en sinds 2013 paus Franciscus en Matteo Renzi riepen om verandering en hadden het lef zich tegen de verwording te verzetten. Ze verwoordden de onvrede en presenteerden voorstellen tot verbetering. Na de honderden boeken over de comateuze toestand waarin Italië, 'de zieke man van Europa', zou verkeren, verschenen er vanaf het 150-jarig jubileum ineens ook hoopvolle analyses. Met titels als: *Basta piangere* (Stop met huilen), *Viva L'Italia* (Leve Italië), *L'Italia s'è ridesta* (Italië is ontwaakt), *Italian Factor*, *Ammazziamo il Gattopardo* (Laten we de Tijgerkat [symbool van onveranderlijkheid] vermoorden). Ook de komieken begonnen de Italianen weer moed in te spreken. De al eerder genoemde regisseur, acteur en komiek Roberto Benigni zei in 2009 tegen *la Repubblica*: 'Deze crisis is een hel, maar we staan op het punt om opnieuw geboren te worden.' Veel denkers die ik interviewde suggereerden hetzelfde. De crisis had de decadentie en het potverteren in het heden afgestraft. Eindelijk kon er weer kritisch en gebaseerd op oude waarden aan een toekomst worden gebouwd, zo wilde men elkaar doen geloven.

De wil tot verandering is er sindsdien. De middelen ook, zo beklemtonen de auteurs van deze optimistische boeken. Hoofdopdracht: Italianen moeten hun zelfvertrouwen terugwinnen. Daar is reden genoeg voor, vinden ze. Want welk land ter wereld produceerde meer schoonheid? Welk volk wees de wereld in de geschiedenis twee keer de weg: in de Romeinse tijd en gedurende de Renaissance? Geen land heeft wereldwijd een groter marktaandeel als het gaat om luxeartikelen met merken als Illy, Luxottica, Nutella, Armani, Prada, Dolce & Gabbana, Ferrari, Maserati, Tod's, Geox, Eataly enzovoort. Nergens bestaat meer talent en ambachtelijke flair om 'dagelijks geluk' te creëren en over te dragen. Mensen wereldwijd weten wat je bedoelt als je spreekt over een *American way of life*, maar zeker kennen ze ook de *Italian way of life*, zo schreven Francesco Morace en Barbara Santoro in *Italian Factor*. Zij en anderen analyseerden de kenmerken van die Italian way in een poging Italië nieuwe krachtbronnen te geven. Ze proberen de Italianen een nieuwe Renaissance aan te reiken. Dat is waar de optimisten hun hoop op vestigen: een wedergeboorte.

Om die te realiseren, moeten de Italianen zich volgens hen weer concentreren op waar ze goed in zijn. Hun ambachtelijk talent en hun gevoel voor esthetiek. Spontaniteit, originaliteit, kwaliteit. Hun streven naar schoonheid en genot. Hun bereidheid om daar de tijd voor te nemen. Hun snelheid. Het talent om in noodtoestanden de juiste beslissingen te nemen. Hun ontembare behoefte aan vrijheid. En dat alles natuurlijk allemaal ondersteund door de familie, voor als het even tegenzit. Of zoals Santoro en Morace de Italiaanse deugden bondig opsommen: vitaliteit, universaliteit, intelligentie, familiariteit, variëteit, veelzijdigheid, originaliteit.

Al die eigenschappen kunnen inderdaad bijdragen aan een nieuwe (economische) Italiaanse Renaissance nu in de westerse wereld een zoektocht naar eerlijke, kleinschalige en duurzame waarden gaande is. Nu *local* weer in is in de *global society*, nu specifiek en origineel weer meer waardering krijgen dan massaproductie, nu smaak en ambachtelijkheid weer terrein winnen op goedkoop en wegwerp. Voor zo'n moderne, bewuste wereld zijn de virtuoze, ambachtelijk ingestelde Italianen goed toegerust. Nog altijd is het land de negende economie van de wereld en zijn er volop kansen. Al was premier Matteo Renzi wat voorbarig toen hij op bezoek in het financiële centrum van Londen uitriep: 'Italy is back.'

Want al die aantrekkelijke kenmerken van de Italiaanse identiteit hebben ook hun schaduwkant. De gerichtheid op het lokale, het familiale, onderlinge relaties, originaliteit, intelligentie en de afkeer van algemene regels zijn ook een recept voor corruptie, macht aan de maffia, het voortrekken van vriendjes en egoïstische sluwheid. En die neigingen frustreren het welbevinden en welslagen van de Italianen.

Om de negatieve uitwassen onder controle te krijgen zijn systematische hervormingen nodig. Het justitieel apparaat moet geloofwaardiger worden, de fiscus moet integer te werk gaan en de gigantische zwarte economie terugdringen. Enige controle en transparantie zijn nodig voordat buitenlandse investeerders zich er weer toe laten verleiden om in alle Italiaanse deugden en capaciteiten te investeren en ze weer het voordeel van de twijfel te gunnen. Maar bovenal zou er ruimte moeten komen voor een eerlijk publiek debat. Het vrije internet maakt die discussie mogelijk. Beppe Grillo probeerde dit te realiseren; zijn droom is een directe democratie met dialoog op internet die de autistische politieke klasse buitensluit. Maar hij lijkt de verleiding niet te kunnen weerstaan om het fel discussiërende publiek van bovenaf regels op te leggen. Zijn in razend tempo opgetrokken gebouw van de Vijfsterrenbeweging moet zich nu zetten. De beweging worstelt met groeipijnen en het is afwachten of die kunnen worden weggestreken.

Matteo Renzi blijkt uiteindelijk minder van de publieke dialoog dan Grillo. Hij vertrouwt meer op de ouderwetse achterkamertjes en op Twitter en televisie, waarmee hij meer lijkt te voelen voor het eenrichtingsverkeer van de politicus naar de kiezer, als druïde die zijn toverdrank vol oplossingen over de discipelen sprenkelt. Precies zoals *Sua Emittenza* – Zijne Zender(heilig)heid – Silvio Berlusconi altijd deed, al was zijn toverdrankje wel sterk aangelengd met loze beloften.

Toch wist Berlusconi de Italianen de afgelopen twee decennia te veranderen en ze met berlusconisme te injecteren: hij gaf ze het idee dat alles mogelijk was en alles moest kunnen – wat later niet waar bleek, maar toen was de (morele) schade al aangericht. Renzi – en in zekere zin ook Grillo – is een product van Berlusconi de communicator. Grillo als nar en als rem op de gevestigde orde die te ver was doorgeschoten in zijn vrijheidsdrang. En Renzi als innovatieve *fabulatore*, verteller van fantastische verhalen, waarvan hij hoopt dat ze werkelijkheid worden. Hij overschrijdt daarbij als leider de ideologische grenzen van zijn eigen partij en loopt ver – volgens sommigen te ver – voor de troepen uit. Hij is een sloper, binnen de eigen gelederen en daarbuiten, en probeert net als Berlusconi een spiegel van alle Italianen te zijn.

Welbeschouwd zijn de Italianen met Renzi en Grillo weer terug bij hun oude reflex: zich toevertrouwen aan beschermende redders die de noodtoestand zeggen te kunnen oplossen. Vooroorlogse politici zoals Giovanni Giolitti, die vijf keer premier was, en natuurlijk Mussolini stelden zich ook zo op. Deze Italiaanse behoefte aan dirigistisch leiderschap enerzijds en de oerdrang om zich aan de invloed van de staat te onttrekken anderzijds belemmeren keer op keer dat de Italiaanse ambachtelijke en creatieve talenten volledig tot bloei kunnen komen. De politieke chaos maakt rustig bouwen aan een gezonde economie domweg onmogelijk.

Giuseppe de Rita, directeur van sociaal-cultureel onderzoeksbureau Censis, was er al op de dag van Renzi's aantreden zeker van dat ook de nieuwe premier niet zou slagen. Vanachter zijn imposante bureau in Oost-Rome bezwoer hij me dat de jonge premier niet – zoals hij wilde doen voorkomen – de ultieme redder in nood zou zijn. Italië kende al vele noodtoestanden. Altijd waren er weer nieuwe redders. Ook na Renzi zal er zich weer een aandienen. Zolang ze zo dirigistisch blijven en geen veilige ruimte voor dialoog aanbieden, blijft het maar de vraag of ze het land daadwerkelijk kunnen laten opbloeien.

Italië is het land van en/en, zo leerde ik van De Rita. Wie een geraffineerde Siciliaan over zijn land spreekt, krijgt steevast te horen dat Sicilië prachtig is en ook maffioos. Maar dat is geen tegenstelling in de mediterrane cultuur en zeker niet in de Italiaanse. Paradoxale dingen kunnen hier veel gemakkelijker naast elkaar bestaan. Of zoals De Rita stelde: de Italiaanse cultuur is in essentie polytheïstisch. Men gelooft in veel heiligen tegelijk. De rigiditeit van het noorden ontbreekt. 'In Noord-Europa is A alleen A, en B alleen B. In Italië is A gelijk aan A + B, en B gelijk aan A + B. We kunnen dat sluw noemen en het leidt wellicht tot leugens. Maar we zijn nu eenmaal A en B en niet alleen A of B.' Geen Italiaan wil, zoals de Deense filosoof Søren Kierkegaard deed in zijn werk *Of/Of*, voor de keuze worden gesteld tussen esthetiek of ethiek als belangrijkste drijfveer voor hoe de mens moet leven. Volgens De Rita kunnen en willen Italianen die keuze niet maken, omdat ze daarvoor te realistisch zijn. De Italianen, de katholieke kerk, Berlusconi en waarschijnlijk ook Renzi willen dat niet, kunnen dat niet en vinden het zinloos om die keus te maken.

In Italië is het dus niet of/of, maar en/en. Het is een vorm van amoraliteit die de Italianen soms wordt nagedragen. De Rita: 'Men verwijt ons dat we de maffia niet collectief veroordelen en haar niet als slecht wegzetten. Dat we ons niet schamen dat de vuilniscontainers in Napels omgevallen op straat liggen naast de prachtigste paleizen. Dat is allemaal waar. Die dubbelheid bestaat.' Maar in dat en/en schuilt volgens de socioloog de diepe overtuiging dat het beter is de rijkdom van esthetiek naast ethiek te hebben dan de schraalheid en de kilte van alleen een van beide. Italianen zijn uiteindelijk liever *belli* en *fantasiosi* en *brutti* en *corotti* tegelijk dan saai, meent De Rita. Liever lachen om Berlusconi én applaudisseren voor Merkel dan kiezen tussen die twee.

Bovendien: bestaat in andere landen dan geen corruptie? Zou men alleen in Italië steekpenningen betalen om de ambtenaar aan zijn kant te krijgen? *Tutto il mondo è paese* (de hele wereld is een dorp), kreeg ik vaak te horen van Italianen ter relativering van de eigen ondeugden. En inderdaad, ook de Nederlandse krantenkolommen spreken steeds vaker over corruptie. Het probleem in Italië is echter dat men de afgelopen decennia en vooral de laatste vijftien jaar de schaamte voorbij is geraakt. In Italië verdween ten tijde van het berlusconisme de werkelijk gemeende verontwaardiging uit het debat. En/en werd beklemmend amoreel, immoreel en verwarrend. Alles was toegestaan. Bewijzen van en feiten over misstanden werden verdoezeld en weggehoond; met beledigingen en verdachtmakingen overladen. En de 'Ndrangheta, de Camorra en Cosa Nostra konden in deze kakofonie van beschuldigingen en ontkenningen ongestoord steeds meer vaste voet in het noorden krijgen, waar men voorheen wel nog enigszins geneigd was om ethiek, orde en regels te laten prevaleren. De maffiose cultuur penetreerde er aldus steeds dieper in de bovenwereld en schrijver Roberto Saviano riep Noord-Europa op niet in die val te trappen: niet te accepteren dat crimineel geld de reguliere economie ontwricht.

Europa, zoveel is duidelijk, is sinds de invoering van de euro en helemaal sinds de crisis bepaald niet populairder geworden in Italië. En Italië niet in Europa. Toch kan Europa leren van zowel het virtuoze Italiaanse vakmanschap als van de duistere kant van de Italiaanse streken en hoe die te bestrijden. Tegelijk moet Europa Italië de grenzen blijven aangeven, zo zeiden veel Italianen me keer op keer, want

Italië is niet in staat tot echte zelfcorrectie. Een burgerlijke revolutie is er ondenkbaar. Daarvoor is il Belpaese 'te beneveld', zei theaterregisseur Emma Dante uit Palermo me eens: te bedwelmd door de stranden die te mooi zijn, de lucht die te blauw is, la mamma die te lief is en haar eten dat te lekker is. *Futtitin*, zeggen de Sicilianen, *fottitene* in het Italiaans, of in het ABN: schijt eraan. 'Italianen hebben een zetje van buitenaf nodig om te veranderen,' zeiden ook de docenten die samen met Addi, Matteo en Luca in de demonstratie van vandaag liepen. 'Geholpen door Europa is dit volk pas weer tot mooie dingen in staat.' En geholpen door Italië kan Europa de snel toenemende complexiteit van het leven relativeren. En nu maar hopen dat beide dat blijven inzien.

De volgende ochtend

Frascati – Postscriptum

Een halfuur met de trein vanaf Termini kom ik terecht op een intiem pleintje in Frascati, in de schaduw van het paleis van de bisschop. Waar in 2002 mijn correspondentschap begon, ontmoet ik nu wat oude bekenden. Giancarlo, de dirigent van ons barokkoor die me ook de Italiaanse samenleving in dirigeerde, is er in gesprek met meubelmaker Maurizio, die onze meubels opknapte zoals alleen een Italiaan dat kan. 'Hoe gaat het, heren?' vraag ik ze. Het antwoord is zoals gebruikelijk niet kort, zakelijk en enigszins leugenachtig 'prima'.

Maurizio zegt: 'Nog altijd hier: vies en stinkend.' Zijn kleren zitten van top tot teen onder het stof en zaagsel. Giancarlo daarentegen beschermt zijn prachtkostuum met een hagelwit schort. Hij heeft net koekjes gebakken. Het is zijn favoriete bezigheid, in zijn op Oostenrijkse leest geschoeide thee- en taartenwinkel, waar hij zijn passie voor ordelijkheid, ambachtelijkheid en smaak botviert. Van om de hoek komt Annamaria aangeschuifeld, arm in arm met haar moeder van negentig en haar tante van achtentachtig.

In hoge, lage en middentonen beginnen de vijf Italianen aan hun dagelijks kwartiertje gekanker. Ze beschimpen de politieke klasse en spreken schande van de wantoestanden in het land. '*Siamo messi male*' (Het gaat slecht met ons), beamen ze allemaal. Dan grijpt Annamaria in. De dames hebben net inkopen gedaan en tonen wat plastic zakken met groente en vlees. 'En wat schaft de pot vanmiddag?' vraagt Giancarlo. '*Brodo di gallina*' (kippenbouillon), zegt de oudste vrouw trots. 'En vanavond?' '*Involtini* (rollade) met boontjes.' 'Olala,' roept Giancarlo. Annamaria wijst trots naar haar oude moeder, die er volgens haar nog net zo uitziet als toen ze dertig was: 'Ze verteert alles zonder probleem.'

'Hoezo crisis?' zegt de oude vrouw: 'Ik blijf in vorm door te koken en te eten.' De dames groeten en schuifelen verder op weg naar de lunch. 'We hebben niets om ons over te beklagen,' roept Annamaria nog over haar schouders. Ze zwaait met haar armen naar de zon, de blauwe lucht en de schoonheid van de omgeving. 'Wat een gemopper in dit land. En dat alleen omdat we iets minder goed georganiseerd zijn dan Duitsland of Nederland.'

Woord van dank

Italiaanse streken is het resultaat van een twaalf jaar durende trektocht langs Italiaanse streken. Ik begon dit avontuur niet alleen, maar met mijn vrouw Dize en onze twee dochters Bregtje en Joske, die toen vier jaar en elf maanden waren. De jongste, Marieke Tiber, voegde zich in Rome bij ons. Hen allen wil ik bedanken voor hun ogen, oren en stemmen waarmee ze mijn leven als mens en als journalist verrijken. Ik dank ze ook voor hun zwijgen, als ik weer vanuit mijn studeerkamer live op de radio moest vertellen, of moest knokken om een deadline te halen, schrijvend over de zoveelste ongelooflijke Italiaanse streek.

Degenen die meelazen en me voor fouten behoedden waren onmisbaar: Harald Hendrix, Lucie Mesters, Joyce Roodnat, Robbert Vermue, Arthur Weststeijn. Zonder hen was dit boek niet geweest wat het nu is. Elke onjuistheid die ondanks hun noeste werk achterbleef komt geheel voor mijn rekening. Ik dank ook Anton Waslander van Bitman die de prachtwebsite www.italiaansestreken.nl maakte waarop u als lezer uw Italiaanse verhalen kunt publiceren.

De hoofdredacties van NRC *Handelsblad* en de NOS boden me tien jaar lang de kans mijn droom na te jagen vanuit Rome. Het Fonds Bijzondere Journalistieke Projecten, het Koninklijk Nederlands Instituut in Rome, en uitgever Prometheus/Bert Bakker stelden me in staat dit boek te schrijven. Heel in het bijzonder gaat mijn dank uit naar Prometheus-redacteuren Eva van Weenen en Marieke van Oostrom voor hun nauwgezette eindredactionele werk. Maria van Bakel was tien jaar lang mijn trouwste lezer en knipte al mijn stukjes uit, sorteerde ze in mappen, en overhandigde die elke Nederlandse vakantie aan mij: voor het geval een digitale black-out ons geheugen zou wissen.

En tot slot dank ik Cis en Herman Bosgoed, naar wie ik door mijn vrouw Dize werd gestuurd met de opdracht pas terug te komen met een afgerond manuscript. Zij zorgden dat ik in die laatste lange weken niets tekortkwam. Op gezette uren stond het eten klaar en stuurden ze me de weilanden in met de honden. Hun Janny en onze Birillo – wiens bedelende ogen we niet konden weerstaan toen we terugkeerden naar Nederland. Piepend en hijgend gingen de beesten me dagelijks voor op weg naar frisse schrijflucht die me uiteindelijk bracht waar ik zijn moest. Bij deze laatste punt.

Delft, februari 2015

Literatuur

Dit zijn enkele van de belangrijkste boeken die ik heb geconsulteerd tijdens het schrijven van *Italiaanse streken*:

Alan Friedman, *Ammazziamo il Gattopardo* (2014)
Aldo Cazzullo, *Basta Piangere! Storie di un Italia che non si lamentava* (2013)
Aldo Cazzullo, *Italia s'è ridesta* (2012)
Alexander Stille, *The Sack of Rome* (2006)
Anthony Majanlahti, *The Families Who Made Rome* (2006)
Antonio Gambino, *Inventario italiano. Costumi e mentalità di un Paese materno* (1998)
Beppe Severgnini, *Berlusconi en de Italianen* (2011)
Bruno Tinti, *Toghe Rotte* (2007)
Censis, *I valori degli Italiani. Il ritorno del pendolo* (2013)
Curzio Maltese, *La Questua. Quanto costa la Chiesa agli italiani* (2008)
David Lane, *Berlusconi's Shadow* (2004)
Davide Vecchi, *L'intoccabile: Matteo Renzi. La vera storia* (2014)
Elio Veltri e Marco Travaglio, *L'odore dei soldi. Origini e misteri delle fortune di Silvio Berlusconi* (2001)
Francesco Forgione, *Maffia Export. Come 'Ndrangheta, Camorra e Cosa Nostra hanno colonizzato il mondo* (2009)
Francesco Morace en Barbara Santoro, *Italian Factor. Moltiplicare il valore di un paese* (2014)
Gian Antonio Stella en Sergio Rizzo, *Se muore il Sud* (2013)
http://www.coe.int/t/dghl/cooperation/cepej/evaluation/2012/Rapport-en.pdf
La Repubblica 14 nov. 2012
Luc Verhuyck, SPQR. *Anekdotische reisgids voor Rome* (2002)
Nicola Gratteri en Antonio Nicaso, *Bloedbroeders. De geschiedenis, de verhalen, de bazen en de business van de 'Ndrangheta, de machtigste maffiaclan ter wereld* (2009)

Paul Ginsborg, *Silvio Berlusconi. Ambizioni patrimoniali in una democrazia mediatica* (2004)

Paul Ginsborg, *Italy and Its Discontents. 1980-2001* (2001)

Piercamillo Davigo en Grazia Mannozzi, *La corruzione in Italia. Percezione sociale e controllo penale* (2007)

Piercamillo Davigo en Leo Sisti, *Processo all'italiana* (2012)

Piero Ostellino, La Rottamazione fa male alla sinistra (*Corriere della Sera*, 29 oktober 2014)

Sergio Rizzo, *Razza stracciona. Uomini e storie di un'Italia che ha perso la rotta* (2012)

Simone Barillari, *Il Re che ride. Tutte le barzellette raccontate da Silvio Berlusconi* (2010)

Tobias Jones, *The Dark Heart of Italy* (2003)

Interviews

Voor dit boek heb ik geput uit de miljoen woorden die ik gedurende mijn correspondentschap schreef over Italië, uit de ontelbare Italiaanse kranten die ik las, uit interviews met duizenden Italianen. Een paar van die interviews wil ik hier noemen omdat ze mijn inzicht in Italië in het bijzonder vergroot hebben:

Beppe Grillo – komiek-politicus (Rome, telefonisch 2003)

Bruno Tinti – officier van justitie-schrijver (Rome, telefonisch 2007)

Calogero Ferrotti – officier van justitie (Enna, 2010)

Carlo Petrini – voedselidealist (Bra, Turijn, diverse keren)

Curzio Maltese – journalist (Rome, 2007)

Emma Dante – theatermaakster (Palermo en telefonisch 2011 en 2014)

Giuseppe de Rita – socioloog (Rome, februari 2014)

Lorella Zanardo – actievoerder (Pinerolo, Milaan 2010, 2012, 2014, 2015)

Nicola Gratteri – maffiabestrijder-officier van justitie (Reggio Calabria, diverse keren)

Piercamillo Davigo – raadsheer Hoge Raad (Milaan, februari 2014 en telefonisch februari 2015)

Pierluigi Imperiale – dierenarts (telefonisch, februari 2014)

Roberto Saviano – schrijver (Rome, 2007 en 2009)

Sergio Romano – columnist (Milaan, februari 2014)

Urbano Barberini – edelman-ondernemer (Rome, november 2012 en telefonisch februari 2015)

Register